호프집 창업과 경영

호프집

창업과 경영

현 성 주 지음

미래와경영

호프집 창업과 경영

제 1판 1쇄 발행 2004년 1월 5일
제 2판 1쇄 발행 2005년 6월 13일
제 3판 1쇄 발행 2007년 9월 19일

지은이 현성주
펴낸이 조헌성
편 집 송안나
인 쇄 해외정판사 박진호
제 본 문원문화사 윤옥현
지 업 동우지업(주) 박장연
펴낸곳 (주)미래와경영
주 소 서울특별시 구로구 구로동 222-7
전 화 (02) 837 - 1107
팩 스 (02) 837 - 1108
등록번호 제 16-2128호
홈페이지 http://www.FMbook.com

값 15,000원

ISBN 978-89-89165-83-5 03320

추천의 글

성공의 열쇠가 바로 여기에!

오늘도 수많은 사람들이 성공이라는 꿈을 안고 호프 업종에 뛰어들고 있다.

하지만 많은 사람들은 얼마 버티지 못하고 문을 닫거나 업종전환을 하고 있는 것은 철저한 준비를 하지 않았거나 주먹구구식 운영을 한 사람들이 대부분이기 때문이다.

그 반대로 성공한 사람들의 한결 같은 공통점은 많은 정보를 수집하고 체계적인 경영의 실천이었다.

진작 나왔으면 더욱 좋았을 이 책은 불황의 골이 깊어가고 있는 현실에서 호프집 창업 예정자와 운영자가 반드시 읽어야할 필독서로 강력히 추천한다. 그야말로 전쟁과도 같은 저자의 직접 경험을 바탕으로 한 노하우의 결정체 바로 그것이다.

이 책을 통해 성공의 열쇠를 발견할 수 있을 것으로 확신한다.

윤 진 원 · 월간 주류저널 편집국장

추천의 글

창업 전문가들이 쓴 책은 많아도 실제로 구체적인 실무를 다룬 책은 아주 드문 실정이다. 이 책은 호프 전문점에 관해 실제 점포를 경영하고 있는 운영자가 5년여에 걸친 실제 경험 노하우를 그대로 정리한 유일무이한 책이다.

실제로 호프 전문점을 운영하고자 하는 초보 창업자 및 그동안 주먹구구식으로 가게를 운영해온 점주들을 위해서 호프전문점 운영에 필요한 실제적이고도 구체적인 실무 지침서이다. 점포 선정과 계약, 투자 타당성 분석, 매입매출관리, 장부관리, 기기관리, 생맥주 기기관리, 알바 매뉴얼 등 구체적인 실례를 그대로 응용할 수 있는 소중한 자료를 가득 담고 있다.

이 책을 잘 활용하면 성공하는 호프 전문점 경영주가 될 수 있다고 자부한다. 이제 장사를 할 것이냐 경영을 할 것이냐는 전적으로 여러분의 손에 달려있다.

참고로 본 책자를 실무에 활용하면서 저자가 현재 운영하고 있는 Daum카페 "외식산업경영자클럽"에서 20,000명이 넘는 실무 전문가 및 실무 종사자들과 온라인상에서 살아있는 정보교환을 통해서 훌륭한 시너지 효과를 거둘 수 있으니 금상첨화라 아니할 수 없다.

조용석 · 엔터19 영등포점 대표

추천의 글

우리나라의 국민소득은 1만 달러에서 멈춰서고, 경기는 최악이란 소리만 들린다.

전국의 호프집과 주점의 수도 양적으로만 팽창되어 모든 곳에서 포화상태이다. 그러나 예비창업자의 선호 업종을 보면 대부분이 외식업을 생각하고 준비중이며 그 중에 상당수가 막연한 생각으로 호프집 개업을 희망하고 있는 것이다.

서점이나 도서관에 가도 호프집과 주점의 창업과 운영에 관한 전문 서적은 찾기가 힘들다!

내가 아는 필자는 자신의 창업과정과 경영 그리고 "외식산업경영자클럽"이라는 인터넷 커뮤니티를 직접 운영하며 느낀 많은 사례와 경험을 토대로 이 책을 내놓게 된 것이다.

그 동안의 책들이 외식업 전반에 걸친 내용이거나 현실과는 거리가 있는 내용이었다면 이 책은 경험과 체감을 기초로 한 살아있는 지침서인 것이다. 봄날의 햇볕과 같은 내용으로 꾸며진 이 책은 관련업 종사자와 예비창업자에게 실질적 도움이 될 것이다. 필자가 이 책을 준비하며 보여준 노력과 조사는 반드시 많은이에게 희망적 길잡이가 될 것을 믿으며, 부디 널리 읽혀지고 참고가 되기를 기대한다.

최 준 철 · 의정부 코코아미 대표

머 리 말

몇해 전 …

외환위기가 터지고

그동안의 사업을 접고 호프집을 하기로 마음을 정한다.

주위를 둘러보니 음식점에 대한 책자나 정보는 넘쳐난다.

하지만 호프에 대한 정보는 찾을 수가 없다.

몇군데 창업강좌를 들어봐도 원론적인 얘기들 뿐이다.

간간히 주변사람을 통해서 들을 수 있는 주관적이고 단편적인 호프에 대한 얘기를 제외하고는 그 어디에서도 종합적인 정보를 얻을 수가 없다.

창업을 하고 난 후

호프집 창업·운영에 대한 인터넷 카페를 개설한다.

회원수가 10명, 100명, 1,000명, 10,000명을 넘어서면서 창업하려는 분들이나 이제 막 창업하신 분들의 질문은 끝이 없다.

- 호프집을 하려면 자금이 얼마나 필요한가요?
- 호프집을 하면 한달에 얼마를 벌 수 있나요?
- 점포구하기가 이렇게 힘든가요?
- 권리금은 왜 그렇게 비싼거죠?
- 요리사 자격증도 필요한가요?
- 간판이름은 무엇으로 해야 할까요?
- 직원·알바는 어떻게 구해야 하나요?
- 오픈 행사는 어떻게 하면 좋을까요?
- 서비스 안주는 무엇이 좋은가요?

• 고객관리는 어떻게 하지요?
• 이벤트는 어떤 것이 있나요?
• 장부는 어떻게 만드는 것이 좋은가요?
• 손님들이 생맥주 맛이 없다던데 어떻게 해야 하나요?
• 전기차단기가 자꾸 떨어지는데 왜 그런거죠?

호프집 규모는 작게는 15평부터 크게는 2~300평까지 다양하다.
그 운영하는 방법도 업주의 영업정책에 따라 천차만별이다. 즉, 호프집을 창업하고 운영하는 과정이 각자의 환경에 따라 많이 다를 수 있다.
본 책자에서는 호프집의 창업, 운영에 대한 일반적인 절차와 그 방법에 대해 필자의 호프집 운영경험을 바탕으로 상세하게 설명한다.
1부(창업하기)에서는 점포를 계약하기 전에 예상매출을 산출하고 투자분석, 계약하는 과정과 창업의 행정절차에 중점을 두었으며, 2부(운영하기)에서는 컴퓨터를 이용한 호프집의 관리와 매출분석 등에 중점을 두고 설명했다.

외환위기 이후에 실직의 힘든 시간을 묵묵히 지켜주고 나의 재기를 도와준 사랑하는 아내와 가족 식구들에게 고마운 마음을 전한다.
이 책이 나오기까지 적극 후원해 주신 영등포 Enter19 최용석 사장님과 의정부의 코코아미 최준철 사장님, 천하일품 이강남 매니저 그리고 외경클럽("외신산업경영자클럽") 회원님들께 깊이 감사드린다.

2007. 8

저자 현 성 주

1부 호프집 창업하기

1장 호프집, 알고 시작하자

2장 점포 구하기

3장 창업절차

2부 호프집 운영하기

1장 오픈행사

2장 호프집에서의 컴퓨터 활용

3장 매입매출관리

- 1장 호프집, 알고 시작하자
- 2장 점포 구하기
- 3장 창업절차

1부

호프집 창업하기

1장

호프집, 알고 시작하자

호프집 창업을 생각하면서 누구나 한번쯤 '음식점은 어떨까?' 하고 생각해 봤을 것이다.
겉으로 보기에는 호프집과 음식점이 영업형태가 비슷하게 보이지만 실상 그 안을 들여다보면 다른 점이 많다. 음식점과 호프집의 차이점들을 살펴 보면서 호프집에 대한 특성을 이해해 보자.

호프집은 이런 점이 다르다

고객층이 다르다

일반적으로 음식점은 대중을 상대로 영업하지만 호프집은 젊은층을 주요대상으로 영업을 한다. 이러한 젊은층을 주요고객으로 상대하기 때문에 영업정책도 음식점과는 달라야 하며, 특히 영업장소가 지하나 2층 이상에서 호프영업을 할 수 있는 것도 손님층이 젊은층을 상대하기에 가능한 것이다.

음식점은 맛, 호프집은 맛·분위기·서비스가 좌우

음식점의 경우 조리한 음식이 맛있으면 일부러라도 사람들이 찾아가지만 호프집은 안주가 맛있다고 찾아가지는 않는다. 젊은이들은 맛은 물론이거니와 대화를 위한 분위기를 중요시한다.

인테리어 자체를 고급스럽게 하는 것보다는 술을 마시기 위한 전체적인 분위기를 조성하는 것이 더 중요하다. 음식점은 맛으로 단골손님을 만들 수 있지만 호프집에서는 맛 이외에 여러 가지가 어우러져야 단골을 유지할 수 있다. 그만큼 호프집에서는 분위기나 음악 등이 중요하다는 뜻이 된다.

호프집은 안주가 저렴하다

호프집에는 밑반찬이 없어서 음식점보다 안주가 저렴한 편이다. 저렴하면서 맛있게 안주를 만들어야 한다. 가격이 싸다고 안주에 성의가 없으면 손님들은 다시 찾아오지 않는다.

호프집에는 생맥주라는 고유의 상품이 있다

미지근한 병맥주보다 톡 쏘는 맛을 즐길 수 있는 생맥주는 중요한 상품이다. 생맥주 관리를 어떻게 하느냐에 따라 그 맛이 천차만별이다. 그래서 호프집을 하기 위해서는 생맥주에 대한 지식과 생맥주 관리 능력이 필수적으로 있어야 한다.

같은 매출이면 호프집이 편하다

음식점은 거의 대부분 매출이 음식으로 이루어지기 때문에 주방이나 서빙인력이 많이 필요하다. 하지만 호프집은 주류가 매출의 반을 유지해 주므로 일이 단순한 편이다. 홀에서 학생이나 인건비가 저렴한 아르바이트(약칭해 '알바' 라 부름)를 쓸 수 있어서 인긴비 부담이 음식점에 비해 적은 면도 있으며 그만큼 경쟁이 치열한 업종이기도 하다.

호프집은 대화와 술 마시는 즐거움이 있다

호프집에서 분위기를 중요시하는 이유 중 하나다. 대화는 일행과

하지만 술은 분위기로 마신다. 주변에서 대화하는 적당한 소음은 음악보다 술 마시는 분위기를 상승시킨다.

식사를 같이 할 수 있는 호프집은 경쟁력이 있다

대부분 호프집은 간단한 안주에 술을 마실 수 있도록 되어 있다. 손님들도 식사 후 호프집에서 한 잔 하는 것이 일반적이다.

따라서 호프집에서 간단하게 저녁식사를 같이 할 수 있는 메뉴를 추가하고 식사와 술을 한꺼번에 해결할 수 있도록 한다면 그만큼 경쟁력이 커진다.

호프집은 야간영업이다

호프집은 보통 오후 3~4시에 오픈하여 새벽 2~6시까지 영업을 한다. 영업시간은 거의 12시간이며 야간에 이루어진다. 야간에 일하는 인력을 구하기도 힘들지만 주인의 건강과 체력이 뒷받침되어야 한다.

호프집에는 3·3·3 법칙이 있다

호프집을 하면 매출의 반 이상이 남는 것이 아니냐고 묻는 사람들도 있다. 천만의 말씀이다.

최선을 다해 정상적으로 운영했을 때 총매출의 1/3은 재료비로 지출되며, 1/3은 집세와 인건비 등의 경비로 지출되고 나머지 1/3은 주인의 인건비를 포함한 순이익으로 남게 된다. 하지만 이 정도의 순이익을 남기기 위해서는 고정비용(월세 등등) 대비 일정비율의 매출을 유지해야 한다. 매출분석편에서 자세히 설명할 것이다.

호프집의 투자회수 기간은 최소 2년이다

호프집에 투자한 금액을 회수하는데는 약 2년이 걸린다.

소위 대박을 터뜨리는 업종이 아니다. 최소 4~5년동안 운영하지 않고는 돈을 벌 수 없다. 그만큼 주인의 끝없는 노력과 성실함이 없으면 성공하기 힘든 업종이다.

컴퓨터 지식은 필수

호프집를 운영하다 보면 법률적 문제뿐만 아니라 기계나 전기에 대한 상식, 자금관리… 등등 여러가지 지식이 필요하다는 것을 실감한다. 그 외에 컴퓨터 활용능력도 있어야 한다.

이 책에서 호프집에서 어떤 분야에 컴퓨터를 활용하는지 자세히 설명하겠지만 기본적으로 인터넷과 엑셀프로그램(워크시트)은 다룰 줄 알아야 한다고 생각한다. 특히 엑셀은 배우기도 쉽고(2~3시간이면 기본적인 것을 배울 수 있다) 활용도도 높으니 꼭 배워둘 것을 권하고 싶다.

주인의식이 중요하다

호프집 운영에 있어서 가장 중요한 점을 꼽으라면 주저하지 않고 주인의 의식이라고 얘기하고 싶다. 자신의 가게를 꾸준히 끌고 나가는 성실함과 경영능력이 있어야 한다. 고객관리를 위한 아이디어, 인력관리, 매장관리 능력은 물론이고 위기관리 능력까지 있어야 한다.

호프집 창업을 위한 교육기관 활용법

호프집을 창업, 운영하는데 필요한 교육을 하거나 정보를 제공하는 곳은 많지 않지만, 다행히 OB와 HITE 두 맥주제조사에서 생맥주 창업자를 위한 무료교육을 하고 있다.

■ 생맥주 관련 교육

OB 이천 생맥주 스쿨	교육장소	경기도 이천시 부발읍 산하리 27번지
	일 시	매주 화, 수 (10:00 ~ 16:40분 / 2일 코스)
	전화번호	031) 630~8283
OB Beer University	교육장소	서울 서초구 서초동 1449-2 OB본사 1층
	일 시	매주 토요일 오후 2시 ~ 6시
	전화번호	02) 2149~5000
HITE Academy	교육장소	서울 강남구 청담동 HITE본사 B1(지하철 7호선 14번 출구)
	일 시	매주 수, 목 09:00 ~ 17:00
	전화번호	02) 3219~0387/8

교육내용은 두 회사 모두 창업전문가의 강의와 생맥주에 대한 교육으로 이루어져 있으며, HITE는 공장견학이 추가되어 있다.

가능한 두 제조사의 교육을 모두 받기를 권장한다(호프창업의 필수 코스라고 생각한다).

Daum 카페 "외식산업경영자클럽"

독자들도 잘 알고 있는 사회적으로 활성화 되어 있는 인터넷 다음 카페모임이다.

호프집 창업과 운영의 경험담을 비롯하여 각종 호프 관련 주제에 대한 토론과 묻고 답하기, 게시판 등으로 호프집 창업예정자와 운영을 하고 있는 회원들 상호간의 정보교환을 목적으로 하는 카페이다.

▶ 주 소 http://cafe.daum.net/elerose

2장 점포 구하기

점포를 구할 때 상권과 입지를 먼저 분석하고 계약하는것이 일반적이다. 여기에서는 더 나아가 관심있는 점포의 예상매출을 산출하고 그 수익성을 분석한 후에 투자금액을 결정하고, 실제 계약을 어떻게 해야할지 알아보도록 한다.

창업자금 얼마나 있어야 할까

막상 장사를 하려고 할 때 가장 먼저 생각하는 것은 자금이다.

그러면 호프집을 창업하는데 과연 얼마가 필요할까?

한마디로 정답이 없다.

주변 상권, 사업장 규모나 위치에 따라 창업에 필요한 자금은 몇 천만원에서 몇 억원까지 천차만별이기 때문이다. 동네상권의 15평 정도의 작은 호프집인 경우에는 집기를 포함하여 3~5천만원 정도면 창업할 수도 있지만, 중심상권인 경우는 권리금만 몇 억원이 넘는게 현실이다.

그렇다면 B~C급지의 30평 규모의 2층 호프집을 한다고 가정하고 창업에 필요한 금액을 계산해 보면서 자금 계획을 어떻게 세워야 할지 살펴보자.

서울 시세를 기준으로 한다. 전체 필요한 자금은 크게 4가지로 나눌 수 있을 것이다.

- 전세보증금
- 시설비
- 권리금
- 초기 운영비

전세보증금

호프집의 층수는 보통 2층이 아니면 지하라고 생각할 수 있다. 그렇다면 시세로 봐서 전세 보증금은 4,000만원 정도로 생각해도 큰 무리가 없을듯 싶다.

40평이상의 대형업소나 1층이거나 서울 중심상권같은 경우에 보증금은 더 많아질 수 있으며, 또 주변(동네) 상권같은 곳에 있는 가게라면 더 적어질 수도 있다.

시설비

시설비는 인테리어 비용과 집기류(냉·난방기, 냉동고, 그릇 등) 비용으로 나누어 생각하자.

인테리어는 가게 평수에 따라 차이가 날 것이지만, 같은 평수라도 어떻게 꾸미느냐에 따라 또 달라질 것이다. 그리고 어떤 인테리어 업자에게 맡기느냐에 따라서도 달라진다.

젊은 창업자들은 자기가 스스로 꾸미는 경우도 있는데, 이러할 때는 그 비용을 최소로 할 수가 있다.

호프 체인점들의 시설을 기준으로 한다면 인테리어 비용은 평당 140~180만원 정도이기에 그 중간선 160만원으로 생각하면 될 것 같다.

하지만 체인점으로 하지 않고, 개인적으로 인테리어를 할 경우는 평당 100~120만원 정도로 예산을 잡을 수 있다.

여기서는 평당 120만원을 기준으로 한다. 즉, 30평을 기준으로 계산했을때 3,600만원이 인테리어 비용으로 들어간다(인테리어는

실 평수를 기준으로 하기 때문에 집주인하고의 계약 평수와는 구별하여 생각하기 바랍니다).

집기류는 기존의 가게를 인수했을 경우에 냉·난방기와 냉장고, 냉동고는 기존에 있는 것을 사용한다고 가정한다. 따라서 추가로 들어가는 주방시설과 그릇 등을 계산했을 때 1,000만원 정도를 집기류로 책정하면 되겠다. 그렇다면 시설비는 인테리어 3,600만원과 집기류 1,000만원을 합쳐서 4,600만원이 된다(오디오, 비디오 설비는 별도임).

권리금

권리금!!

장사를 시작하려는 사람에게 이 권리금은 이해가 될듯말듯 하기도 하고 나중에 다시 받을 수 있는 보장도 없으며 부담이 되는 것도 사실이다. 하지만 현실로 존재하는 것이니 우리는 그 권리금을 어떻게든 무난히 처리할 수 밖에 없다.

사람마다, 가게마다 각자의 입장에 따라서 권리금을 산정하는 기준이 다를 수가 있으며, 가게 매매가 이루어지다가도 이 권리금 때문에 무산되는 경우가 대부분이다. 그만큼 예민한 부분이고 이해관계가 맞물려 있는 부분이기도 하다. 그렇다고 이 권리금을 뜬구름 잡듯이 계산할 수는 없는 것이 아닌가? 비록 뜬구름일지라도 장사하는 사람은 그것을 현실적으로 분석할 수 있어야 할 것이다.

그럼 이 권리금을 어떻게 이해하고 기준을 잡아야 하는가?

권리금은 그 가게에서 일년 장사하고 남길 수 있는 금액을 기준으로 하는게 일반적이다. 물론 그 가게가 적정한 이윤으로 영업이 이루어지고 있을 때를 기준으로 생각하는 것이다.

필자가 하는 가게에도 가끔 부동산에서 적당한 권리금을 받아줄 테니 가게 내놓을 생각이 없느냐고 물어오는 경우가 있다.

하지만 일년동안 장사해서 남는 금액만큼만 권리금을 줄테니 가게를 팔라고 하더라도 선뜻 팔 마음이 나지 않는 것을 보면 파는 입장에서는 일년치 순이익이 적다고 생각된다. 물론 들어오는 사람 입장에서는 그 일년치 금액이 부담되는 것은 사실이다.

그렇다면 제 3자 입장에서 그 권리금을 조정한다고 하면 일년치 장사해서 남는 금액이 합당하다고 생각해 본다. 파는 사람 입장에서는 조금 손해 보는것 같고, 사는 사람 입장에서는 조금 많은 것 같은 금액…, 그게 권리금의 적정선이 아닐까?

그렇다면 파는 사람이야 자기 가게이니까 일년치 남는 금액을 알고 있지만 사는 사람은 그 가게의 재정 상황을 모르니 어떻게 할 것인가? 사는 사람 입장에서는 그 가게의 순이익을 파악하는 방법도 창업을 하는데 있어서 하나의 노하우라 할 수 있는데, 이에 대해서는 뒤쪽에서 필자의 생각을 자세히 설명한다. 얘기가 길어져 버렸다.

시세상 2층 권리금은 장사가 잘 되는 중심상권(월순익 1,000만원대)이라면 보통 1억원 이상 될 것이고. 장사가 잘 되는 동네상권(월순익 4~500만원대)에서는 5천만원 이상 될 것이며, 장사가 안되는 동네상권(월순익 1~200만원대)에서는 2~3천만원 정도라 생각할 수 있다.

그러면 장사가 그런데로 되는 동네상권을 기준해서 권리금을 5천만원으로 계산을 하자.

통상 권리금에는 기존 시설에 대한 금액이 포함되어 있으며, 구체적인 금액은 상권과 입지에 따라 천차만별이고 중심상권에 접할수록 그 금액은 커진다.

초기 운영비

초기 운영비란 가게가 정상적인 이윤을 낼 때까지의 운영비라 생각할 수 있다.

실제로 가게가 정상화되는데는 여러 가지 요인이 있고 그 기간도 각각 다르겠지만 여기서는 3개월째부터 정상화된다고 가정하고 2개월 동안의 가게세와 경비 등을 초기 운영비로 계산하도록 하자.

가게 월세도 상권에 따라 많이 다르다.

동네상권인 경우는 100만원 내외 정도이고, 중심상권에서는 300~500만원, 대형 업소인 경우는 700~1,000만원 정도 한다. 일단 동네 중심상권을 기준으로하여 월세는 150만원으로 가정하자.

경비는 재료매입비용, 일반경비와 인건비로 나눌 수 있겠다. 재료는 초기매입으로 200만원을 잡고 추가매입은 장사가 됨에 따라 이루어지는 것이기에 무시하기로 하자.

일반경비는 전기수도료, 전화요금, 비품 등이 있지만 창업초기에는 비용이 많이 들어가는 점을 고려하면 월 200만원 정도로 생각할 수 있다.

인건비는 주방 1명, 알바 2명이라 생각했을 때 월 250만원으로 생각할 수 있다.

그렇다면 2개월 동안의 운영비는

가게세 300만원 + 초기매입 200만원 + 일반경비 400만원 + 인건비 500만원 = 약 1,400만원이다.

총 필요자금

이제 마지막으로 총 필요한 자금을 계산해 보자

• 전 세 금	4,000 만원	*합계 15,000 만원*
• 시 설 비	4,600 만원	
• 권 리 금	5,000 만원	
• 운 영 비	1,400 만원	

위의 표에서 집계된 계산을 통해 어느 정도 장사가 되는 장소에서 2층이나 지하에 30평 정도의 가게를 내어 호프집을 시작하는데는 1억 5천만원 정도는 있어야 한다는 결론을 내릴 수 있다.

창업자금에 대한 이해를 돕기 위해서 도식적으로 계산해 봤지만 실제 상황은 워낙 변수가 많기 때문에 이 금액과 같을 수가 없다.

구체적인 것은 자신의 자금여력과 창업하고 싶은 곳의 상권이나 위치, 평수 등 여러 가지 상황에 맞춰서 다시 산정해 나갈 수 있으리라 생각한다.

하지만 우리가 창업을 준비하면서 항상 가지고 있어야 할 기준이 있다. 매출에 따른 순이익과 투자금액 3가지이다.

누구나 자금을 투자할 때는 그 수익을 기대하고 있기 마련이다. 즉, 1억원을 투자했을 때 사람마다 다소 차이는 있겠지만 400만원 정도의 순이익이 발생해야 한다. 그리고 월 400만원 정도의 순이익이 발생하려면 호프집에서의 월 매출은 1,500만원 정도가 되어야 한다.

역으로 계산하면 월 1,500만원 정도의 매출이 되는 곳은 1억원을 투자할 가치가 있다는 얘기가 된다.

창업을 하기 위해서 가게를 구하다 보면 그 가게마다 보증금, 권리금, 집세 등이 모두 다르다.

하지만 적당한 점포가 여러개 나왔을 때, 위 3가지를 연관시켜 생각한다면 가게를 서로 비교하고 선택하는데 판단의 기준이 될 수 있다. 투자금액에 따른 순이익 비율은 뒷쪽에서 더욱 구체적으로 얘기한다.

그렇다고 호프집을 시작하는 사람이 모두 이만큼의 자금을 가지고 시작하는가?

대개 자신이 가지고 있는 자금형편에 맞춰 가게를 구하다보면 항상 모자라다고 생각되는 것이 자금이다.

창업자금이 부족할 때 지인이나 금융기관 또는 창업지원을 해주는 곳에서 자금을 조달할 수 있으며 소상공인지원센터, 근로복지공단, 한국여성경제인협회, 중소기업진흥공단, 여성기술인력 창업자금 지원센터 등에서도 할 수 있다.

또 한편으로 거래할 주류도매상에서 무이자 대출을 받을 수 있음을 알고 있으면 창업시 도움이 된다. 이 경우 주류도매상 자금으로 직접 대출해 줄 경우도 있지만 자금 규모가 클 경우는 주류도매상에서 보증을 서는 형태로 주류제조업체에서 융자를 받는 경우도 있다. 소형 호프집일 경우는 대출이 안될 수도 있으니 주류도매상을 미리 선정하고 사전협의를 하면서 최대한 협조를 얻어야 할 것이다.

점포 구하는 방법

이제 창업을 위한 본격적인 활동으로 들어가자.

점포를 어떻게 구할 것인가?

실제로 점포를 구하러 다녀보면 시간 소모도 많고 마음에 드는 가게를 찾기는 더더욱 쉽지 않다.

점포를 구하는 몇가지 방법에 대해 생각해 보자.

체인본사를 이용하는 방법

호프 체인점을 할 생각이 있다면 어떤 체인점이 자신의 상황과 맞는지 먼저 검토한 후에 그 체인본사와 상담을 통해서 점포를 결정하는 방법이다. 꼭 한군데 체인점만 접촉할 필요는 없으며 2~3개의 체인점과 동시에 접촉하다 보면 체인점마다 특성을 파악할 수 있으며 믿을 수 있는 체인점인지도 검토할 수 있다.

체인본사 쪽에서도 예상고객을 염두에 두고 자신들만이 점포를 확보해 두는 곳이 있다. 즉, 본사에서는 좋은 상권이지만 자신들의 체인점이 들어가지 않은 곳에 대해 미리 매물을 확보해 두는 것이다. 또한 신규고객의 상황에 맞춰서 특정한 지역에 점포를 개발해 줄 수도 있다.

체인본사에서 자기들이 추천하는 점포를 보여줄 때마다 일부 경비를 고객에게 요구하는 곳도 있지만 대부분은 추가경비를 요구하지 않는다. 그리고 체인본사측에서는 자신들이 권하는 점포에서의 성공 가능성을 다소 부풀려 얘기할 수 있다. 하지만 체인본사에서 점포를 추천하는 데는 나름대로의 노하우가 있는 것이기 때문에 시장상황이라든지 상권이나 입지를 분석하는데 아무래도 일반인보다는 한수 위라고 생각한다.

이러한 체인본사를 이용하는 방법은 체인본사에서 권하는 해당 점포의 계약이 실제로 성사되지 않더라도 가게를 구하는 초보자 입장에서는 상담하는 과정을 통해서 많은 정보를 얻을 수 있는 장점이 있다.

컨설팅회사를 이용하는 방법

부동산 컨설팅회사에는 각 분야별로 전문가들이 모여 있고, 호프집만을 전문으로 매매하는 팀이 있으며 평소에 여러 업소를 다니면서 매물을 조사하고 리스트를 만들어 놓는다.

필자도 호프집을 오픈하고서 얼마 지나지 않았는데 부동산 컨설팅회사에서 어떤 직원이 찾아와 이 가게를 하고 싶은 사람이 있다고 하길래 처음에는 "어~!? 시작한지 얼마되지도 않았는데, 내 가게를 탐내는 사람이 있다니~!"하고 의아해 하면서 "벌써 내 가게가 잘된다고 소문이 났나?"하고는 나름대로의 환상(?)에 빠진 적도 있다.

시간이 지나가면서 아~ 그게 아니구나! 컨설팅 직원들이 각 지역마다 다니면서 어떠한 가게의 집세, 보증금, 권리금 등을 미리 파악하고 다니는 것을 알게 되었다.

결국 이들은 예상고객을 대비하여 매물을 미리 파악하는 것일 뿐인데 나혼자 엉뚱한 생각을 하고 있었던 것이다. 나중에 그네들의 행태를 알고는 입맛이 씁쓸할 수 밖에….

그리고 점포를 거래하는 경우 항상 권리금이라는 다소 주관적인 금액이 따라가기 때문에 이로 인한 피해를 입는 경우도 있다. 특히 부동산 컨설팅회사와 거래할 경우에는 유심히 봐야 할 부분이다.

동네 부동산이나 체인점이라고 안심할 수는 없지만 컨설팅회사는 넓은 지역을 상대로 매물을 확보하고 영업하는 장점이 있는 반면 창업자 입장에서는 중개수수료와 다소 부풀릴 수 있는 권리금에 대해 면밀히 검토해야 할 것이다.

자신의 업소를 매물로 내놓은 업주 입장에서도 하루 빨리 팔리기만 한다면 부동산 중개업소에서 얼마를 더 받든 관계가 없는 것이기에 묵인하는 경우도 있기 때문이다.

대부분의 컨설팅회사들은 정직하게 중개를 한다고 생각하지만 필자가 창업준비 중일 때 돈암동 쪽의 바(Bar)를 계약하려다가 권리금이 많이 부풀려져 있다는 것을 알고 계약을 중단한 경우가 있다.

가게 계약시 사전에 권리금 문제는 유심히 살펴봐야할 부분이라 생각한다.

스스로 찾아다니는 방법

앞의 두가지 방법과 같이 병용해도 괜찮다. 인터넷에서 매물정보를 미리 확인한다든지 해당 지역 부동산 중개업소를 찾아다니면서 매물로 나온 곳을 보러 다니는 경우다.

주의할 사항은 지역정보지에 중개업소가 내는 광고는 항상 권리금이 높을 수 있다는 사실을 알고 있어야 한다.

필자도 이러한 방법으로 여러 곳을 다녀봤지만 힘든 작업이었다.

하루에 부지런히 다녀봐야 몇 군데밖에 볼 수가 없다. 더욱이 처음 가게를 보러다니면 판단기준이 제대로 안서기 때문에 좋은 점포인지 비싼 점포인지 중개업소에서 얘기하는 내용을 들어도 쉽게 결정할 수가 없다.

하지만 본인이 직접 발로 뛰는만큼 많은 그 지역의 가게정보를 얻을 수 있다. 여러 중개업소에서 하는 얘기를 듣다보면 이런 정보, 저런 정보를 모두 얻을 수 있으니 실제 현장을 공부하는데는 힘든 만큼 그만한 소득도 있는 것이다.

참고로, 중개업소에서 1억원에 150만원짜리 점포라고 소개한다면 보증금과 시설권리금을 합한 금액이 1억원이고, 월세가 150만원

이란 뜻이다. 관리비가 별도로 있는지, 월세에 부가세가 포함된 가격인지는 불분명하다는 사실을 알고 있어야 하며, 구체적으로 상담할 때에는 이를 반드시 확인해야 한다.

어느 시대든 장사를 하는데 뜨는 업종과 지는 업종이 있게 마련이다. 젊은이들의 놀이터로 오랫동안 사랑을 받아오던 당구장이 PC방이 생기면서 사양길로 접어들고, 커피숍과 PC방이 많아지다 보니 경쟁에 살아남지 못하는 점포는 정리를 하게 되지 않았나 싶다.

이와 반면에 호프 체인점도 반짝 유행하다가 서서히 사라지는 곳도 많다. 업소 매매에 대한 지식이 전혀 없으면 스스로 점포를 구한다는게 위험할 수도 있다.

여러 지인을 통해서 정보를 얻으면서 자신의 주거지 주변부터 차근차근 검토를 하면서 업소 주인과 직접적인, 때로는 간접적인 중개자를 두면서 흥정을 한다면 의외로 쉽게 구할 수도 있는 것이다.

창업과정에서 제일 처음 겪는 어려움이 적당한 가게를 구하기 힘들다는 얘기를 많이 한다. 하지만 이 어려움은 누구나 겪는 것이다.

나를 위해 준비된 가게는 없다. 내가 노력해서 찾아내야 하는 것이다. 창업이란 돈만 가지고 되는 것이 아니지 않던가! 결국 내가 발로 뛴 만큼 자신에 맞는 가게를 구할 수 있다고 생각한다.

호프집 자리를 구하면서 꼭 호프집을 운영하고 있는 업소를 상대할 필요는 없다고 생각한다. 주변의 당구장, 커피숍, PC방 등을 유심히 관찰하면서 호프집으로서 성공가능성을 타진하는 것도 하나의 방법이다.

점포 선정시 고려사항

기존 호프집이 매물로 나와있을 때, 일차적으로 그 업소의 매출을 검토해야겠지만(호프집의 예상매출 산출방법은 별도로 얘기한다) 세가지 관점에서 그 업소를 검토하기 바란다.

가장 먼저 외부에서 그 가게를 쉽게 인식할 수 있는지 검토해야 한다. 어느 한 상권에서 그 가게를 바라봤을 때 간판이 쉽게 눈에 띄는지, 색상이나 크기는 적당한지 또한 쉽게 그 가게로 들어갈 수 있는지 등을 먼저 점검하게 된다.

그 다음에 그 가게 내부로 들어가서 점검하게 된다. 가게내부에서 보이는 것은 음식의 맛·양·가격·서비스·인테리어·분위기 등을 검토하게 된다.

하지만 정작 중요한 것은 보이지 않는 곳에 있다.

매매하기 위해 내놓은 가게는 장사가 잘 되는 곳도 있고 안되는 곳도 있다. 그렇다면 잘되고 안되는 이유가 무엇인가? 이것을 판단하는게 쉽지가 않다.

가게의 위치도 적당하고 앞서 얘기한 눈에 보이는 사항들이 괜찮은데도 장사가 안되는 것은 대부분 주인의 의식에 문제가 있다고 생각한다. 주인이 가게를 어떻게 이끌어 가느냐에 따라 가게 매출은 많은 변화가 있다.

겉으로 나타나는 매매 이유야 여러 가지 경우가 있겠지만 그 내부적인 이유를 알게 되면 자신이 그 점을 극복할 수 있는지 검토를 할 수가 있다. 가게 주인과 솔직하고 인간적인 대화를 끌어낼 수 있다면 가능한 일이다.

예상 매출 산정방법

점포를 보러다니던 중 자신에게 적당하다고 생각되는 점포가 나왔을 때 무엇을 어떻게 검토해야 할 것인가?

구체적으로 검토하고 싶은 곳은 기존 호프집일 수도 있고 신축건물일 수도 있으며 다른 업종을 호프집으로 변경하여야 할 경우도 있을 것이다. 각각 검토해야 할 사항들이 다소 다르겠지만 공통적으로 필히 검토하고 넘어가야 할 것은 내가 만약 여기서 호프집을 개업할 경우에 예상매출이 얼마가 될 것인가를 먼저 산출해야 한다. 호프집에서 가장 중요한 것은 매출이기 때문이다.

매출이 얼마가 되느냐에 따라 모든 것이 결정된다고 봐도 무리가 아니다. 따라서 기존 호프집인 경우는 그 가게의 매출을 먼저 산출해야 하고, 신규일 때는 주변 상권을 고려하여 내가 오픈했을 때의 예상매출을 산출한 후에 구체적인 검토를 해야 한다.

흔히 초보자가 겪는 시행착오는 이 자리에서 호프집을 열심히 그리고 손님들에게 친절히 하면 단골도 생기고 장사도 그런대로 잘 되겠지 하는 막연한 희망만 가지고 시작한다는 점이다. 모험일 수 밖에 없다.

호프집은 한번 개업하고 나면 되돌릴 수 없다. 가게를 구할 때 시간이 좀더 걸리더라도 충분한 검토를 하고서 결정하는 것이 앞으로 발생될지도 모를 리스크를 줄이는 방법이다.

그렇다면 기존의 호프집 또는 주위에 있는 경쟁업소의 매출이나 내가 하고자 하는 업소의 매출을 어떻게 산출할 수 있을까?

당연한 이야기겠지만 남의 가게 매상을 정확히 알아내는 것은 쉽지가 않다. 필자 자신도 내 가게의 매상을 상황에 따라 고무줄같이 말하는 것은 사실이다. 그렇지만 남의 가게를 인수해서 영업을 하려고 하는 사람에게는 중요한 포인트가 아닐 수 없다. 특히 가게 매매에서 권리금 문제가 걸려 있기 때문에 더욱 그렇다.

예상 매출액은 주위의 상황을 고려하여 추리를 할 수는 있겠지만 창업에서 중요한 사항인 만큼 감각적으로 추정하지 말고 어떠한 기준을 잡고 그 기준에서 플러스(+)·마이너스(-)요인을 감안하면서 여러 각도에서 산출한다면 거의 실제와 가까운 매출액을 산정할 수 있다.

필자는 그 동안의 수많은 경험과 가게운영을 통해 이러한 매출액을 산정하는 방법을 연구하였다. 다음에 제시된 여러 가지 방법은 아마도 여러분이 계약 전에 해당 점포의 매출 예상액을 산정하는데 유용한 방법이 될 것이다.

테이블 회전수를 이용하는 방법

어느 가게를 피크시간에 방문해 보면 손님이 어느 정도인지 쉽게 알 수 있다. 피크시간 이전과 이후에 찾아오는 손님들까지 고려하면 피크 시간대에 손님의 두배를 하루 전체 손님이라고 생각해 볼 수 있을 것이다. 일반 호프집을 제외한 카페나 레스호프집은 영업 시간도 다르며 손님이 들어오는 스타일도 다르기 때문에 이렇게 계산하면 안된다.

그리고 영업을 하다보면 한달에 한두번은 아무런 이유없이 매출이 빠지는 날이 있는가 하면, 그 반대로 평일인데도 주말같이 매출이 올라가는 날도 있다. 만약 내가 어느 업소를 방문했을때 이러한 날이 아닐까하는 생각도 해봐야 한다.

호프집의 매상은 날씨에 민감하다 보니 비가 오는 날이나 황사가 있는 날 등은 피하는 것이 좋다. 그리고 2002년 한일 월드컵 이후 축구에 대한 관심도 많다. 국가대표 축구경기가 있는 날이나 프로야구 결승전 등 대형스포츠 행사가 있는 날도 평소와 매상이 달라질 수 있으므로 이러한 날에는 방문을 피하는 것이 좋다.

일단 피크시간대에 그 업소를 방문하면 손님이 있는 테이블 수는 쉽게 파악될 것이다. 그리고 호프집의 테이블당 평균단가는 보통 2만 5천원에서 3만 5천원이며, 그 평균치 3만원을 기준으로 매출을 산정해 보자(동네상권일 경우는 2만원).

즉, 「피크시간대 손님 테이블수×2×3만원」하게 되면 그 가게의 하루 매상이 나오게 되는 것이다.

물론 그 가게를 여러번 방문하여 오랜 시간을 체크할 수 있다면 그 정확도는 높아질 것이다. 그렇다면 이 계산방법대로만 하면 되는 것인가? 여기에서 우리는 다음의 몇가지를 고려해야 한다.

체크리스트
□ 그 가게에 손님들이 꾸준히 교체되는가?
□ 피크시간대가 얼마나 유지되는가?
□ 주말에는 평일에 비해 손님이 많은가 아니면 적은가?
□ 공휴일에는 손님이 줄어드는가?
□ 대학교 방학기간 동안 매출은 어떤가?

체크리스트 외에도 여러 요소를 고려해서 최종적인 평균매출을 계산해야 할 것이다. 어쩌면 이렇게 산출하는 것은 변수가 많고 경험도 많이 필요하기 때문에 어려운 계산방법인지 모른다.

하지만 필자 가게에서 이 방법을 적용해 보면 어느 정도 맞는 것을 볼 때 어느 한 업소를 세심히 관찰한다면 매상을 추정하는데 많은 도움이 되리라 생각한다.

주류 매입량을 기준으로 계산하는 방법

주류공급회사를 통해서 정보를 알아내는 방법이다.

통상 전체 주류 매입액의 6배를 전체 매상이라고 생각하는 것이다. 이렇게 계산하는 방법은 오랫동안 통용된 방식이었다.

예를 들어, 한 달 동안 주류회사에서 매입액이 300만원이라고 했을 때 300만원×6=1,800만원을 총매출로 추산하는 것이다. 이러한 계산방법을 필자 가게에서 실제로 적용해 보면 크게 틀리지는 않는다. 백세주·산사춘·수입맥주 등 여러 주류 유통회사에서 매입하는 금액을 합쳐서 산출하면 거의 정확하게 추정이 가능하다.

그렇다면 왜 주류매입의 6배를 매출로 추정할 수 있을까? 그 이유를 알아보자.

통상 주류원가의 3배를 판매가로 정하게 된다. 예를 들면 소주 원가가 천원이면 판매단가는 약 3천원이 되며, 주류를 100만원어치 매입했다면 주류만의 매출액은 거의 300만원이 된다.

또 안주매출도 주류매출과 비슷하다고 볼 수 있으며 주류매출이 300만원일 때 안주매출도 300만원이라고 생각할 수 있다.

그렇다면 주류매입을 100만원했을 때 주류매출 300만원+안주매출 300만원= 전체매출은 600만원이 된다.

실제 매출도 이 수준에서 크게 벗어나지 않는다. 주류매입액을 알아내는 방법은 쉽지는 않지만 주류도매상을 통해서 알아낼 수도 있다.

빈 박스를 기준으로 추정하는 방법

어느 가게나 술상자와 빈 생통을 보관하는 장소가 있다. 그 곳을 살짝 볼 수만 있다면 매출계산을 할 수 있다.

예를 들어 빈 소주나 맥주 박스 한개당 각각 20만원, 생맥주통 (20,000cc 기준)도 한개당 20만원씩 매출을 잡으면 된다.

즉, 어느 가게의 하루치 빈 박스와 빈 생통을 합친 개수가 5개라면 술매상만으로는 50만원이 될 것이며, 주류와 안주비율이 50 : 50정도이므로 안주류 매상을 50만원으로 가정하여 전체 매상을 100만원으로 추정할 수 있는 것이다.

필자 가게에서 매상과 빈 박스 숫자를 비교했을때 이 방법 또한 어느 정도 실제 매상과 비슷하다.

식자재 매입액을 기준으로 산출할 수도 있겠지만, 통상 호프집에서 식자재는 공산품, 야채류, 과일류, 수산물 등 여러 업체에서 들어오기 때문에 식자재의 전체 매입액을 파악하기가 쉽지 않다. 주류로 기준을 잡는 것이 보다 더 정확하다.

주류업체에서 가져가는 빈 통 수량으로 확인하는 방법

통상 호프집에서는 하루 영업을 마치고 새벽에 주류업체에 주류주문을 하면 다음날 배송이 이루어지면서 빈 박스나 빈 생통을 회수하게 된다.

주류배송이 매일 이루어지는 것은 운송비 부담이 있으므로 일주일에 3~4번 주류배송을 의뢰하는 것이 보통이다.

통상 주류업체에서는 어느 한 업소의 토요일 소모량과 일요일 소모량을 합하여 토요일 오후에 배송하게 되며, 월요일 오후에 토·일요일 소모된 빈통을 수거해 가면서 새로 주문한 양을 배송하게 된다.

따라서 월요일에 그 업소에 주류배달하는 차량이 와서 가져가는 빈 통의 갯수를 확인할 수 있다면 그 업소의 토요일·일요일 매상을 추정할 수 있는 것이다.

주류 도매업체에서 어느 한 업소에서 회수해 가는 빈 박스의 수량과 생통의 수량은 업소 밖에서도 쉽게 확인할 수 있다. 시간투자가 가능하다면 평일 매상도 이와 같은 방법으로 확인할 수 있다.

주류업체에서 배송하는 시간대를 미리 파악한 다음에 그 시간 전후에 일주일이나 한달동안 업소 주변에서 확인한다면 더 정확하게 산출할 수 있다.

객단가를 이용하는 방법

객단가란 호프집에서 한사람당 매출액을 말한다.

호프집의 객단가는 보통 7천원에서 1만원선이다. 학교 앞이라든지 젊은 고객이 주 손님층인 경우는 낮은 편이고 직장인을 주고객으로 하는 업소는 객단가가 높은 편이다.

출입 고객수를 체크할 수 있으면 이 객단가를 곱해서 매상을 추정할 수 있다. 이렇게 하기 위해서는 업소를 오픈부터 마감까지 주시해야 하는 수고가 따르기에 쉬운 방법은 아니다.

참고로 어느 한 호프집에서 객단가와 테이블단가, 그리고 테이블당 머무는 시간을 요일별로 자료수집 및 계산한 것을 「표 1」에 나타냈다.

테이블 단가는 매출액을 빌지(Bill紙)수량으로 나누면 나온다. 하지만 객단가와 손님이 가게에 머무는 시간을 계산하기 위해서는 각 테이블(빌지)마다 몇 명이 손님이 왔었는지, 몇 시에 와서 몇시에 나

■요일별 매출분석 「표1」

구 분	테이블당 평균인원	테이블 단가	객단가	머무는 시간
월	2.6명	21,659원	8,360원	1시간 48분
화	3.7명	30,230원	8,164원	2시간 02분
수	3.5명	29,295원	8,263원	1시간 51분
목	3.4명	29,171원	8,593원	1시간 52분
금	3.9명	35,313원	9,054원	1시간 59분
토	4.2명	30,057원	7,156원	1시간 46분
일	2.8명	25,056원	8,901원	2시간 00분
평균	3.4명	28,683원	8,356원	1시간 54분

갔는지 등을 기록해야 하기 때문에 평소에 관리하기가 쉽지 않다. 예상매출을 산정하는데 참고가 되기 바란다.

종업원수로 산출하는 방법

정상적으로 운영되는 호프집의 종업원수는 매출에 비례한다.

피크시간에 그 가게에 몇명이 일하고 있는지 알 수 있으면 매출을 추정할 수 있게 된다.

호프십마다 다소 차이는 있겠지만 경험상 홀서빙을 하는 알바 한 명당 매출을 35만원, 주방인력 한 사람당 40만원을 잡으면 된다고 생각한다. 카운터에 있는 주인이 직접 서빙을 한다면 서빙 인원수에 포함하면 되고 간간히 서빙까지 하고 있다면 서빙인원에 0.5를 추가하면 될 것이다.

예를 들어 계산해 보자.

홀서빙 인원이 3명이면 매출을 90만원으로 잡을 수 있으며, 주방인원이 2명이면 80만원으로 각각 생각할 수 있다.

위 두가지의 예상매출이 같을 수는 없을 것이다. 따라서 두 매출액의 평균치 85만원을 예상매출로 생각하는게 합리적이다.

그렇다면 홀서빙 2명에 주방인원이 한 명이면 어떻게 될까? 서빙인원 기준으로 60만원, 주방 기준으로 40만원이 되며 그 평균치 50만원을 예상할 수 있다.

하지만 홀 1명, 주방 1명일 경우는 최소 인원이기에 그 매출은 3~40만원 이하라 생각하지만 정확히 예상하기는 힘들다고 생각한다.

가게세로 예상하는 방법

나중에 호프집의 수익구조에 대해 얘기하겠지만 가게세가 매출에서 차지하는 비율이 약 10%정도 된다(A급지인 경우 15%). 즉, 어느 가게의 월세가 100만원이라면 그 가게의 월 매출은 정상적일 때 1,000~1,500만원 정도라고 생각할 수 있다.

하지만 장사가 안되기 때문에 가게를 팔려 한다고 생각해 볼 때 그 가게의 실제 매출액을 1,000만원 이하라고 쉽게 생각할 수 있다. 매물로 나온 가게를 직접 가보지 않고도 그 가게의 예상매출을 감각적으로 파악하는데 사용하는 보조적인 방법이다.

신규 점포인 경우

신규 점포인 경우에는 앞에서 설명한 매출산정 방법으로 주변 업소의 예상매출을 산출한 후에 신규 점포의 입지와 비교하여 추정하는 것이 일반적이다.

이러한 방법 외에도 테이블 수, 테이블 단가 및 회전수를 이용해서 산출하는 방법을 알아보자.

신규 점포의 평수를 기준으로 테이블 수를 먼저 산출해 보자.

어떤 테이블을 어떻게 배치하느냐에 따라 테이블수가 다소 다르겠지만,

- 20평 규모라면 테이블이 8～10개 정도,
- 30평 규모라면 15～20개 정도,
- 40평 규모라면 25～30개 정도일 것이다.

30평에 17개를 기준으로 해서 추정해 보자.

테이블 단가는 앞에서 얘기했듯이 중간 정도의 테이블 단가 3만 원을 기준으로 하자(물론 상권이나 고객층에 따라 다를 수 있다).

그리고 테이블 회전수를 생각한다면 동네 상권을 기준잡아서

- 장사가 안 되는 경우는 1회전 미만,
- 장사가 보통인 경우는 1～1.5회전,
- 장사가 잘 되는 곳은 1.5～2회전,
- 아주 장사가 잘 되는 곳은 2～3회전,

그렇다면 장사가 된다고 보고 1.5회전을 기준으로 계산해 보자.

결국 일일 예상매출은 17개 × 30,000원 × 1.5회전 = 765,000원이 된다

이 계산방법은 테이블 회전수가 절대변수이다.

실제에 가까운 매출을 산출하기 위해서는 그 동네 상권과 입지를 유심히 관찰하면서 유동인구, 주손님층, 주말장사의 변수 등 여러 가지 요소를 나름대로 가감하여 산출해야 할 것이다.

주변 사람을 통해서 알아내는 방법

그 외에 상식적으로 생각할 수 있는 방법이지만 그 가게에서 근무하는 종업원을 통해서 테이블 회전수라든지 매출액을 알아낼 수도 있다.

결 론

호프집의 예상매출액을 추정하는 방법을 여러 각도에서 생각해 봤다. 정확히 예상매출을 계산한다는 것은 변화요소가 많기 때문에 경험많은 사람이라도 쉽지는 않겠지만 위의 몇가지 방법을 겸용해서

결론을 내린다면 훨씬 실제에 가까운 매출액을 추정할 수 있다.

예상매출의 산출은 밖으로 보이는 현상들을 가지고 하지만 또 하나의 중요한 포인트가 있다. 대상업소의 영업정책과 나의 영업정책을 비교해 볼 필요가 있다. 내 자신이 대상업소보다 손님에게 더 다가갈 수 있는 정책이 있는가 없는가에 따라 내 가게의 매출은 위에서 산출한 예상매출에서 가감하여 추정해야 할 것이다.

순이익 산출과 투자분석

순이익 계산과 투자분석

내 가게의 예상매출액이 산출됐으면 이제 투자분석을 할 차례다.

투자분석을 하는데 가장 중요한 요소는 산출된 예상매출을 가지고 호프집의 일반적인 수익구조에 따라 인력계획이나 매입지출 등의 계획을 세우고, 순이익을 산출한 다음에 투자금액을 검토하고 투자금 회수기간은 어느 정도 되는지 등을 분석하는 것이라 생각한다.

여기에서는 필자가 한 업소의 창업과정에서 조사했던 자료를 기준으로 투자분석을 해보기로 한다.

이 업소의 보증금은 1억원, 가게세는 월 330만원(부가세 포함)이며, 권리시설비는 2억 2천만원을 요구하는 곳이다. 앞에서 설명한 예상매출 산출방법에 의해 계산하면, 이 업소의 매출은 월 3,600만원, 일평균매출은 120만원 정도 될 것으로 예상되었다.

예상 일매출 120만원을 기준으로 하고 예상보다 장사가 안될 때와 잘될 때를 대비하여 미리 구상한다. 즉, 일매출 120만원을 예상하여 기본 계획을 잡고서 일매출이 80만원, 100만원, 140만원, 160만원일 때 어떻게 변화가 되는지 한눈에 볼 수 있게 「표2」에 나타내었다.

어떻게 구성되어 있는지 보자.

왼쪽 칸으로 크게 매출액과 지출 그리고 순이익이 나타나 있고 지출은 크게 주류·안주류 매입과 급여와 경비로 나누어져 있다.

■ 예상매출에 따른 순이익계산 「표2」

[단위 : 만원]

일 매 출 액			80		100		120		140		160	
월 매 출 액			2,400	100%	3,000	100%	3,600	100%	4,200	100%	4,800	100%
지출	주류·안주류 매입		804	34%	990	33%	1,170	33%	1,344	32%	1,512	32%
지출	급여	주방 1	150		150		150		160		160	
지출	급여	주방 2	110		130		130		140		140	
지출	급여	주방 3					90		110		110	
지출	급여	설거지			60						40	
지출	급여	**주방 소계**	**260**	**11%**	**340**	**11%**	**370**	**10%**	**410**	**10%**	**450**	**9%**
지출	급여	주인급여	200	8%	200	7%	200	6%	200	5%	200	4%
지출	급여	알바 1	100		100		110		110		120	
지출	급여	알바 2	70		70		90		90		90	
지출	급여	알바 3			30		60		60		60	
지출	급여	알바 4							30		60	
지출	급여	**홀 소계**	**370**	**15%**	**400**	**13%**	**460**	**13%**	**490**	**12%**	**530**	**11%**
지출	급여	**급여합계**	**630**	26%	**740**	25%	**830**	23%	**900**	21%	**980**	20%
지출	경비	집세	330	14%	330	11%	330	9%	330	8%	330	7%
지출	경비	전기세	40		50		60		70		80	
지출	경비	가스비	12		15		18		21		24	
지출	경비	통신비	10		10		10		10		10	
지출	경비	수도료	11		14		17		20		23	
지출	경비	세금	25		30		30		35		35	
지출	경비	기타경비	80	3%	90	3%	100	3%	110	3%	120	3%
지출	경비	**경비합계**	**508**	21%	**539**	18%	**565**	16%	**596**	14%	**622**	13%
지출	**지 출 합 계**		**1,942**	81%	**2,269**	76%	**2,565**	71%	**2,840**	68%	**3,114**	65%
순 이 익			**458**	19%	**731**	24%	**1,035**	29%	**1,360**	32%	**1,686**	35%

급여에는 주방과 알바로 나눠져 있고 주인 급여가 별도로 표시되어 있으며, 알바급여에 집계(홀 소계)되어 있다.

경비는 고정경비(집세, 전기세 등)와 기타경비로 나누어져 있음을 볼 수 있다.

윗쪽 칸에는 월 매출 2,400만원부터 4,800만원까지 차례로 나눠져 있고 중간에 실제 예상매출 3,600만원이 자리하고 있다.

테이블 내용을 보면 중요한 항목마다 예상금액을 표시하고, 그 오른쪽에 총 매출액에 대비한 퍼센트(%) 표시가 되어 있다.

이제 하나씩 그 내용을 들여다 보자.

주류안주류 매입

일 매 출 액			80		100		120		140		160	
월 매 출 액			2,400	100%	3,000	100%	3,600	100%	4,200	100%	4,800	100%
	주류·안주류 매입		804	34%	990	33%	1,170	33%	1,344	32%	1,512	32%
		주방 1	150		150		150		160		160	

호프집에서 원자재가 차지하는 비율은 매출액의 1/3 정도 된다.

대학가나 젊은이들을 주로 상대하는 업소에서는 안주의 양이 많아지며 서비스 안주나 주류의 가격파괴 등으로 원자재의 매입비율이 이보다 더 될 수는 있다. 또한 직장인들이 주고객이거나 인테리어에 중점을 두고 영업하는 곳은 원자재 비율이 낮아진다.

하지만 필자의 경험으로 봤을 때 주류와 안주류의 매입을 합하면 매출액의 32~35%선이라 생각한다.

또한 매출액이 예상보다 많아질 때는 그 비율이 다소(아주 조금) 낮아지리라 생각할 수 있으므로 예상 매출액이 2,400만원일 때는 그 비율을 34%정도 되고 3,600만원일 때는 33%, 4,800만원일 때는 32%로 기준을 잡았다.

주방인력

일 매 출 액		80		100		120		140		160	
월 매 출 액		**2,400**	100%	**3,000**	100%	**3,600**	100%	**4,200**	100%	**4,800**	100%
	주방 1	150		150		150		160		160	
	주방 2	110		130		130		140		140	
	주방 3					90		110		110	
	설거지			60						40	
	주방소계	**260**	**11%**	**340**	**11%**	**370**	**10%**	**410**	**10%**	**450**	**9%**

주방장의 급여는 그 사람의 경력이나 업소에 기여도에 따라 많이 달라질 수 있다. 호프집에서 고급 안주를 요리하는 것이 아니기에 지금 시점에서 주방장 아줌마들의 급여가 보통 140~150만원 선이다.

주방장의 급여는 150만원으로 기준을 잡고 예상매출보다 더 올라갈 경우에는 급여를 올리는 것으로 계획을 잡았다.

호프집에서의 요일별 매출은 상권에 따라 많이 달라진다.

직장인이 주고객층인 업소에서는 토·일요일 매출이 상대적으로 낮아지고, 젊은 학생층이 주고객인 업소에는 금·토요일이 상대적으로 높으며 평일과 비교해서 매출비율이 2배이상 되는 경우도 있다.

즉, 주방 및 알바의 소요인력이 요일별로 달라질 수 있다는 뜻이다. 하지만 이 테이블에서는 월매출을 평균적으로 나누어서 일평균 매출을 기준으로 생각하고 인력계획도 일평균 매출을 기준으로 작성했다. 예를 들어 위 테이블에서 일매출이 80만원(월 2,400만원)일 경우에 토요일 매출은 120만원이 넘을 수 있다. 하루 매출 120만원이면 실질적으로 주방에서 두 명이 안주를 만들어 낸다는 것은 쉬운 것이 아니며 3명이 적정선이라 생각한다.

하지만 위 테이블에서는 일평균 매출을 가지고 주방장과 주방보조 2명으로 계획을 잡았음을 알고 있어야 한다. 구체적인 업소 운영은 자신의 상권이나 요일별 매출에 따라 계획해야 할 것이다.

그렇다면 주방인원 한 사람당 매출은 얼마가 적정할까?

호프집마다 안주 종류도 다르며, 반제품을 받아서 요리를 하는 곳이 있는가 하면, 또 모든 재료를 그 자리에서 직접 요리하는 곳도 있기 때문에 일괄적으로 얼마를 책정하기는 쉽지 않다.

필자가 어느 체인업소를 방문해서 탕수육을 먹어 봤는데 그 업소에서는 냉동 탕수육을 해동시키고 튀긴 후에 소스와 같이 나오는 것이다. 탕수육 주문을 받고 난 후에 옷을 입히고 튀기고 나가는 것과는 맛도 차이가 있지만 요리시간도 차이가 많이 난다.

주점을 기준으로 주방 한 사람당 매출 40만원을 기준으로 잡을 수 있다고 생각한다.

일매출 120만원(월매출 3,600만원)인 경우에 주방인력이 3명이고 일매출 140만원일 경우에 주방인력이 3명에 설거지 1명으로 계획한다.

설거지 알바

매출이 늘어남에 따라서 주방인력을 늘리는데도 방법이 여러가지가 있다. 직원을 한명 더 채용하는 방법이 있는가 하면 바쁜 시간에만 설거지 알바를 채용할 수도 있다.

호프집에서의 피크시간은 보통 저녁 8~12시이다.

직원을 채용할 경우에는 어느 정도의 근무시간과 급여를 책정해야 하지만, 바쁜 시간에만 잠깐 설거지 알바를 채용한다면 주인 입장에서도 비용이 적게 들고 알바 입장에서도 파트타임 일을 할 수 있으므로 서로에게 도움이 될 수 있다.

표를 살펴보면 주방인력의 급여가 매출의 약 10% 정도가 되고 있음을 알 수 있다.

주인급여

일 매 출 액	80		100		120		140		160	
월 매 출 액	**2,400**	100%	**3,000**	100%	**3,600**	100%	**4,200**	100%	**4,800**	100%
급 주인급여	200	8%	200	7%	200	6%	200	5%	200	4%

주인의 급여를 얼마로 책정해야 하는가?

이것 또한 생각하기에 따라 여러가지 의견이 나올 수 있다. 주인의 나이에 따라 달라야 하고 경험유무에 따라 틀려야 할 것이다.

경험많은 호프 매니저를 고용해서 주인 대신에 모든 일을 처리한다고 생각할 때에 그 급여가 200만원은 되어야 할 것이다.

주인이 카운터에 앉아만 있는 것이 아니고 같이 일을 한다는 상황을 가정하고 월매출이 얼마가 되든지 월 200만원으로 고정했다. 참고로 전문 매니저를 둘 경우는 매출액이 올라감에 따라 위 금액에서 인센티브를 고려해 볼 수도 있다.

그렇다면 어떤 방법으로 인센티브를 결정할까? 간단히 매출액 증가분의 일정비율을 인센티브로 할 수도 있겠지만 원가개념을 도입하여 생각해보자.

위를 보면 매출이 올라감에 따라 순이익 비율도 29%, 32%, 35%로 증가함을 알 수 있다. 이 증가한 이익 중 일정비율을 매니저의 기여도를 고려하여 인센티브로 결정하는 것도 한 방법이다.

알바급여

일 매 출 액			80		100		120		140		160	
월 매 출 액			2,400	100%	3,000	100%	3,600	100%	4,200	100%	4,800	100%
지	여	알바 1	100		100		110		110		120	
		알바 2	70		70		90		90		90	
		알바 3			30		60		60		60	
		알바 4							30		60	
		홀소계	**370**	**15%**	**400**	**13%**	**460**	**13%**	**490**	**12%**	**530**	**11%**

알바의 적정인원은 일매출 60만원일때 2명, 80~100만원일 때 3명, 120~140만원일 때 4명 정도로 계획을 잡으면 된다.

4명이란 뜻은 피크 시간대에 일하는 알바가 4명이란 의미다.

피크시간 전후에는 그만큼의 인원이 필요없다. 주방인력은 한사람당 매출을 40만원을 기준으로 하지만 알바는 30~40만원 정도로 보면 된다.

홀의 규모가 크거나 단체손님이 많을 경우 또는 손님이 일정한 시간대에 밀려 들어오는 업소는 매출액에 비해 더 많은 알바가 필요하기 때문에 30만원으로 계획하고 그렇지 않을 경우는 40만원으로 계획하면 된다.

주인이 홀서빙에 어느 정도 참여하는가에 따라 달라질 수도 있다.

주방인력의 근무시간도 중첩시키는 것이 좋지만 알바의 근무시간도 중첩시켜서 근무하도록 하는 것이 효과적이다.

예를 들어 한 사람이 오픈시간에 나와서 오픈준비를 하면 다음 사람이 2시간 후에 나오고, 또 다른 사람은 그 후 매장 피크시간이 되기 전에 나오게 하는 것이다. 퇴근은 먼저 출근한 사람이 먼저 퇴근하고, 제일 나중에 출근한 사람이 마감하고 나가도록 하는 것이다.

인원이 3명이상일 경우는 가게 상황에 맞춰서 오픈을 두 명이 하든지 마감을 두 명이서 하든지 결정하면 된다.

위 표에서 주인의 급여를 제외한 알바의 인건비는 매출대비 7% 선에서 고정되고 있음을 알 수 있다. 매출이 늘어난 비율만큼 알바가 늘어야 한다는 뜻인데, 손님이 많아져도 서비스의 질이 떨어지지 않으려면 그렇게 해야 한다고 생각한다.

집세

위 점포의 집세는 부가세를 포함하여 330만원이다. 움직일 수 없는 경비이다.

일 매 출 액			80		100		120		140		160	
월 매 출 액			2,400	100%	3,000	100%	3,600	100%	4,200	100%	4,800	100%
출		집세	330	14%	330	11%	330	9%	330	8%	330	7%
		[illegible]	40		50		60		[illegible]		80	

잠시 집세에 대해 생각해 보자.

집세가 330만원이면 얼마의 매출을 올려야 수익성이 있을까?

앞서 내 가게의 예상매출을 산출하는 방법에 대해 얘기했었다. 집세가 330만원이면 예상매출이 집세의 10배, 즉 3,300만원 이상의 매출을 올릴 수 있어야 수익이 있다는 뜻이다.

호프집에서 집세가 차지하는 비중이 10%를 넘어가게 되면 투자한 금액에 대한 회수기간이 길어지고 수익이 크게 남지 않는다.

매출액이 적은 업소는 집세 비율이 10%이하로 떨어져야 하고 매출이 큰 업소는 집세비율이 10%를 다소 넘어도 매출의 절대금액이 크니깐 어느 정도 견딜 수 있지만 중소형 업소에서 그 기준은 10% 선이라고 생각한다.

위 가게를 계약한 것도 집세가 330만원임을 알고 그 가게의 입지에 대한 예상매출 분석을 하고서 이 자리에서 월매출 3,600만원이 가능하다고 판단했기 때문에 실제 계약에 착수한 것이다.

만약에 집세가 예상매출보다 10% 이상이었다면 호프집을 하기에는 입지에 비해 가게세가 비싸다고 생각되어 계약을 하지 않았을 수도 있다.

전기세

전기세에서 가장 비중을 차지하는 것은 간판과 가게 크기이다.

일 매 출 액	80		100		120		140		160	
월 매 출 액	2,400	100%	3,000	100%	3,600	100%	4,200	100%	4,800	100%
전기세	40		50		60		70		80	
[illegible]	[illegible]		15		18		[illegible]		[illegible]	

지하에 가게가 있는 경우는 주변 여건상 간판을 크게 달 수 없는 경우가 많고, 1~2층인 경우는 쉽게 눈에 보이기 때문에 간판 크기를 줄일 수 있는 잇점도 있다.

그 다음에 전기가 많이 소비되는 것은 에어컨, 튀김기, 냉동·냉장고 등이다. 에어컨은 여름 한 철에 사용하지만 월 평균으로 계산했다. 겨울철 난방용 석유 또한 월 평균으로 기타 경비에 포함시켰다.

난방을 전기로 하는 경우는 전기료가 더 나올 수 있지만 기타경비가 그만큼 줄어들어서 거의 비슷한 수준이 될 것이다.

가스비

일 매 출 액			80		100		120		140		160	
월 매 출 액			**2,400**	100%	**3,000**	100%	**3,600**	100%	**4,200**	100%	**4,800**	100%
		가스비	12		15		18		21		24	

주방용 가스는 도시가스를 쓰느냐, 일반 LPG를 쓰느냐에 따라 그 금액이 달라질 것이다. 도시가스가 보다 더 저렴하겠지만 위 표는 LPG가스를 사용하는 것으로 산출했다.

통신비와 수도요금

일 매 출 액			80		100		120		140		160	
월 매 출 액			**2,400**	100%	**3,000**	100%	**3,600**	100%	**4,200**	100%	**4,800**	100%
	경	통신비	10		10		10		10		10	
	비	수도료	11		14		17		20		23	

인터넷을 사용한다고 가정하고 일반적인 기준으로 책정했다.

세금

일 매 출 액			80		100		120		140		160	
월 매 출 액			**2,400**	100%	**3,000**	100%	**3,600**	100%	**4,200**	100%	**4,800**	100%
		세금	25		30		30		35		35	

세금 항목은 일반사업자를 기준으로 세무사에게 세무회계를 맡기는 것으로 기준을 잡았다. 세무사에 회계를 맡겼을 경우에 년간 비용이 150만원 정도다(조정료 포함). 그리고 부가세를 분기별로 25만원 정도 낸다고 보고 소득세는 년간 100만원을 잡았다. 그렇다면 년간 비용이 150만원+(25만원×4)+100만원=350만원이다(월 30만원).

간이장부를 만들어서 부가세를 직접 신고하게 되면 어느 정도 감소시킬 수 있는 비용이다.

기타경비

일 매 출 액	80		100		120		140		160	
월 매 출 액	2,400	100%	3,000	100%	3,600	100%	4,200	100%	4,800	100%
기타경비	80	3%	90	3%	100	3%	110	3%	120	3%

기타경비는 항목을 나누지 않고 계산했으며 시설에 대한 사후관리와 비품, 소모품, 회식비 등 일반관리비 항목이다.

월 20만원 정도의 차량유지비가 포함된 금액이다.

업소마다 차이는 있겠지만 매출액의 3%선으로 매출증감에 관계없이 거의 일정한 수준으로 기준을 잡았다.

지출합계와 순이익

일 매 출 액	80		100		120		140		160	
월 매 출 액	2,400	100%	3,000	100%	3,600	100%	4,200	100%	4,800	100%
지 출 합 계	1,942	81%	2,269	76%	2,565	71%	2,840	68%	3,114	65%
순 이 익	458	19%	731	24%	1,035	29%	1,360	32%	1,686	35%

주류, 안주류 매입과 급여와 경비를 합친 총 지출액은 매출에 따라 변동이 있지만 예상 월매출 3,600만원을 기준으로 했을 때 그 71%인 2,565만원이 나온다. 매출액에서 지출합계를 뺀 순이익은 매출의 29%인 1,035만원이다.

매니저를 두지 않고 주인이 직접 업소 운영을 한다고 했을 때는 주인급여 6%(200만원)를 순이익에 포함시켜야 하므로 순이익은 매출의 35%인 1,235만원이라고 결론을 내릴 수 있다.

이상으로 예상매출액을 먼저 산출하고 그에 따른 지출을 추정하여 순이익을 계산해 봤다.

상권에 따라 업소마다 다소 차이는 있으리라 생각하지만, 필자가 호프집을 운영하면서 축적한 데이터를 기준으로 테이블을 만들었기에 크게 차이는 없으리라 생각한다.

위 테이블에는 손익분기점이 나타나 있지 않지만 월매출 2,000만원 이하로 떨어지면 바로 적자운영이 되리라 생각한다.

손익분기점이란 장사에서 본전을 하는 것이다. 다시 말하면 투자금액을 회수할 수 없다는 얘기가 된다. 예상 매출액만큼의 꾸준한 매출을 유지하기 위해서는 영업전략이라든지 매장관리 등 뛰어 넘어야 할 산이 너무나 많다는 점을 명심하여야 한다.

투자금액의 결정

예상매출에 따른 순이익까지 산출했으니 투자금액을 결정하자.

사람마다 투자대비 기대 이익률은 다를 수 있다. 5천만원 정도의 투자에 자신의 인건비만 나오면 된다고 생각하는 사람도 있고, 몇

억을 투자해서 은행이자보다 조금 더 나오면 된다고 생각하는 사람도 있다. 하지만 호프집은 하나의 시설사업이다.

즉, 가게를 얻어서 인테리어에 비용을 먼저 지출하고 나중에 이익금에서 투자금액을 회수하는 형태이다. 유통사업이면 장사가 안될 때 반품하고 가게를 정리하면 되지만 호프집은 장사가 안되도 되돌릴 수가 없다. 즉, 투자금액을 회수할 수가 없다는 것이다.

통상 호프집에 투자시는 자신의 인건비를 포함하여 월 4%의 순이익이 발생해야 한다고 생각한다. 투자금액이 큰 대형 호프집일 경우는 3%이상의 순이익이면 만족할 수 있겠지만 위 가게는 대형업소가 아니므로 3.5%로 생각해도 좋을 듯하다(이자비용 포함).

투자대비 월 4%의 의미는 일 년 동안에 투자한 금액의 48%를 회수할 수가 있어야 한다는 의미다. 즉, 2년 동안 정상적인 영업을 했을 때 투자금액 전부를 회수할 수가 있어야 한다.

호프집 인테리어의 주기를 4년으로 봤을 때 개업 후 2년안에 자신의 투자 금액을 회수해야만 다음 2년 동안 장사해서 남은 이익금을 가지고 재인테리어를 할 수가 있는 것이다.

이제 월매출 3,600만원을 기준으로 해서 이 가게에 얼마를 투자할 것인가 생각해 보자.

3,600만원 매출일 때 순이익이 1,035만원이고 주인의 인건비를 합치면 1,235만원이다. 그렇다면 월 4%의 순이익을 기대한다면 3억원을 투자한다는 것이 가능한 것이다.

호프집 투자에 3억원이면 적은 금액이 아니다. 금액이 커질수록 기대 순이익 비율을 적게 잡을 수도 있다. 3억원 투자에 3.5%의 순이익이 생긴다해도 충분히 투자할 가치가 있다고 생각한다.

그렇다면 위 1,235만원은 내 자신의 자금여력이 3억원이라면 충분히 투자를 할 수 있는 것이다. 투자액 3억원에는 권리금, 보증금, 인테리어 및 부속비용이 전부 포함된 금액이다.

결론적으로 이 가게에 3억원을 투자할 수 있는 가치가 있다고 판단할 수 있다.

다음은 이 가게의 보증금과 권리금을 생각해 볼 차례다.

보증금

건물주가 요구하는 보증금은 1억원이다. 계약할때 협상이야 가능하겠지만 특별한 경우가 아니면 변동할 수 없는 금액이다.

권리금

권리금은 통상 1년 동안의 순이익이라고 생각하는게 통설이다.

위 가게의 년간 순이익은 1,235만원×12=14,820만원이다.

권리금만을 생각했을 때 이 금액선에서 흥정이 되리라 생각한다. 하지만 한가지 더 생각해 보자.

년간 순이익이 1억5천만원이면 호프집으로서는 아주 장사가 잘 되는 곳이다. 현재 운영되고 있는 가게가 정상적으로 운영되고 있다고 생각한다면 매도자 입장에서 팔기가 아깝다.

즉, 권리금만 받고 가게를 넘기지 않는다. 당연히 현재의 시설비까지 권리금에 포함하여 팔려고 할 것이고 사려는 사람도 어느 정도 이를 인정해야 거래가 이루어 질 것이다.

호프집을 창업하고 난 후에 장사를 열심히 해야 하는 이유도 여기에 있다. 매월 발생하는 순이익도 중요하지만 나중에 가게를 접을 때 그동안의 시설비를 받고 나갈 수 있다면 소위 꿩먹고 알먹기가 아니겠는가. 하지만 위 가게가 무슨 이유에서든 정상적인 순이익을 내지 못하고 있다고 하면 어떻게 되겠는가?

매도자 입장에서도 자신의 년간 순이익을 계산해 봤을 때 위 금액 1억 5천만원이 나오지 않을 것이다. 장사가 정상적으로 되지 않고 있으면서 시설비를 모두 요구할 수도 없다.

인테리어를 한지 4~5년이 지났으면 냉·난방 등 기본 설비에 대한 시설비 정도 생각할 수 밖에 없다. 그래서 매수자와 매도자 사이에 협상할 여지가 많아지는 것이다. 이처럼 장사가 안되는 가게는 매매가 쉽게 이루어질 수 있지만 장사가 잘되는 가게는 그만큼 거래가 성사되기 힘들다.

이 가게가 정상적인 이윤을 내고 있다고 생각했을 때 시설비는 얼마 정도 인정해야 하는가?

이것 또한 실제 시설되어 있는 상태에 따라 다르겠지만, 일반적인 체인점을 기준으로 생각해 보자. 다소의 차이는 있지만 평당 160만원이면 홀인테리어, 냉·난방, 주방설비, 간판까지 모든 시설이 이루어진다. 그렇다면 위 가게를 새로 시설하는데 50평×160만원=8,000만원이 나온다. 여기에 실제 시설이 이루어진 후 1~2년 사이라면 감가상각을 크게 고려하지 못하겠지만 2년 이상이라면 어느 정도의 감가상각을 고려해야 한다.

영업이 정상적으로 이루어지고 있다고 가정했으므로 시설비만으로 5,000만원을 기준으로 하면 무리가 없을 것이다. 그렇다면 권리금과 시설비를 합치면 14,820만원+5,000만=19,820만원 즉, 약 2

억원이 된다.

협 상

부동산에 대한 투자 특히 아파트나 상가에 투자하는 경우는 주변 시세가 있기에 그 시세에 기준을 두고 서로가 협상을 할 수가 있다. 하지만 호프집의 경우는 상황이 많이 다르다.

사람마다 입장의 차이가 있고 계산방법이 다 다르기 때문에 어느 한 가게의 가치를 산출하는데 그 금액이 같을 수가 없다.

매도자 입장에서 보면 자신의 가게의 가치를 보는 눈이 계절마다 다를 수가 있고 심하면 매일 매일 다를 수가 있다. 협상이 진행 중에도 몇 일 장사가 잘 되면 팔고 싶은 마음이 없어졌다가도 장사가 안 되가면 빨리 팔아야 하지 않을까 하는 심리적인 변화가 많이 생긴다.

매수자 입장도 마찬가지다.

금전적인 여유와 시간적인 여유가 있다면 차분히 여러가지를 검토하고 협상을 하겠지만 좋은 가게라 생각되면 나보다 누가 먼저 계약해 버릴 것이 아닌가 하는 조바심이 생길 수 있고, 매수자는 자기 마음에 드는 가게가 있을 때 창업 성공이 바로 눈 앞에 있는 것같은 생각이 들기 때문에 상황을 스스로 합리화시키려는 심리적인 요소가 있게 마련이다. 협상의 구체적인 방법에 대한 얘기는 필자의 능력을 벗어나는 것이기에 여기에서 생략한다.

내 자신이 파악한 이 업소의 가치는 3억원이었다. 현재 업소 주인이 요구하는 금액은 보증금을 포함하여 3억 2천만원이다.

구체적인 협상은 2억 5천만원에서 3억 사이에 이루어지리라고 생각할 수 있다.

투자 회수기간

최종 협상과정에서 2억 9천만원으로 합의가 된다고 가정하고 투자 회수기간을 생각해 보자.

- 월순이익 = 12,350,000원
- 투자금액 = 290,000,000원
- 월수익율 = 12,350,000 ÷ 290,000,000×100 = 4.2%
- 시실권리금 회수기간= 190,000,000 ÷ 12,350,000 = 15개월
- 투자금액 회수시간 = 290,000,000 ÷ 12,350,000 = 23개월

결론적으로 투자 후 1년~1년 6개월 사이에 시설권리금액을 회수할 수 있으며, 총투자금액을 2년 이내에 회수할 수 있다. 적절한 영업정책으로 월 순이익 12,350,000원을 유지할 수 있다면 성공적인 창업운영이라고 판단할 수 있다.

결 론

이상으로 예상매출을 산출하고 그 토대 위에서 순이익을 계산해서 적정투자금액과 권리시설비까지 투자분석을 해봤다.

수많은 사람들이 호프집을 운영해왔고 앞으로도 하겠지만 어느 누구도 자신의 투자를 결정했던 방법에 대해 공개적으로 얘기한 적이 없다. 필자의 방법 또한 절대적일 수는 없다.

앞으로 호프집 운영에 대한 연구가 계속되고 더 과학적인 투자판단 근거자료가 나오기까지 필자의 방법이 조금이나마 밑거름이 되길 바라는 마음이다.

호프집 창업 투자 타당성 분석 사례

호프집 창업에서 투자를 어떻게 결정할 것인가?

상권과 입지에 대한 분석을 하고 난 후에, 그 업소의 예상매출과 순이익을 산출하고 투자의 타당성 분석을 한다면 호프집을 창업하는데 리스크를 보다 더 줄일수 있다고 생각한다.

여기서 지금까지 필자가 설명한 내용을 바탕으로 매물로 나와있는 어느 업소를 한 예로 예상매출, 순이익 산출, 투자분석을 자세히 해보도록 하자.

■예상매출에 따른 순이익계산「표3」

상 권 입 지	권리시설비	보증금	월세	규모	테이블수
B급 상권 A급지	1억 3천만원	6천만원	180만원	40평	20개

예상매출 추정방법

손님수를 통한 매출추정방법

평일 9시쯤 피크시간대에 이 업소를 방문해 보니, 14테이블에 손님이 있고, 손님수는 48명이다.

호프집의 객단가는 상권과 입지, 업소의 상황에 따라서 다르나 일반적으로 7천원에서 1만원 정도. 여기서는 8,500원을 기준으로 계산한다. 즉, 지금 현재의 손님 수에 대한 매출은 48명×8,500원 =408,000원으로 추정할 수 있다.

하지만 피크시간 전후로 왔다가는 손님들이 있기 때문에 하루의 매출은 현재 매출의 2배로 추정해야 한다.

• 추정매출 : 48명×8,500원×2배 = 816,000원

단, 피크시간대의 고객 수는 요일이나 날씨 등에 따리 차이가 날 수 있다. 여러 차례 방문을 통하여 보다 정확한 추정 매출액을 산출해야 한다.

테이블 단가를 통한 매출추정방법

테입블 단가는 대체로 25,000원에서 35,000원, 여기서는 30,000원을 기준으로 계산해 본다. 객단가를 계산할 때 2배를 생각했듯이 여기서도 마찬가지 방법으로 매출을 산출하면

• 추정매출 : 14테이블×30,000원×2배 = 840,000원

직원수를 통한 매출추정방법

통상 알바나 주방인원도 매출에 비례하게 된다. 직원들의 출퇴근은 시간차를 두게 되지만 피크시간에는 모두 근무를 한다. 따라서 피크시간에 업소를 방문해서 근무인원을 파악한다.

홀의 구조나 안주 종류에 따라 다소 차이는 있지만, 아르바이트생 1인당 하루 적정 매출은 350,000원 정도이며, 주방인원 1인당 적정매출은 400,000원 정도이다.

• 추정매출 : 아르바이트생 기준 2명 × 350,000원 = 700,000원
• 주방인원 기준 2명 × 400,000원 = 800,000원

빈 박스와 생맥주통으로 추정하는 방법

대체로 빈 박스와 생맥주통(이하 '생통' 이라 부름)은 개당 20만원을 매출로 추정 가능하다. 예시된 업소를 방문했을 때 빈 소주박스가 3개 있고, 빈 생통이 2개 있었다면

• 추정매출 : (3+2)×200,000원 = 1,000,000원

단, 이것이 오늘 매출인지, 어제 매출까지 포함된 것인지는 판단하기 어려우므로 연 이틀 같은 시간대에 방문한다든지 하는 방법으로 꾸준히 관찰하면 추정이 가능하다.

토요일과 일요일 매출추정방법

대부분 호프집은 토·일요일 영업을 위해서 토요일 오후에 주류도매상으로부터 주류를 공급받으며, 월요일에는 토·일요일 2일동안 사용한 빈 소주박스와 생통을 반납하면서 새로운 주류를 공급받게 된다.

즉, 월요일에 반납되는 빈 박스나 생통은 업소 밖에서 주류회사 차량이 방문해서 작업할 때 쉽게 확인할 수 있으며 그 업소의 토·일요일 매출을 추정할 수가 있다.

이렇게 파악된 빈 소주박스가 3개, 빈 생통이 7개라고 가정했을 경우

• 추정매출 : (3+7)×200,000원 = 2,000,000원이며, 일평균 1,000,000원으로 추정할 수 있다(대부분 토요일 매상은 올라가지만 일요일 매상은 떨어지기 때문에 이렇게 추정해도 무리가 없다).

빈 박스나 생통을 가지고 보다 더 정확한 매출을 추정하고자 한다면 1개월간(주로 오후에 배달된다) 그 업소 주변에서 주류 배송차량을 관찰하면 된다. 실제로 예시업소를 1개월간 관찰하여 파악된 빈 박스나 빈통의 수량이 125개로 가정

- 추정매출 : 1개월 매출은 125개×200,000원 = 25,000,000원
  단, 양주나 민속주에 대한 매출은 예외로 한다.

주류도매회사를 통한 매출추정방법

주류도매상을 통해서 그 업소의 주류매입액을 파악할 수 있다면 매출을 추정할 수 있다.

예시업소의 월간 주류 매입액이 평균 4,100,000원으로 파악되었다고 하면, 월간 매출은 매입액의 6배를 보면 된다.

- 추정매출 : 4,100,000×6배 = 월 24,600,000원

신규점포의 매출추정방법

신규점포인 경우는 위와 같은 방법으로 매출을 추정하기 불가능하기 때문에 주변 업소들의 관찰을 통해 추정한다. 일반적으로 업소의 입지와 크기가 중요한 변수이지만 장사가 잘 된다고 하면 테이블 회전수가 2회전 이상 된다. 아주 잘되는 곳은 3회전까지 생각할 수 있으며, 안되는 곳은 1회전 이하가 될 수도 있다. 예시 업소의 주변업소에서 장사가 잘 된다고 했을 때 신규점포도 1.5회전으로 가정할 수 있다.

- 추정매출 : 테이블 20×테이블단가 30,000원×1.5회전 = 일 900,000원

업소의 크기로 추정하는 방법

장사가 잘 되는 상권에서의 매출도 업소의 크기에 비례한다고 볼 수 있다. 평당 10,000원 이하의 매출은 장사가 안되는 곳이며, 평당 20,000원 정도의 경우에는 장사가 그런데로 되는 편으로 볼 수 있다. 잘 되는 곳은 평당 30,000원까지도 올라간다고 가정할 수 있다.

예시업소의 주변을 돌아봤을때 평당 20,000원 매출은 가능하다고 판단되었다.

- 추정매출 : 40평×20,000원 = 800,000원

임대료로 추정하는 방법

참고로 호프집의 임대료를 가지고도 매출을 추정할 수 있다.

일반적으로 임대료가 차지하는 비중은 중소형 업소에서는 10%정도며 중대형 업소에서는 15%까지 생각할 수 있다.

임대료가 차지하는 비중이 이 이상이 될 경우는 호프집의 수익구조상 적정치의 순이익을 기대할 수 없다. 역으로 애기하면 어느 한 호프집이 장사가 안 되어서 매물로 나와 있다면 실제 매출은 임대료의 10배를 넘지 못하고 있다고 생각할 수 있는 것이다.

매물광고만을 보고 직관적으로 그 업소의 매출을 가늠할 때 사용하는 보조적인 방법이다.

여러가지 방법으로 추정한 매출을 정리해 보면 위 업소의 월 매출은 2천400만원으로 결론을 내릴 수 있다.

■추정 매출표

구분	산 출 기 준	예상 일매출	예상 월매출
객단가 기준	48명×8,500원×2배	816,000원	24,480,000원
테이블단가 기준	14테이블×30,000원×2배	840,000원	25,200,000원
아르바이트 기준	2명×350,000원	700,000원	21,000,000원
주방인원 기준	2명×400,000원	800,000원	24,000,000원
빈 박스 기준	(3+7) ×200,000원÷2	1,000,000원	30,000,000원
빈 박스(한달) 기준	125개×200,000원		25,000,000원
주류도매사 정보	4,100,000원×6배		24,600,000원
테이블 기준(신규)	20개×20,000원	800,000원	24,000,000원
평수기준(신규)	40평×20,000원	800,000원	24,000,000원
집세기준(참고)	1,800,000원×10배		18,000,000원

추정순이익 산출

일반적으로 호프집의 수익구조는 3:3:3으로 이루어져 있다.

업소마다 다소 차이는 있겠지만, 매출 100을 기준으로 할 때 주류와 안주재료 매입으로 매출의 1/3이 지출되고, 급여와 임대료 등 일반경비로 매출의 1/3이 지출되며, 나머지 1/3이 주인의 급여를 포함한 순이익이 된다고 볼 수 있다.

• 추정순이익 : 24,000,000원/3 = 8,000,000원

주류 및 식재료 매입비	임대료, 급여 등 일반관리비	순이익
8백만원	8백만원	8백만원

적정 투자 금액결정

일반적으로 호프집의 기대 순이익은 투자금액의 4% 정도, 즉 1억

을 투자해서 호프집을 운영할 때 월 400만원 정도의 순이익을 기대할 수 있다. 1억원 이하를 투자할 때는 5% 정도의 이익을 기대한다. 2~3억원 이상을 투자할 때는 3% 정도의 순이익을 생각할 수도 있다.

이러한 기준으로 봤을때 월 800만원의 순이익을 낼 수 있는 위 업소는 2억원을 투자할 수 있다는 결론을 내릴 수 있다.

- 적정 투자금액 : 2억원

권리시설비과 보증금

권리금은 창업을 하려는 분들에게 가장 부담스러운 부분이다. 그 금액에 대한 절대적인 기준이 없지만 전문가들이 얘기하는 권리금의 적정수준은 1년간의 순이익으로 알려져 있다.

- 예시업소의 적정 권리금 : 순이익 8,000,000원 × 12개월 = 96,000,000원

위 업소가 영업이 활성화되어 만족할만한 순이익이 꾸준히 발생되고 있다고 하면 권리금 자체만으로도 요구할 수 있으며, 이와 반대로 상권의 변화나 영업정책의 부재 등으로 매출이 줄어드는 상황이면 그만큼 요구하는 권리금이 줄어들 수도 있다.

실질적으로 요구하는 권리시설비는 1억3천만원임을 볼때 권리금 외에 시설비 5천만원이 포함되어 있는 것으로 추정할 수 있다.

시설비는 그 형태에 따라 그리고 언제 시설이 되었느냐에 따라 시설비로 인정할 수 있는 금액이 다르다. 권리시설비에 대해 구체적으로 얼마까지 인정할 수 있을지 어떻게 협상을 해야 할지는 현지 상황에 맞춰 판단해야 한다. 보증금 6천만원에 대해서는 위 가게의 투자가치가 2억원이라고 판단했었기에 권리시설비를 지급하고도

보증금을 지급할 수 있기 때문에 주변 상권에 비해 크게 높지만 않으면 문제되지 않는다.

협상과정에서 최종적으로 권리시설비가 1억1천만원에 합의가 되고, 보증금은 그대로 6천만원으로 계약한다고 가정하자. 총 투자액은 1억 7천만원이다.

투자금 회수기간 추정

1억5천만원을 창업자금으로 보유하고 있는 경우라면 부족한 2천만원에 대해서는 각자의 상황에 맞추어 대출과 차용으로 대체할 수 있다. 2천만원을 차용한다면 매달 이익금 8백만원으로 3개월 이내에 다 갚을수 있다.

그러나 투자회수기간을 산출할 때 주인의 생활비를 생각하지 않을 수 없다. 현실적으로 20대 가장이라면 생활비가 200만원 정도, 30대 가장이라면 200~300만원, 40대 가장이라면 300~400만원 정도의 생활비를 지출한다고 가정할 수 있다.

30대 가장이 창업한다고 했을 때 생활비로 250만원을 책정한다면 가정생활을 이끌면서 호프집을 하고 남길 수 있는 금액은 월 8,000,000원-2,500,000원 = 5,500,000원이 됨을 고려해야 한다.

- 투자회수시간 : 170,000,000원 ÷ 8,000,000원 = 21개월

창업 후 2년 이내에 시설권리금과 보증금까지 회수할 수 있다는 것은 성공적인 창업으로 평가할 수 있다.

점포 계약하기

가게계약은 두 번 한다.

현재 가게를 운영하는 사람과의 권리시설금에 대한 계약을 먼저 하고서 계약금을 치루고 난 후에, 건물주와 건물에 대한 계약을 하고 계약금을 지급한다. 그 후에 마지막으로 가게를 인수받는 날에 현 가게주인에게 권리시설금에 대한 잔금을 지급하고 건물주에게도 잔금을 지급하는 것이 일반적이다.

계약하기에 따라 여러 가지 상황이 생길 수 있지만 가게를 인수하는데 한 달정도 걸린다고 가정하고 그 절차를 좀 더 자세히 살펴보도록 하자.

1일날 현 가게주인과 권리시설에 대해 계약을 하고 그 권리시설금의 10% 정도를 지급한다(중개업소에서 같이 참석할 수 있으나 중개업자에게 가게 인수받는 날 복비 〈중개수수료〉를 지급하면 되므로 중개업자에 대한 얘기는 생략한다).

그리고 15일경 건물주와 현 가게주인과 셋이 함께 만나서 건물사용에 대한 계약을 새로이 하면서 보증금의 10% 정도를 건물주에게 지급하고, 현 주인에게도 권리시설비의 4~50% 정도(가게 인수시

지급하기로 약정할 수도 있다)를 지급하게 된다.

그리고 30일경 가게를 인수하면서 현 가게주인에게도 잔금을 치루고 건물주에게도 잔금을 지급하면서 계약을 마무리하면 무리가 없이 가게인수가 이루어지게 된다.

그렇다면 이러한 일련의 계약과정 중에 확인할 사항과 주의해야 할 사항들을 생각해보자.

현 가게주인과 권리시설금 계약시에 주의할 사항이다.

권리시설금 계약이 이루어졌다고 하더라도 나중에 건물주와 계약시에 집세 인상 등 여러 가지 요인으로 인해 계약이 성사되지 않을 수도 있으므로 권리·시설에 대한 계약조항에 "건물주와 본계약이 이루어지지 않을 경우 권리계약금은 언제까지 반환한다"는 조항을 넣어 둬야 한다.

계약할 당시의 시설중 냉동·냉장고나 오디오·비디오 시설 등 중요한 품목들은 리스트를 만들어 계약서에 첨부하는 것이 좋다. 하지만 주방의 안주재료(공산품 등)와 주류는 실제 매입금액 기준으로 인계인수 시점에 권리·시설비와는 별도로 정산하는 것이 일반적이다. 따라서 인수 후에 인테리어를 다시 한다든지 바로 영업이 이루어지지 않을 경우는 전주인이 가게 인수전에 반품하면 되겠지만 인수후에 바로 영업을 할 경우에는 잔고에 대해서 대금을 지급하게 된다.

안주류나 주류를 인계받을 때 주의해야 할 것은 제품의 유통기한이다. 처음 호프집을 하는 분들은 유통기한이란 것이 있는 줄도 모를 수 있다. 하지만 유통기간이 얼마남지 않은 물품의 날짜를 확인하지 않고 받았다가 날짜가 지나서 유통기간 단속에 걸리는 등 문제가 발생될 수 있다.

일부 주류도 유통기한이 있다.

소주나 맥주는 별 문제될 것이 없지만 수입맥주는 인수시 유통기한을 유심히 확인해야 한다. 또한 수입맥주는 "B품"이라 일컫는 정상유통제품이 아닌 것이 있을 수도 있다. 소위 수입관세를 물지 않은 제품으로서 유통되는 불법제품이다. 간혹 세무서 조사에서 발각되면 병당 몇 만원의 벌금을 물어야 하기에 B품은 인수하지 말아야 한다. 수입맥주 중 정상제품은 병에 한국어로 수입회사, 유통기한 등이 쓰인 라벨이 붙어있으나 B품인 경우는 그러한 표시가 없이 제조사에서 외국어로 된 설명만 되어 있다. 당연히 B품인 경우에는 유통기한도 표시되어 있지 않다.

필자도 호프집을 개업하고서 1년이 지나서야 B품이 내 가게에 있다는 사실을 알고 아차~! 했었듯이 모르고 넘어가기 쉬운 부분이며, 문제가 되면 크게 당할 수 있으므로 수입맥주를 인계·인수할 때에는 꼭 확인하도록 한다.

기존 호프집을 인수할 경우는 전주인의 사업자를 폐업하게 되면 안되며, 구청에서 사업자 승계를 해야 한다는 합의가 있어야 한다(창업의 행정절차 참조).

기존 거래처나 A/S업체에 대한 연락처를 받아놓는 것도 필수 사항이다. 가게 인수시점에서의 전기계량기, 수도계량기, 주방가스 계량기, 전화료 등에 대한 정산은 상식적인 것이기에 여기서 생략한다.

간혹 권리시설금을 계약하면서 건물보증금의 일부를 가게주인에게 건네는 경우도 있는데, 이것은 잘못된 것으로 보증금은 건물주에게 건네야 하는 것이 원칙이다.

건물주와 계약에 관련된 내용을 생각해 보자.

먼저 확인할 사항으로는 관할 등기소에서 건물 등기부등본에 의해 실소유주 확인 및 담보제공, 가압류 등 그 건물의 권리관계에 대한 내용과 도시계획확인원에 의해 건물이 도시계획에 의해 헐리는 것은 아닌지 등을 미리 파악하고 있어야 한다.

임대계약 전에 건물주의 성향도 기존 가게주인 또는 동네 부동산을 통해 미리 파악해두는 것도 필요하다. 간혹 임대 재계약시에 가게세를 많이 올리려 하는 건물주도 있을 뿐 아니라 장사가 되가는 것을 보면서 자신이 가게를 운영하려고 하는 건물주도 있다.

건물주 중에는 화해조서를 미리 요구하는 경우도 있으며 이러한 건물주와는 가능한 계약하지 말 것을 권한다.

화해조서란 재계약이 이루어지지 않을 때 즉시 건물을 비워야 한다는 일종의 공증으로서 법원의 판결문과 같은 효력을 발생하는 것이므로 입주자에게 매우 불리한 것이다.

상가임대차보호법의 보호를 받을 수 있는지도 검토를 해야 한다.

보호대상은 환산보증금이 서울인 경우 2억4,000만원, 과밀억제권역 1억9,000만원, 광역시 1억5,000만원, 기타지역 1억4,000만원 미만인 경우이며, 세무서에서 계약서를 가지고 가서 확정일자를 받게 되면 5년 동안 임대차 계약유지가 가능하며 계약기간 중 연 12% 이내로 임대료 인상제한 및 보증금 미반환시 임차권등기명령 신청이 가능하고 건물 경매시 우선변제권을 인정받을 수도 있다.

환산보증금이란 월세를 보증금으로 환산하여 계산하는 방식으로 월세가 200만원이고 보증금이 5천만원일 경우 월세×100+보증금 = 200만원×100+5천만원 = 2억5천만원이 되며, 서울인 경우는 임대차보호법에 해당 안되는 금액이 된다.

가게의 전기용량도 미리 파악해서 호프집을 운영하기에 적당한 용량(전기상식편 참조)의 전기를 사용할 수 있는지 확인하고 모자라다고 판단되면 전기증설에 따른 소요비용을 미리 산출해서 건물주와 계약시 협의하는 것도 좋은 방법이다.

전기증설비용은 일반적인 기준으로 kw당 15만원(?) 정도의 비용이 들어간다.

기존 호프시설을 인수하지 않고 신축건물이나 타업종에서 호프집으로 업종변환을 하는 경우에는 건물의 주소를 가지고 해당 구청 청소과에서 정화조의 용량이 호프집을 개업하기에 부족하지 않은지 미리 확인한 후에 계약에 임해야 한다.

지하실의 경우는 출입문 외에 비상구가 있는지도 확인해야 한다. 비상구가 없으면 소방법상 호프집 허가가 안난다.

한편 간판을 어디에 달 것인지도 미리 구상을 해 두었다가 건물주와 계약시 협의하는 것이 좋다. 특히 한 건물에 여러 개의 가게가 들어와 있을 때에는 계약시에 미리 협의해 두어야 가게 주인들끼리 이해관계가 상충될 때에 나중에 들어온 사람이 자기주장을 할 근거가 있으므로 간판설치를 쉽게 추진할 수 있게 된다.

임대료에 부가세가 어떻게 되는지도 확인할 사항이다.

부가세를 별도로 달라하는 주인이 있는가 하면 부가세를 별도로 표시하지 않고 계약하는 주인도 있다. 또 소득세를 적게 내기 위하여

본 계약과는 달리 세무서에 신고할 계약서를 별도로 작성하자고 요구하는 경우도 있지만 이는 분명히 불법이다(주인과 세입자가 불미스런 일이 있을때 세입자가 주인을 세무서에 탈세로 고발하는 경우도 있다).

아무튼 부가세에 대해 주인이 어떤 입장을 취하는가를 보면서 그 내용을 명확히 해둬야 나중에 서로 오해가 없을 것이다.

같은 건물에 같은 업종이 들어올 수 있는지도 미리 건물주와 협의해 두는 것이 좋다. 만약 2층에 호프집을 창업했는데 나중에 1층에 또다른 호프집이 들어 올 수도 있기 때문에 계약서상 같은 업종은 안된다는 조항이 있어야 한다(여러 층의 건물일 경우 같은 업종이 위아래 있을 때의 장점도 있지만 예외로 한다).

계약서에는 항상 계약만료시에는 원상복구라는 조건이 들어간다.

대부분 가게는 다른 사람에게 인계되고 또 새로 들어오는 사람이 기존 인테리어를 이어받게 되기 때문에 내부시설이야 원상복구를 안하는 것이 일반적이지만, 여러 개의 창문을 통유리로 바꾼다든지 건물외관을 바꾸는 것 등은 세입자의 입장과 건물주의 입장은 서로 다를수가 있기 때문에 계약시에 미리 협의를 해 두는 것이 바람직하다.

3장

창업절차

점포를 계약한 후에 인테리어 시설을 하면서 창업의 행정절차를 밟게 된다. 어떠한 절차를 거쳐야 하는지 또 주의할 사항은 무엇인지 알아보도록 한다.

체인점의 장·단점을 알아보자

가게를 구하러 다닐 때부터 호프체인을 생각하고 있는 사람이 있는가 하면, 점포를 구하고 나서 체인점을 하면 어떨까? 하고 한번쯤 생각해 본다.

체인점 선정방법

호프 체인점을 계획하고 있다면 1~2개의 체인본사를 검토하는 것보다는 비슷한 유형 4~5개의 체인본사와 접촉하면서 각 체인점의 분위기와 가격대, 손님층 등을 비교·검토해 나가기를 권한다. 한 체인점만을 염두에 두고 가게를 구하는 것은 쉽지 않다.

체인본사에서 방문해 보기를 추천하는 곳은 장사가 잘 되는 업소이기 때문에 본사에서 권하지 않는 체인점도 방문해 봐야 한다. 4~5개의 체인점을 방문해 보면 그 체인본사의 상황이나 장·단점을 쉽게 파악할 수 있다.

몇 개의 체인본사에 대한 분석을 하고 난후에 상권이나 입지에 따라 어느 체인본사를 선택할 것인가 최종적으로 결정하는 것이 일반적인 순서라 생각한다.

체인점의 장점

일반적으로 체인점이라 하면 본사에서 인테리어 시설, 간판, 주방용품, 메뉴교육 등 가게를 오픈해서 운영하기까지의 모든 과정을 일괄적으로 준비를 해주게 된다.

체인점주 입장에서는 점포를 구하고 난 다음에 체인본사와 계약을 체결하고서 본사에서 인테리어 등을 시설하는 사이에 사업자등록증과 카드 등 행정적인 업무와 주방교육을 받게 되고 알바나 직원을 구하게 된다.

그렇다면 체인점의 장점은 무엇인가?

우선 편리하다

가게를 오픈하는데 필요한 모든 과정을 본사에서 주관하여 준비를 하기 때문에 처음 호프집을 하시는 분도 쉽게 가게를 오픈할 수 있다.

매출을 예상할 수 있다

점주 나름대로 가게를 계약할 때는 자신이 했을 때의 매출을 예상하겠지만, 체인본사에서도 체인을 계약할 때 자신들의 경험으로 비추어 그 가게의 예상 매출을 가늠하게 되며 예상 매출, 순이익 등 투자·분석하는데 도움이 된다. 다만 영업적인 측면에서 부풀릴 수 있음은 미리 알고 있어야 한다.

체인점이 강세이다

체인점 본사 차원의 광고도 있겠지만 젊은층들은 어느 한 체인점에서 좋은 인상을 받았을 때 다른 동네의 같은 체인점에 쉽게 방문하게 된다. 체인점의 분위기와 음식맛, 가격대를 알고 있기에 편한 마음으로 발길을 들여 놓게 되는 것이다. 같은 조건이면 체인점이 경쟁력이 있으며 각 상권에서 체인점이 확대되고 있다.

주방관리가 쉽다

식당도 마찬가지이지만 호프집도 주방관리에 보통 신경이 쓰이는게 아니다. 주방장의 경험에 의해 메뉴를 정하게 되면 신메뉴 개발도 쉽지가 않고 주방장이 그만 둔다고 한다든지 할 때 주인이 주방에 끌려다니는 상황이 될 수도 있다.

체인점인 경우에는 주방장이 바뀐다 하더라도 손끝 맛이야 다르겠지만 모든 조리는 본사의 매뉴얼에 따라 하기 때문에 전체적인 맛이 변하는게 없다. 또한 본사에서는 계절별로 일년에 한두 번씩 신메뉴를 개발해서 체인점에다가 그 메뉴를 추천하고 교육도 시켜주므로 많은 도움이 된다.

그리고 주방에 인력이 없을때 비상으로 본사 요리사를 대치할 수도 있으니 그것 또한 점주의 마음을 편하게 한다.

체인점간 정보교류가 도움된다

각 체인점주들끼리 한 번씩 만나게 되므로 인해 가게운영 전반에 관한 정보를 얻을 수 있다. 체인점주들끼리 모임은 공감대가 많기 때문에 서로간에 정보를 가감없이 나눌 수 있다. 이는 호프집 운영하는데 중요한 포인트이다.

재료 매입이 편하다

체인본사에서 대부분의 중요한 재료를 공급해 주기 때문에 업주 입장에서는 편할 수 밖에 없다.

일부 체인점주들은 본사에서 공급하는 재료가 가격이 높다고 개인적으로 구매하기도 하지만 메인 재료가 본사에서 어느 정도 가공되어 공급된다는 것은 주방일도 덜어질 뿐만 아니라 음식맛도 안정적이다.

일부 체인본사는 조리법만 알려주고 재료는 체인점 자체적으로 구매하는 경우도 있다. 본사 규모가 적은 경우나 새로 시작하는 체인본사는 대부분 이 방법으로 운영된다.

그외 인테리어의 통일성이라든지 가게수명이 길다는 등 장점이 있다. 그럼 체인점이 만능인가? 꼭 그렇지만은 않다.

체인점의 단점

체인점의 단점 중 가장 큰 것은 비용이 많이 들어간다는 것이다.

체인점마다 대부분 천만원정도의 가맹비와 평당 160~180만원 정도의 인테리어 비용까지 하면 30평을 기준으로 하여 5천여만원이 인테리어 비용으로만 들어가게 된다.

가맹비가 없는 체인점도 있지만 그럴 경우는 인테리어 비용에서 본사가 천여만원 정도 남기는 것으로 생각하면 된다. 본사에서도 어떤 방법으로든 이익을 남겨야 본사도 운영되고 창업지원 등을 할 수 있기 때문에 이해가 되는 부분이다.

호프체인에 가맹을 하더라도 간판, 에어콘, 냉장고, 냉동고, 주방시설을 별도로 구매해야 하기에 추가로 최소 1천만원에서 2천만원은 들어가야 할 것이다.

시작하는 입장에서 권리금이랑 보증금 외에 6~7천만원(사실 이 정도의 돈이면 동네 호프집 하나를 할 수 있는 금액이기도 하다)을 더 들이는게 쉬운 일은 아니다.

한편으로 개인이 체인점과 비슷한 시설을 한다고 가정했을 때 얼마정도의 금액 차이가 있을까?

가맹비가 없으며 인테리어 비용을 평당 5~60만원 정도를 아낀다고 하면 30평을 기준으로 했을 때 약 2~3천만원 정도의 차이는 있으리라 생각한다.

그렇다면 체인점과 같은 깔끔하고 통일된 분위기를 연출한다고 가정했을 때(개인적으로 일부 인테리어만 고치는 것은 여기서 예외로 한다) 체인을 할 것인가, 개인적인 인테리어를 할 것인가를 판단하는 금전적인 기준은 이 2~3천만원이 아닐까 생각해 본다.

결국 판단은 자신의 상황을 고려하여 각자가 해야하겠지요?

체인점, 어디까지 기댈 수 있을까?

여러 호프 체인점들이 있지만 어디까지 체인점을 믿고 장사를 할 수 있을까 생각해 보자.

체인본사에서 매물업소를 찾아주고 여기에다 상권분석까지 하면서 체인가맹을 권유하지만 그 결정은 결국 본인이 해야 한다.

체인본사는 상권, 입지분석을 할 때 객관적인 면보다는 긍정적인 면을 강조하는 경향이 있다. 아주 안될 자리가 아닌 한 대부분 가능하다고 얘기한다.

처음 호프집을 하는 사람에게는 체인점이 가게 오픈까지의 모든 편의를 제공하기에 쉽게 창업할 수 있는 것은 사실이다.

하지만 체인점 본사에서 오픈 후까지 모든 것을 책임져 준다고 생각하는 것은 큰 잘못이다.

다만, 오픈 후에도 다소의 영업정책 등의 조언은 받을 수 있지만 체인점 본사도 자신들의 이익을 찾아서 영업하는 사람들이기에 또 다른 신규 체인가맹점을 위주로 영업하지 않을 수 없는게 현실이기 때문이다.

그리고 가게의 영업능력은 업주, 즉 바로 창업자 자신의 능력이지 본사의 능력은 아닌 것이다. 같은 가게라도 주인에 따라서 장사가 되고 안되고 한다는 얘기는 전적으로 주인의 생각과 관리능력에 따라서 가게의 운명이 달라지게 되는 것이다.

필자 자신도 체인점을 하고 있지만 계절별 메뉴 개발만 본사에서 해주면 다른 것은 크게 기대를 안한다.

그리고 인테리어 시설 후에 한 두달동안 하자보수가 끝나고 나면 나머지 추가 공사가 있다 하더라도 자신의 비용으로 해야 한다.

결국 체인본사도 자신들의 영업을 위해서 체인점을 개설하지만 체인점 입장에서도 가게를 개설하기 위해서 체인본사를 활용한다고 생각하는 것이 서로에게 부담이 없는 현실적인 생각이라고 본다. 그렇다고 오픈 후에 체인본사와 거리를 두라는 뜻은 결코 아니다.

체인본사도 나름대로 영업의 노하우를 가지고 있으니 최대한 이를 활용하되 너무 크게 기대하지 않는 것이 바람직하다는 것이다.

호프의 형태

호프를 파는 곳도 취급품목이나 분위기에 따라 몇가지 형태로 나눌수 있는데 어떤 것이 있는지 간단히 알아보자.

웨스턴 바

서양풍의 깔끔하고 고급스런 분위기에서 수입 병맥주를 위주로 호프와 양주를 판매한다. 주손님층은 30대이며 몇년 사이에 점포가 많이 늘어나고 있다.

자료) http://www.wa-bar.co.kr
WARBAR의 내부

대표적인 체인점으로는 WARBAR가 있다.

맥주전문점

생맥주전문점이며 인테리어를 중요시하고 주 손님층은 20대중반 이후부터 30대 후반까지이다. 이런 맥주전문점의 경우는 비어캐빈, 쪼끼쪼끼, 밀러타임 등의 체인점이 있다.

자료) http://www.bq--3c6abn7m2dampba.mltbd.com/
밀러타임의 내부전경

이벤트 전문점

해리피아, 엔터19 등 넓은 매장에서 각종 이벤트를 위주로 영업하는 형태이다.

주손님층은 20대 초반이며 분위기도 신세대에 맞춰져 있다.

주 점

소주와 호프를 같이 취급하며 체인점도 주점스타일이 가장 많으며 주 타켓을 20대 초반부터 30대까지 다양하게 수용할 수 있다. 이런 형태는 가격경쟁력이 가장 치열하다.

천하일품, 호랑이와곶감, 어쭈구리, 요모조모, 이화주막 등이 대표적인 체인점들이다.

각 체인점마다 분위기나 안주 등의 특징이 있으므로 선택할 때 상권에 맞춰 선택해야 할 것이다.

레스호프, 커피호프

레스트랑과 호프를 같이 운영하거나 커피를 곁들이는 방식으로 주로 낮에는 간단한 식사나 커피를 취급하고, 저녁에는 맥주나 호프를 취급한다. 편안한 분위기이며 손님층의 나이는 골고루 분포된다고 볼 수 있다.

치킨꼬치점

꼬치구이와 치킨류를 주로 하는 소주 분위기 속에 호프를 곁들여 파는 스타일이다. 대부분 30대에서 40대를 주 타켓으로 한다.

인테리어시 이 점을 고려하라

인테리어 비용

인테리어 비용은 호프집 투자에 있어 큰 비중을 차지하는 부분이다. 대개 호프 체인점들이 요구하는 비용은 평당 140~180만원 정도인데, 개인업자에게 맡길 경우는 상당한 금액을 절약할 수 있다.

체인점은 가게 전체를 통일된 이미지로 시공하기 때문에 상호간 장·단점이 있어서 어느 쪽이 좋은지는 판단하기 어렵다.

인테리어 경험담

필자는 인테리어 전문가가 아니기에 사용자 입장에서 몇가지 얘기하도록 한다. 참고로 필자의 가게는 호프 체인점에서 인테리어를 했다.

체인본사와 인테리어 디자인에 대한 상의를 마치고 인테리어에 들어갔으며, 공사는 철거를 포함하여 약 20일을 잡았다(참고로 실평수 35평임). 중간에 가끔 나가서 점검하였지만 알아서 잘 하겠지 하는 마음이었다. 하지만 시설공사가 끝나고 실제로 영업에 있어 사용을 하는데는 불편한 점이 몇가지가 있었다.

체인본사에서 공사를 잘못했다는 의미가 아니고, 개인으로 공사를 하는 분들을 위해서 지금까지 사용하면서 사소하지만 불편했던 점을 올리니 참고하기 바란다.

전기문제

전기 스위치 위치

모든 전기 스위치는 카운터 옆에 있어야 편하다.

가게 구조상 저~ 만큼 멀리 있으니 전기를 끄고 켤 때마다 멀리 다녀와야 하는 불편함을 감수해야 한다. 최소한 홀 스위치만큼이라도 카운터 옆에 설치했었으면 하는 마음이다.

전기 스위치 배선

호프집에서 전기를 사용하는데 있어 24시간 가동되어야 하는 냉장고, 냉동고가 있는가 하면, 홀이나 바는 영업시간에만 사용하면 되는 전기라인이 따로 따로 배선이 되야 하는데 일부 배선이 뒤엉켜서 만들어졌다.

즉, 메인전원에서 24시간 사용할 배선과 필요시 사용할 배선이 차단기 2개로 분리된 후에 그 밑으로 여러 차단기가 설치되어야 하는데, 크게 분리된 차단기가 없이 자잘한 차단기만 사용하다 보니 알바나 직원이 바뀔때마다 교육을 시켜야 하고 가끔은 간판불을 켠 상태로 퇴근하는 일까지 발생하게 된다.

필요시에만 사용하는 전기를 한 개의 차단기를 통해서 나가게 하면 퇴근할 때 그 차단기만 간단히 내리면 되게 배선하는 것을 권장한다.

실내등 밝기 조절기

홀의 실내등 밝기는 계절, 날씨, 분위기에 따라서 조절할 수 있도록 하는 것이 좋다.

각 스위치마다 조광기가 달린 스위치를 사용하면 간단히 해결되는데, 공사가 끝난 후에 바꾸려면 쉽지않다.

콘센트

여름철에는 에어콘을 사용하더라도 여러 개의 선풍기를 같이 사용하는게 보통인데 그 콘센트를 공사할때 군데군데 미리 만들어 놓지 않으면 전기선을 이리저리 연결해서 사용해야 하는 불편이 있다.

또 카운터쪽에는 보통 오디오, 전화기, 카드기, 컴퓨터 등 전기기구가 많이 들어가니 미리 여러 개의 콘센트를 만들어 놓는 것도 좋겠다.

바와 주방에도 전기설비가 들어갈 위치를 미리 정해서 그 위치에 맞게 콘센트를 설치해야 한다. 그렇지 않으면 전기선이 너절해서 미관도 좋지 않지만, 나중에 배선이 바닥으로 흐르게 되어 피복이 벗겨지고 누전이 되는 일도 생길 수 있다.

부하분리 문제

부하분리란 무엇이며 왜 해야 하는가에 대해서는 전기상식편에서 설명한다. 공사가 끝나면 필히 점검을 해야 할 부분이다.

그렇지 않으면 일부 차단기만 계속 떨어지는 불편을 겪어야 할 수도 있다.

선반

호프집 바에는 기본적으로 300cc, 500cc, 2000cc, 3000cc 잔을 많이 사용하게 되는데 선반을 만들때도 그 수량과 높이를 감안하여 만드는게 효과적이다.

300cc, 500cc 잔은 통상 2단으로 잔을 쌓아놓게 되는데 특히 높이를 고려하지 않고 만들게 되면 1단으로 밖에 사용할 수 없어 효율적인 공간활용이 안된다.

또 선반의 깊이는 가능한 깊게 만들어야 하고 빈 공간이 있는 곳은 가능한 모두 선반을 만들어 두는게 사용하기 편리하다. 주방이나 창고안의 선반도 마찬가지이다.

바의 방향

기본적으로 바는 손님을 쳐다보면서 일을 하게 만들어져야 한다. 그런데 필자의 가게는 그 구조상 그렇게 만들기가 쉽지 않다보니 손님을 등지고 맥주를 따르고 컵도 씻어야 한다.

손님을 등지고 일을 한다는게 이렇게 불편할 줄 알았다면 조금더 머리를 짜매는 한이 있어도 지금같이 만들지는 않았을 것이다.

손님 출입구쪽 벽

인테리어를 할 때 술취한 손님은 사람이 아니다라는 생각까지 하면서 손님이 다니는 출입구쪽은 모든 재료를 단단한 것으로 사용하고 최소한 남자가 발로 차더라도 이상이 없도록 해야 한다.

술 취해서 나가다가 주먹으로 벽을 치거나 발로 차는 것은 실제로 많이 일어난다.

화장실 안의 설비도 마찬가지로 단단히 해야 한다.

홀의 공기흐름

환풍기에서 빨려 나가는 공기만큼 어디선가 신선한 공기가 들어와야 하는데 공사를 하고 보니 바람이 들어올 수 있는 곳은 출입구 한 곳밖에 없다.

유리창을 깔끔하게 만들기 위하여 기존 유리창에 달려 있던 자그만 창을 전부 없애고 통유리로 설치를 하다보니 공기가 들어올 수가 없다. 뒤늦게 아차~!! 미관만 신경쓰다보니 실내 공기의 흐름을 놓쳐버린 결과다.

특히 한여름과 한겨울에 출입구 쪽에 앉은 손님들에게 미안한 마음이 들뿐만 아니라, 단체 손님들이 나갈때는 입구문이 한참 열려 있는데 입구 쪽에 앉은 손님들은 눈쌀을 찌푸리게 마련이다.

이처럼 여러가지 불편한 점을 감안하여 인테리어 시설할 때 통유리를 하든 다른 방법으로 하든 군데군데 바람이 들어올 수 있는 곳이 있는지 공기의 흐름을 생각하면서 공사하길 바란다. 필요한 경우에는 급기시설을 하는 것도 효과적이다.

또한 주방에 환풍기가 설치되는 데 가능한 성능이 좋은 것으로 하는 것이 바람직하다. 홀쪽에 있는 환풍기가 주방 환풍기보다 강하게 되면 주방에서 요리할 때의 냄새가 홀로 흘러 들어올 수 있을 뿐만 아니라 다 타지않은 주방가스가 홀로 스며들어 손님들의 눈이 매울 경우도 있다.

주방 환풍기가 홀의 공기를 끌어들여 밖으로 내보내야 하는 이유는 또 있다. 주방에 에어컨 시설을 하는 호프집은 없다 보니 여름에는 주방이 매우 덥다. 홀 에어컨의 차가운 공기가 주방을 통해서 밖으로 나간다면 주방에서 일하는 분들에게 다소나마 도움이 될 것이다.

창업시 행정절차는 이렇다

가게계약이 완료되고 나면 해야 할 일도 많아지며 바쁘게 움직여야 한다. 인테리어 공사를 진행하는 20일~한달 동안 필요한 행정절차를 밟아서 영업신고와 사업자등록증을 받게 된다.

행정업무는 절차를 밟아야 하고 법적 처리기간이 있기 때문에 시간이 많이 걸릴 수도 있다.

간혹 인테리어를 다 해놓고서도 정화조나 소방설비에 대한 사전조치를 하지 않아서 사업자등록증을 발급받지 못하는 경우도 있으니 창업의 행정절차에 대해 알고 미리 준비를 해야 할 것이다.

소방관련

기존의 호프집을 승계할 경우는 구청에서 사업자 승계만 하면 되기 때문에 소방시설에 대한 별도의 허가나 승인은 필요없다.

하지만 신규 건축물이나 증축했을 경우는 소방시설완비증명서를 먼저 받아야 나머지 행정절차를 진행할 수 있으니 중요한 사항이다.

소방설비는 인테리어를 의뢰할 때 계약내용에 누가 소방검열을 책임지고 받을 것인지 확인해 두어야 한다.

체인본사에 인테리어를 맞길 경우는 체인본사에서 소방검열까지 받아 주는 것이 일반적이지만 동네업자라든지 개인에게 맡길 때는 소방검사를 누가 할 것인지 필히 확인하고 공사를 맡겨야 하며 공사비의 차이도 발생한다.

소방검열은 일반인이 처리하기에는 법규가 너무 복잡하다.

소방관련 검사는 방염처리검사를 통과한 후에 소방시설완비증명을 발급받아야 한다.

대부분 인테리어업자들은 이 절차에 대해 잘 알고 있지만 일반인은 잘 모른다. 소방검열을 받아야 할 경우에는 필히 관할소방서 예방과(방호과)를 방문하여 담당자에게 사전지도를 요청하기 바란다. 사전지도를 요청하면 담당공무원이 공사 현장을 방문하여 소방 전반에 걸쳐 어떻게 해야 한다고 설명을 해준다.

그 중에 제일 먼저 처리해야 할 방염처리는 방염재를 사다가 방염처리를 하고 난 후에 소방서에 테스트를 요청하면 된다.

소방법상 나무(불에 타는 재료)는 천정면적과 벽면을 합친 면적의 30%(스프링쿨러 설치시 50%)이내에서 마감을 하게 되어 있으며 나무를 사용한 경우는 그 나무표면에 방염처리를 해야 하도록 되어 있다.

소방서에서는 방염처리된 나무에서 가로 세로 50cm를 잘라다가 방염테스트를 하며 그 테스트를 통과해야 한다.

방염처리를 한번 요청하고 그 검사에서 불합격할 경우는 15일 후에야 다시 방염처리 검사신청을 할 수 있다.

만약에 방염처리 검사에서 불합격하면 15일이 지나야 재신청을 할 수 있으므로 결과적으로 인테리어 공사일정이나 오픈일정에 막

대한 차질을 가져올 수 있다. 이렇듯 방염처리검사는 중요한 항목이기에 자신이 방염처리검사를 책임질 경우에는, 방염업자에게 별도의 비용을 주고서 방염검사를 맡기고 시설완비증명은 자신이 스스로 처리하는 것이 보통이다.

담당소방관이 소방지도를 나왔을 때 요청한 내용에 대해 준비를 철저히 하면 된다. 주방에 분말확산소화기, 화염감지기, 일반소화기, 비상벨, 비상전등 등이 주요 사항이며, 지하인 경우는 별도 비상구가 있어야 하며 2층 이상인 경우는 창문 비상구 및 완강기도 설치해야 한다. 특별한 경우에는 스프링 쿨러를 설치해야 할 경우도 있다.

소방관련 법규는 최근 강화되고 있으며, 그 적용이 지역별로 조금씩 다르므로 해당관청을 방문하여 미리 확인하는 것이 바람직하다.

위생 교육필증

소방설비를 하는 동안 해당 (사)한국음식업중앙회(구 대한음식업중앙회)에서 실시하는 위생교육을 받고 교육필증을 받아 놓는다.

위생 교육장소는 각 시도별로 있으며 서울의 경우는 중앙교육원에서 하는데 위치는 종로구 연지동에 소재한 한국기독교연합회관 3층[문의전화 : (02)3672-3271~3]에서 한다.

그리고 교육날짜는 주 3회(월, 수, 금)에 있고, 교육시간은 09:00~16:00까지 실시된다.

교육을 받기 위해서는 주민등록증과 사진 1매와 교육비(18,000원)를 가지고 해당 날짜에 교육장소에서 받으면 된다.

교육장 앞에서 요식업에 관련된 업체들이 자신들의 명함이나 판촉물을 나눠준다. 사양하지 말고 모두 받아서 정리해 두었다가 나중에 필요할 때 이용하도록 한다. 직접적인 거래를 하지 않고 문의만 할 수 있어도 도움이 된다.

영업신고

해당 구청에 위생교육필증과 소방시설완비증명서를 가지고 가서 영업신고를 한다.

영업신고에는 건축물관리대장이 첨부가 되는데, 이 관리대장에 정화조 용량이 호프업종에서 필요한 용량보다 적을 경우는 영업신고가 수리되지 않을 수도 있으므로 주의해야 한다. 특히 음식업이 아닌 타업종에서 호프나 소주방으로 업종을 바꿔서 가게를 만들고자 할 경우는 계약 전에 미리 확인해둬야 할 사항이다. 영업신고를 하는데 호프집은 일반음식점으로 등록을 하면 된다.

참고로 음식점의 종류는 어떻게 되는지 간단히 알아두자.

음식점의 종류는 크게 4가지로 나뉜다.

휴게음식점	음식물의 조리,판매는 가능하나 음주행위가 허용되지 않는 커피숍 등
일반음식점	음식물의 조리,판매와 더불어 음주행위가 허용되는 호프집,한식,경양식집
단 란 주 점	일반음식점의 음주행위 외에 손님이 노래를 부를 수 있는 행위가 허용된다.
유 흥 주 점	단란주점의 노래행위 외에 유흥종사자를 두거나 춤을 출 수 있는 카바레, 룸싸롱 등

영업신고증이 수리되고 난 후에 발급되는 기간은 최대 3일이다. 신규 영업신고가 아니고 전주인으로부터의 지위승계(기존의 호프집

을 인수)를 할 경우는 절차가 간단하며 전주인과 함께 기존의 영업신고증 원본과 전주인의 인감증명서를 가지고 구청에서 영업승계신고를 하게 되면 된다.

영업자 지위승계란 영업주 명의변경으로 기존의 허가(신고)업소를 다른 사람으로부터 권리를 넘겨 받아 허가(신고)관청에 영업주 명의변경을 신청하는 절차로서 허가내용은 물론 행정처분(예정사항 포함)사항까지 승계되며 상호 변경신고를 함께 할 수 있다.

전 주인이 미성년 단속에 걸려서 1년이 넘지 않았으면 그 내용이 승계가 되어 새로 시작한 후 1년 이내에 다시 미성년 단속에 걸리면 그 업소는 폐업이 되기 때문에 주의해야 한다.

그리고 각종 세금, 과태료 등의 체납여부를 승계시에 확인해야 한다.

사업자등록증

해당 세무서에 영업신고증 사본과 가게 임대차계약서 원본 및 사본을 가지고 가서 사업자등록 신청서(세무서 양식)를 제출하면 특별한 일이 없는 한 1~2일내에 발급된다(법규상 최대 7일).

임대차계약서 사본에는 임차인 보호를 위해 임대차보호법상 필요한 확정일자를 받게 된다.

사업자신고를 할 때 연간 예상매출이 4,800만원 이하일 것이라고 예상되면 간이과세자로 신고하고 그 이상될 것이라고 예상되면 일반과세자로 등록을 하게 된다. 과세자 유형에 따라 부가가치세의 계산방법이 다르므로 세무상식편(뒤에 있음)을 참고하기 바란다.

그리고 호프집은 주류를 판매하는 업종이기 때문에 사업자등록시 주류판매신고를 같이 하게 된다.

이상 살펴본 바와같이 행정절차는 여러 번의 절차를 거쳐야 하므로 복잡하며, 일의 추진이 잘 안될 경우는 개업 예정일이 늦어질 수 있으므로 다른 일에 앞서 먼저 추진해야 한다. 특히 내부설비에 있어 방염이나 소방설비는 세심한 주의를 기울여야 한다.

각종 신고나 허가를 받기 위해서는 자신의 주민등록등본과 주민등록증(앞·뒤면)을 여러 장 복사해서 가지고 있어야 하며, 영업신고증과 사업자등록증도 발급받는 즉시 여러 장을 복사하여 가지고 있는 것이 은행이나 여러가지 일을 처리하는데 편리하다.

간혹 가게 전주인이 승계해야 한다는 사실을 모르고 미리 폐업신고를 해 버리는 경우가 있다. 이러할 경우는 소방검사를 새로 해야 하므로 아주 난감한 일이 발생한다. 따라서 권리금 계약시에 계약서상에 함께 구청에 방문하여 사업자승계를 해야 한다는 조항을 넣는 것도 한 방법이다.

보건증

보건증은 호프집에 근무하는 사람은 누구나 받아야 한다.

업주 자신은 물론 주방에서 일하는 사람이나 알바로 일하는 사람도 모두 받아야 한다.

보건증은 전염병의 예방과 전파방지를 위해 검사하는 것으로서 해당보건소를 방문해서 일반음식점에서 일할 예정이라고 하면 몇가지 검사만으로 간단히 마칠 수 있다. 검사후 보건증이 발급될 때까지는 5일 정도 걸리므로 미리 준비해 두는 것이 좋다.

알바나 주방인력도 채용이 확정되면 가능한 빠른 시간내에 보건소에서 보건증을 받아서 가져오라고 요청을 해야 한다.

조리사 자격증

조리사 자격증은 학교나 병원 등 집단급식 시설이 있는 곳에서는 필요하지만 일반음식점인 호프집에서는 조리사 자격증이 필요없다.

간판허가

간판업자가 간판허가증을 받지 않고 임의로 부착할 경우는 나중에 행정처분이나 과태료 등의 불이익을 받을 수 있다. 따라서 간판업자에게 간판허가에 관한 허가를 받도록 조치하여야 한다.

행정규제

호프집의 행정규제에 대해 알아보자.

그 첫째가 미성년자인데, 미성년자 문제는 호프집에서 중대한 문제이므로 나중에 미성년자관리편에서 자세히 얘기한다.

둘째가 음식물 유통기간을 준수해야 한다.

유통기한이 지난 재료로 음식을 만들어 팔려는 주인이야 없겠지만 만에 하나 무심코 단속에 걸려서 몇 백만원의 과태료를 내야 하는 경우도 있다. 따라서 단속위반의 문제 이전에 손님에게 신선한 음식재료로 서비스를 제공한다는 의식으로 유통기한이 있는 제품은 만기날짜를 수시로 확인해야 한다.

세번째는 알바나 주방인원의 보건증이다.

알바가 새로 오면 보건증을 다음날 만들라고 지시하라. 보건증을 신청했던 근거(접수증)만 있어도 단속시 소명자료가 되기 때문에 보건증이 나올 때까지 접수증을 보관하고 있어야 한다.

만약에 보건증 신청이 늦어져서 단속에 걸리면 주인에게도 벌금이 나오지만 당사자에게도 벌금이 나온다는 것을 얘기해 줘야 한다. 본인에게 나온 벌금(약 2~30만원)은 본인이 물어야 한다는 것도 다짐을 받아라.

주방아줌마들도 마찬가지이다. 주방에서 설거지하는 알바도 보건증이 있어야 한다. 간혹 주방아줌마들이 자신의 나이를 밝히는 것이 싫어서 보건증을 자신이 보관하려는 사람이 있다. 그럴 때도 최소한 보건증의 만기날짜는 직접 확인해서 기록해 놓아라. 보건증 유효기간이 1년밖에 안되다 보니 자신도 모르는 사이에 만기가 지나는 경우가 있다.

그리고 모든 보건증은 별도의 관리화일에다가 보관하는 것이 좋다. 가끔 한번씩 화일을 점검하면서 만기날짜를 확인해야 한다.

그외에 소방검열이 있지만 개업한 후에는 크게 문제될 것이 없다.

한편 직장내 성희롱도 문제될 수 있다.

알바 메뉴얼에 한 줄이라도 여자 알바에 대한 신체접촉이나 성희롱을 해서는 안된다는 주의사항이 들어가 있어야 한다. 이는 업주로서 교육했다는 증거가 남아 있어야 하기 때문이다.

간판에 대한 규제도 있다.

옥외광고물에 대한 법률에 의해 신고·허가되지 않은 간판은 해당

관청에서 수시로 단속을 한다.

수입맥주의 비품(비과세품)과 유통기간도 문제될 수 있기 때문에 수시로 자신이 가지고 있는 수입맥주의 만기날짜를 확인해야 한다.

한편 매출신고를 누락한다든지 해서 세무조사를 받을 수도 있다. 세금문제에 있어서 국민의 한사람으로서 당당히 세금내고 장사해야 한다. 세무조사 받는다는 것 자체가 여러가지로 불이익이 많으니 성실히 신고하도록 해야 한다.

결론적으로 호프집에서의 행정규제는 크게 봤을 때 미성년자, 유통기간, 보건증 3가지가 된다.

이제 오픈준비를 해보자

인테리어를 진행하면서 행정적인 창업절차를 진행함과 동시에 오픈준비를 해나가는 것이 일반적인 절차이다.

그렇다면 오픈준비는 어떻게 해야할지 생각해 보도록 하자.

거래처 선정

호프집에서 거래하는 곳은 어떤 곳이 있을까?

주류, 안주류, 기타 거래처로 나누어서 생각해 보자.

주류거래처

주류는 주류 도매상과 대부분의 주류를 거래하게 된다.

주류도매상이란 주류 제조회사에서 주류를 공급받아 호프집에 배달해 주는 개인사업자이다. 주류의 유통구조상 호프집에서 주류 제조회사와 직거래는 할 수 없게 되어 있다.

주류 도매상은 부근 업소나 아는 사람을 통해서 소개받는 것이 일반적이다. 주류협회나 주류 제조회사에 연락해서 소개받을 수도 있다.

주류회사에서 지원받을 수 있는 것들		
• 무이자 대출	• 주류 냉장고	• 생맥주통냉장고
• 냉각기	• 소주잔부터 3000cc잔까지	• 앞치마
• 재떨이	• 오픈 행사용 생맥주 지원	• 병따개 등

업소 규모나 예상판매량에 따라 주류거래를 시작할 때 주류 도매상에서 술냉장고나 여러가지 판촉물을 받을 수 있다. 오픈 전에 미리 여러 주류 도매상과 접촉하고 상담 후에 자신에게 가장 유리한 업체를 선정하도록 하자.

주류 도매상에서는 수입맥주를 비롯한 대부분의 주류를 취급한다(개인사업자이기에 수입맥주를 취급 안하는 곳도 있음). 또한, 수입맥주는 수입맥주만 전문적으로 취급하는 업체가 있다. 그리고 일부 전통주인 경우는 별도의 유통과정을 거치고 있으며 각 지역별로 대리점이 형성되어 있으니 백세주나 산사춘을 취급할 경우는 각각의 대리점과 접촉해야 한다.

안주거래처

안주류 중 캔이나 진공포장품 등 공산품인 경우는 대부분 안주재료상을 통하게 된다. 안주재료상은 자체 냉동고를 가지고 있으며 수백가지의 공산품을 보관하고 있다가 호프집에서 주문이 들어오면 배달을 해 준다. 각 지역별로 여러 업체가 있으며 주변의 업소에서 쉽게 소개받을 수 있다.

대형업소인 경우는 안주 재료상 2곳을 선정하여 가격경쟁을 유도하는 방법을 쓰기도 한다. 공산품은 유통기간 관리를 해야 하기 때문에 신용이 있고 거래처를 많이 가지고 있는 곳을 선정해야 한다.

수산물이나 야채는 자신이 직접 농수산물시장에서 구입하는 것이 가격면에서나 품질면에서 유리하다. 수산물을 직접 구입할 경우는 수산시장의 소매상보다는 도매상을 찾아서 거래하는 것이 원가를 절감할 수 있는 방법이다. 시간상, 경비상 직접 구매를 못할 경우에는 수산물도 재료상에서도 취급하고 있으니 재료상을 통해서 구입해도 된다. 야채나 과일은 동네 매장에서 배달을 시켜도 되며 업소를 순회하면서 판매하는 야채상을 통해서 구매해도 된다.

호프집에서 축산물은 많이 사용을 하는 편이 아니기 때문에 대부분 동네 시장에서 구입한다.

기타거래처

주류와 안주류 거래처 외에 호프집에서 거래해야 할 곳이 많다.

인테리어업자, 간판업자, 냉·난방기, 유리 등 시설과 관련된 거래처도 A/S를 위하여 챙겨둬야 한다.

1년이상 영업하다 보면 수저나 그릇 등도 동일 제품을 추가로 구매해야 하므로 사소한 거래처라도 꼼꼼히 정리해 두자.

인테리어업자를 통해서 물건을 간접적으로 구입하더라도 원판매자의 연락처는 메모해 놓을 필요가 있다.

직원구하기

호프집에서 주방이 차지하는 비중이 크다.

체인점으로 오픈하게 되면 체인본사에서 안주요리에 대한 교육을 해줌으로 인해 큰 어려움은 없지만 개인으로 오픈하여 새로 들어오는 주방장의 손끝에 안주를 맡길 경우는 걱정도 많이 된다.

주방인력과 알바는 어떻게 구하고 급여책정은 어떻게 하는 것이 효과적인지 인력관리편을 참고하기 바란다.

장비구입

호프집에 필요한 장비는 각 지역별로 도매시장이 형성된 곳에서 싸게 구입해야 할 것이다. 장비는 사용함에 따라 필히 A/S가 필요하기 때문에 가능한 메이커 제품을 선정하기를 권한다.

어떤 장비들이 있는지 알아보자.

냉·난방기

호프집을 하는데 얼마만큼한 용량의 에어콘이 필요할까?

건물의 구조(지하, 창문여건)나 탕·전골류를 홀에서 직접 끓이는지 등에 따라 달라질 것이다.

일반적으로 냉방기기는 실평수의 1.5배의 용량을 선정하면 무리가 없으며 홀에서 탕을 끓여야 할 경우는 실평수의 2배 용량을 선정한다. 난방기의 용량은 실평수만큼의 용량이나 실평수의 1.5배를 선정한다.

주방용품

주방 냉동고의 용량은 안주의 종류와 수량에 따라 달라질 것이나 일반적으로 20평을 기준으로 업소용 300리터짜리 한 개가 필요하다. 보조로 아이스크림 냉장고를 사용하는 것도 뚜껑이 위로 달려 있어서 많은 물건을 보관할 수 있다.

주방용 튀김기는 1구, 2구짜리가 있으며 2~30평의 업소에서는 1

구짜리를 40평 이상의 업소에서는 2구짜리를 선정하면 된다.

LPG 가스렌지와 조리대 및 싱크대는 자신의 업소에 맞게 구매하면 될 것이며 홀용 싱크대까지 구매해야 할 것이다.

업소마다 다소 다르겠지만 주방에서 사용할 품목에 대해 다음의 리스트를 참고하기 바란다.

소주나 병맥주를 보관하는 술냉장고는 대부분 주류거래처에서 무상으로 임대해주므로 특별한 경우를 제외하고는 구입할 필요가 없다.

주방용품 리스트			
□ 사각팬	□ 부르스타	□ 타원형 접시	□ 원형 접시
□ 사각도마	□ 부대냄비	□ 식사용 접시	□ 종지
□ 초장그릇	□ 서비스타원그릇	□ 뚝배기/번데기용	□ 막가위
□ 저울	□ 집게	□ 믹싱볼셋트	□ 애그카타
□ 포크	□ 케찹병	□ 칼	□ 고기칼
□ 과도	□ 후라이팬	□ 육수통	□ 도마
□ 국물그릇	□ 찌게국자	□ 일반뒤지개	□ 파전뒤지개
□ 서빙용 쟁반	□ 사각후라이팬	□ 직각후라이팬	□ 목욕의자
□ 콤비락	□ 주걱	□ 목주걱	□ 석쇠
□ 감자칼	□ 거품기	□ 팝콘통	□ 사각소쿠리
□ 채반	□ 소스통	□ 주방휴지통	□ 홀휴지통
□ 원형소쿠리	□ 위생통	□ 과일안주급	

생맥주 냉각기

생맥주 냉각기도 주류회사에서 무상을 임대해 주므로 구입할 필요가 없다. 대형업소에서 사용하는 생맥주통 냉장고도 마찬가지이다.

제빙기

20평이하의 호프집에서는 반드시 제빙기를 사용할 필요가 없다.

가정냉장고 안에서 얼음을 만들 때 사용하는 플라스틱을 사다가 냉동고에서 얼음을 만들어서 쓰든지 아니면 얼음 판매업자에세 배달시켜서 써도 된다. 하지만 30평 이상의 호프집에서는 제빙기를 사용하는 것이 편리하다. 호프집에서는 겨울에도 얼음물을 찾는 손님들이 많으므로 의외로 얼음이 많이 소모된다.

정수기

요즘 대부분의 호프집에서는 정수기 사용이 필수적이다. 40평이상일 경우는 정수기와 함께 냉·온수 생수기를 추가로 사용하면 된다.

선풍기

여름에 에어컨을 사용하더라도 선풍기를 함께 사용하면 체감온도를 낮출 수 있다.

전기밥솥

전기밥솥은 가정용을 사용하지 말고 업소용을 구매하도록 한다.

비디오

월드컵 이후로 호프집에서 비디오 시설은 필수로 되어가는 경향이다. 자신의 업소에 맞는 비디오 시설을 준비하는 것이 좋다.

특히 대표팀 축구가 있는 날은 비디오 시설이 있는 호프집과 없는 호프집의 손님 차이가 많다.

오디오

소형 호프집은 가정용 오디오를 사용해도 된다. 하지만 가정용 오디오를 업소에서 1~2년 사용할 경우에 거의 고장이 난다.

업소에서는 하루에 12시간 정도 오디오를 사용하기 때문에 고장율이 높은 것이다. 컴퓨터를 이용하여 음악을 틀어주는 것이 CD구입비용도 들어가지 않을 뿐 아니라 최신 음악이나 신청 음악을 바로 틀어줄 수 있다.

호프집 음악을 위해 여러가지 시스템이 인터넷을 기반으로 해서 개발되고 있는 상황이다.

컴퓨터 및 통신장비

필자는 개인적으로 컴퓨터는 필수적으로 준비해야 한다고 생각한다. 컴퓨터를 구입하고 인터넷을 연결하도록 하자. 뒤쪽에서 호프집에서의 컴퓨터 활용법에 대해 별도로 생각해 본다.

전화기는 가능한 발신자 표시가 되는 것을 구입하는 것이 여러모로 좋다.

생일축하 조명

요즘 젊은이들은 생일을 호프집에서 재미있게 보내길 원한다.

생일 축하곡을 틀어줄 때 빙글빙글 돌아가는 사이키 조명이 있으면 더욱 효과적이다.

통장개설

카드 결제금액이 입금되는 카드통장과 주류구매시 결제할 통장

2개를 개설해야 한다. 주류구매 통장을 만들 때는 카드를 필히 만들어야 한다. 자신의 주거래은행 또는 업소와 가까운 은행과 거래하는 것이 편리하다.

주류카드에 대해 잠시 설명한다.

주류구매는 주류구매전용 카드로만 할 수 있도록 법제화되어 있다. 즉, 주류 유통회사에서 주류를 구입하고 결제할 때는 자신의 주류통장 개설시에 만든 카드로만 주류대금을 결제해야 하는 것이다.

현금결제를 하면 법에 접촉되는 것이다. 유통회사에서는 항상 휴대용 카드단말기를 가지고 다니고 있으므로 주류구입과 동시에 주류카드를 유통회사 사원에게 제시하면 그 자리에서 바로 카드로 결제를 받아간다.

물론 주류통장에 미리 입금된 금액이 있어야 한다.

카드단말기 등록

손님에게 카드결제를 받기 위한 카드단말기를 가게에 설치해야 한다. 근래 카드단말기 영업이 활성화되어 있어 단말기를 무상을 설치해주고 월 일정액을 받아가는 회사들이 많이 있다.

또 카드단말기 영업사원들이 각 은행을 방문하여 가맹점등록까지 대행해 주기 때문에 오픈준비에 바쁜 예비점주에게는 도움이 된다. 소정의 수고비는 약간 들어간다.

가끔 부실 카드단말기 회사와 거래하다가 금전적인 손실을 입었다는 곳이 있다. 단말기회사를 선정할 때는 주변에서 오래 거래하고 신용이 있다고 판단되는 곳을 선정하는 것이 현명하다.

인쇄물 준비

메뉴판과 빌지를 비롯한 인쇄물을 준비해야 한다.

메뉴판은 그 업소의 얼굴이라 할 수 있으므로 도안하는데 많은 시간이 걸린다. 소형업소에서는 자신의 컴퓨터로 디자인과 프린트를 해서 사용하는 곳도 많다.

메뉴판에 메뉴를 배열하는 데도 여러 가지 방법이 있다.

필자는 메뉴판을 펼쳤을 때 위쪽에는 많이 나가는 안주를 배치하고, 아래쪽으로는 마른안주 등 간단한 안주를 배치하며 주력안주는 메뉴판 왼쪽 위에 배치하고 있다.

어떻게 배치하든 업소의 스타일과 일치하도록 이미지를 가지고 가는 것이 좋다.

무선벨

무선벨은 통상 테이블이 10개 이상일 경우에 설치하는 것이 좋다. 송신기는 테이블마다 있어야 하며 카운터 및 주방에도 한개씩 설치하도록 하고, 수신기는 시각적으로 사각지역이 없는 곳에 설치하면 되는데 가능한 테이블에서 멀리 떨어진 곳을 선정하여 부착해서 가까운 곳에 있는 손님의 불편이 없도록 한다.

무선벨 업체는 인터넷상에서 쉽게 찾을 수 있다.

기타 준비물들

호프집에서 필요한 소형 품목들을 참고하기 바란다.

기타 준비물		
□ 액자	□ 화분	□ 내프킨통
□ 수저통	□ 안내판	□ 쓰레기통
□ 빗자루	□ 쓰레받이	□ 시계
□ 난로	□ 몽끼 24mm(탄산가스교환용)	□ 멀티커넥터
□ 콘센트	□ 간이영수증	□ 사업자명판
□ 스탬프	□ 도장	□ 인주
□ 비상의약품	□ 칼	□ 경리장부
□ 전화번호부	□ 명함철	□ 매입 영수증철
□ 세금계산서철	□ 알바 근무기록장	□ 보건증 보관철
□ 사업자등록증 액자	□ 가위 등 문구류	□ 실과 바늘 등

2부

호프집 운영하기

1장 오픈행사

가게를 오픈하는 날은 마음이 설렌다. 창업을 결심하고 가게를 계약하고 인테리어를 하면서 때로는 장사가 잘될까 하는 불안한 마음에 잠을 이루지 못하고 때로는 잘 될 것이라는 희망에 부풀기도 하면서 준비해 온 결과가 나타나는 날이기 때문이다.
오픈행사에 대해 간단히 알아본 후에 본격적으로 호프집 운영을 어떻게 해야할지 알아보기로 하자.

오픈행사

쿠폰발행

대부분 호프집은 오픈하면서 자신의 가게를 알리기 위해 오픈행사를 한다. 가장 일반적인 것은 길거리에서 쿠폰을 나누어 주는 방법이다.

1인당 맥주 500cc 한 잔 무료행사를 하는가 하면 병맥주 또는 소주 1병을 100원에 판매하는 할인행사도 한다. 쿠폰 발행 후 몇 개월 뒤에 쿠폰을 가지고 오는 손님도 있다. 때문에 쿠폰을 발행할 때는 그 유효기간을 표시하기를 권한다. 할인행사는 5~10일 정도의 기간내에 마쳐야 한다.

그 기간이 오래가면 주변업소와 마찰이 생길 수 있을 뿐만 아니라 자신의 업소의 이미지도 싸구려로 인식될 수 있기 때문이다.

도우미 행사

가게 입구에 아치모양이나 꺽다리 인형을 세워놓고 날씬한 도우미들이 춤과 코멘트로 지나가는 통행인들에게 가게 오픈을 알리는 방법도 많이 사용한다. 다소의 비용이 들지만 효과적인 방법이다.

떡 돌리기

주변 가게에 오픈을 알리는 전통적인 방법이다.

특히 주변에 사무실이 많다면 잠재고객에게 자연스럽게 접근할 수 있으므로 권장할 만하다.

종업원을 시켜서 떡을 돌리지 말고 주인이 직접 가져다 주면서 자신의 가게 오픈 소식을 알리는 적극적인 영업을 권한다.

플랜카드

플랜카드를 걸 수 있는 위치라면 오픈 후 몇 일 동안 활용할만한 방법이다.

친구·친지 초청

오픈시 친구나 친지들을 초청하여 축하를 받는 의미도 있지만 자신이 아는 사람들을 통하여 음식의 맛이나 서빙하는 방법 등을 점검하는 의미도 있다.

오픈하는 날 초청할 수도 있지만 오픈 전에 초청하여 접객서비스에 대해 전반적으로 점검하는 것도 하나의 방법이다.

오픈 날짜

오픈 날짜를 금요일이나 토요일로 하여 손님이 많은 날로 정하는 것이 대부분이다.

도우미 행사 등을 통해 여러 사람에게 광고를 할 경우가 아니면 평일날 오픈하여 미비한 점들을 보완한 후에 주말을 맞아 정상적인 영업을 하는 것이 더 효과적이라 생각한다.

2장 호프집에서의 컴퓨터 활용

호프집에서 컴퓨터를 어떻게 활용하는지 알아보자. 컴퓨터의 활용을 얘기하기 전에 업소에 있는 컴퓨터는 업무 외에는 사용하지 말라고 하고 싶다. 업무용 컴퓨터를 가지고 오락을 하다가 바이러스가 들어가면 치명적일 수 있기 때문이다. 컴퓨터의 사용은 최소한으로 하는 것이 바람직하다.

호프집에서의 컴퓨터 활용

음 악

호프집에서 컴퓨터를 제일 효과적으로 이용하는 분야는 음악이다. 컴퓨터에 인터넷을 연결하면 여러 음악사이트에서 항상 신곡을 들을 수 있다.

음반의 저작권 문제로 대부분 음악 사이트들이 유료화되고 있는 추세이며, 24시간 음악을 장르별로 방송하는 곳도 있다. 때로는 자신만의 음악 앨범을 댄스, 발라드 등 장르별로 만들어 놓고 가게 분위기에 맞춰서 선택해서 틀어주면 효과적이다.

간혹 손님들이 신청곡을 원하면 검색해서 언제든 틀어줄 수 있으며, 심지어 밤늦게 오는 손님들은 자신의 앨범을 틀어달라고 요청할 때도 있다.

하지만 컴퓨터가 다운되는 경우를 생각하여 오디오는 별도로 준비되어 있어야 한다. CD는 최신 CD를 자주 살 필요는 없지만 컴퓨터가 다운될 때를 대비하여 몇 개만 있으면 충분하다.

또한 인터넷 장애가 있을 때를 대비하여 몇 개월에 한 번씩은 특정

사이트에서 신곡 mp3를 다운받아 하드에 저장해 놓는 것도 좋다.

컴퓨터를 사용해서 음악을 틀어줄 경우에 음악시스템을 어떻게 구성하는지 일반적인 방법을 알아보자.

음악시스템의 필요 구성요소
□ 컴퓨터
□ 인터넷 접속환경(ADSL 등)
□ CD Player(CD 1~3개의 가정용도 관계없다)
□ 앰프(음악의 질이 중요한 업소가 아니면 없어도 된다)
□ 스피커(대형업소나 음악이 중요한 업소가 아니면 일반 스피커도 상관없다)
□ 컴퓨터와 오디오 연결잭(컴퓨터 쪽은 한 선, 오디오쪽은 두 선임)

먼저 인터넷이 깔려있는 컴퓨터와 오디오를 연결한다.

컴퓨터 뒤쪽에 스피커를 꼽는 출력단자(구멍 한 개. 통상 헤드폰을 꼽는 곳이다)와 오디오의 입력단자(흰색, 빨강색 두 개)를 연결잭을 이용해 연결한다. 연결잭은 전파상이나 철물점에서도 쉽게 구할 수 있다.

오디오는 입력선택버튼을 AUX로 선택하고 스피커와 연결하면 된다. 앰프를 사용할 경우에도 오디오 대신에 앰프를 같은 방법으로 연결하면 된다.

일반적인 오디오는 고음과 저음을 컨트롤할 수 있는 기본 기능이 있으므로 음악이 중요한 레스토프집이 아니면 꼭 앰프를 사용할 필요는 없다. 인터넷 사이트에서 다운받는 음악은 거의 CD수준이라서 음질이 크게 떨어지지 않기 때문이다.

매장관리 프로그램

필자가 호프집을 하기 전이다.

식당에 가면 카운터에서 주인이 계산기를 한참 그것도 열심히 두드리는 것을 가끔 볼 수 있었다. 장사를 하니 계산을 하는가 보다 하고 그냥 넘겼었는데 지금 직접 장사를 해보니 그 이유를 알 것 같았다.

호프집을 개업하여 월마감을 실제로 계산기를 가지고 해보니 숫자를 맞추는 것이 쉬운 일이 아니다. 한 달동안의 매출, 매입, 경비 3가지만 날짜별로 합산하고 월별로 정산해 보면 서로 맞아 떨어지기가 쉽지 않다. 거기다가 매출을 주류매출, 안주매출로 나누고 매입도 안주류매입, 주류매입으로 구분해서 정산해 보면 같은 수치를 몇번 더하고 빼고 해봐도 맞아 떨어질 경우가 거의 없다. 그러다 보니 나중에는 '이 정도 이윤이 남았겠지' 하고 정확한 계산을 포기해 버린다.

그 포기하는 순간 매출관리니 경영이니 하는 얘기는 남의 얘기가 되버린다.

컴퓨터를 어떻게 사용하는가?

중대형 호프집에서는 포스(POS)를 사용하게 되고 중소형 매장에서는 컴퓨터에 시중에서 판매하는 매장관리프로그램을 설치해서 사용하는 곳도 있다. 대부분 호프집은 수기로 장부를 하든지 엑셀프로그램을 이용하여 매입매출관리를 한다.

엑셀을 사용한 매입매출관리에 대해서는 별도로 뒤쪽에서 기초부터 설명을 한다.

[MS사 엑셀 프로그램 초기화면]

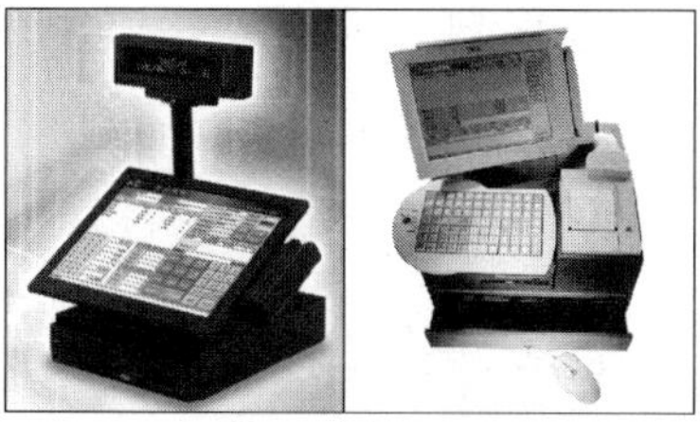

자료) http://imagesearch.naver.com

[중대형 호프집에서 사용하는 포스]

고객관리 프로그램

가끔 호프집을 하시는 분들이 고객카드를 만드는 것이 좋을까요? 효과가 있나요? 하고 물어오는 경우가 있다.

필자의 생각은 당연히 해야 한다고 생각한다. 특히 젊은이들을 상대하는 호프집에서 고객카드는 점차 확산되고 있다고 생각한다.

고객카드는 꼭 컴퓨터를 이용할 필요는 없다.

간단히 인쇄된 종이에 손님이 방문할 때마다 도장을 찍어 주고 몇번 도장이 찍히면 무슨 안주를 서비스한다든지 여러가지 방법으로 손님의 재방문을 유도할 수 있다.

하지만 업소의 이미지 관리 등으로 가능하면 마그네트카드나 PET카드를 사용하는 것이 효과적이다.

마그네트 카드는 일반 신용카드와 동일하며 가격이 싼 반면 적립된 금액이 카드에 표시되지 않고 컴퓨터에 저장되기 때문에 손님이 입장에서는 얼마가 적립되어 있는지 바로바로 확인할 수 없는 단점이 있다.

PET카드는 카드 뒷면에 포인트가 직접 인쇄되기 때문에 손님입장에서는 적립된 금액을 볼 때마다 자연히 그 업소에 가야겠다는 생각이 들게 된다. 하지만 PET면에 프린트를 해야 하기 때문에 프린트 장치로 인해 가격이 마그네트 가격보다 비싸다.

디지털 카메라의 활용

디지털 카메라(요즈음 '디카'라고 많이 말하죠)가 일반화되면서 호프집에서도 고객의 기념일 등에 디카 촬영을 해 주고 메일로 고객에게 보내주는 서비스를 하는 곳이 많아졌다.

종전에 폴라로이드 카메라로 즉석 사진 서비스를 해주는 것과 비슷하지만 디카는 업주입장에서 추가비용이 안들기 때문에 일반화되고 있는 추세이며, 디카의 성능이 좋아지면서 디카로 짧은 동영상까지 촬영해서 보내주는 서비스를 제공하기도 한다.

디카는 가장 일반적인 300만 화소급이 20여만원부터 외장 플래쉬를 장착한 50여만원 짜리가 많이 사용되고 있다.

폴라로이드를 이용한 즉석 사진을 손님에게 서비스도 하고 벽면의 일부에 사진으로 장식을 하는 업소도 있다.

디카를 이용하든 폴라로이드를 사용하든 업소의 상황에 따라 서비스를 하면 될 것이다.

인터넷과 카페관리

컴퓨터를 가지고 인터넷을 할 수 있으면, 활용할 수 있는게 다양하다. 요즘 인터넷이 활성화되어 있기에 자신의 가게 이름으로 카페를 만들어서 고객들과 커뮤니티를 형성하고 있는 곳이 많다.

그 예로 카페가 활성화되어 있는 Daum 사이트에 들어가서 "호프집"으로 카페를 검색하면 수많은 호프집 카페가 있음을 확인할 수 있다.

앞서 디카의 활용에서 손님의 사진을 보내드리는 것이 아니고 자신의 카페에 올리고 고객이 사진을 찾아 들어오게 하면서 자연스럽게 단골로 만들어 가는 노하우가 있다고 생각한다.

카페 얘기가 나왔으니 Daum카페 "외식산업경영자클럽"을 추천하고자 한다. 호프집을 창업하고자 하는 분들과 운영하고 있는 분들이 모여서 다양한 의견과 정보교환이 이루어지고 있는 카페이다.

필자가 호프에 관한 책자를 쓰기로 쉽게 결정할 수 있었던 것도 이 카페가 있었기에 가능했다. 이 자리를 빌어서 외경클럽 회원님들과 운영진에게 다시 한번 감사의 마음을 전한다.

미성년자 확인

미성년자에 대해서 주민등록증(약정해 '민증')이 없으면 가게에서 내보내는 것이 원칙이다. 하지만 손님을 받다보면 꼭 그렇게 할 수 없는 경우도 있다.

단체손님이 왔는데 그 중에 한두 명은 성인이지만, 주민등록증이 없을 수 있다. 그렇다고 장사하는 입장에서 무조건 다 내보낼 수 있는가?

미성년자를 받아서 장사하는 의미가 아니고 주민등록증이 없는 사람이 성인인지, 미성년자인지 확인할 수 없어서 솔직히 고민되는 부분이다.

이때에 인터넷을 보조수단으로 이용한다.

일단 주민등록증이 없다는 사람에게 근거를 남기기 위해 빌지에 주민등록증 번호와 이름을 직접 쓰게 한다. 그리고는 한문으로 이름을 다시 쓰라고 하면 다른 사람의 주민등록증 번호를 외운 사람은 대부분 쓰지 못한다.

요즘에 방송사나 일간신문 사이트에 회원가입을 할 때에 실명확인을 한다. 이러한 사이트에 접속해서 이름과 주민등록증 번호를 입력하고 회원가입을 해보면 주민등록증 번호가 틀리든지, 주민등록증 번호와 이름이 일치하지 않으면 실명이 아니라고 친절히 대답해준다. 이것을 이용해서 실명확인을 하는 것도 하나의 방법이 될 것이다.

또한 실명확인이 됐으면 그 다음 단계로 이메일 가지고 있냐고 물어보고 없다면 그냥 내 보낸다. 있다면 카운터로 데리고 와서 해당 사이트에 본인의 아이디와 패스워드로 접속하게 한 후에 등록된 회원정보와 빌지에 기록된 생년월일과 같은지 확인하면 된다.

하지만 주민등록증 번호를 빌지에 쓴 후에 카운터에 오라고 하자 "잠시만요~"하더니만 옆에 있는 사람의 아이디와 비밀번호를 외운 다음에 카운터에 와서 사기(?)치려는 미성년자도 있었다.

미성년자에게 당하지 말라. 미성년자에게 속았다 하더라도 업주의 책임이다.

신용카드 승인

인터넷을 이용해서 신용카드 승인을 받게 되면 기존의 전화방식보다 승인속도가 훨씬 빠르다.

불과 1~3초 사이에 승인이 떨어지기 때문데 손님 입장에서는 기다릴 필요가 없고 주인 입장에서도 카운터앞에 계산하는 사람들이 우루루 몰려 있는 시간이 적으므로 일석이조다.

또한 전화 승인으로 할 때 들어가는 전화비도 들지 않으니 일석삼조가 되지 않는가?

승인이 빨리 떨어져서 실제로 손님과 있었던 얘기를 소개한다.

손님 : 얼마죠?

나 : 3만 5천원입니다.

손님 : 카드 여기요

나 : 잠시만요.. (금액치고 엔터 누르니 금방 찌리릭~ 찌리릭~)

손님 : 여기는 승인이 금방 떨어지네요?

나 : 아~ 네~ 통장에 돈이 많아서 결재가 금방 되는가 보네요^ ^

손님 여자친구 : 어? 자기 돈 많은가봐~ 헤롱헤롱~ @@@@@
(조아서 ㅋㅋㅋ)

손님 : 우쭐~ (만족 ㅎㅎ)

인터넷 뱅킹

새벽까지 장사하고 오전에 자다가 오후에 일어나서 시장도 다녀와야 하는데 은행에 가서 기다리다 보면 시간낭비가 많게 된다.

텔레뱅킹하는 것도 요즘은 눌러야 할 번호가 왜 그리 많은지 모르겠다.

가게에서 컴퓨터를 이용해 인터넷을 이용한다면, 고정적인 거래처에 대한 송금만이 아니고 자신의 통장으로 입금되는 현황까지도 쉽게 알아볼 수 있는 인터넷뱅킹을 하는 것이 훨씬 편리하다.

인터넷 뱅킹 절차에 대해 간단히 알아보자.

① 인터넷 뱅킹을 하고 싶은 통장과 도장, 주민등록증을 가지고 은행에 가서 인터넷 뱅킹을 신청한다(이때 보안카드를 발급받고 인터넷 뱅킹 아이디를 정하게 된다).

② 발급받은 아이디로 해당 은행 웹사이트에 회원가입한다(회원비밀번호는 자신이 정한다).

③ 해당 은행의 인터넷 뱅킹으로 들어간다.

④ 공인인증서를 발급받는다(인증서는 하드디스크에 저장되지만 집과 가게에서 인터넷 뱅킹을 하려면 이동식디스크에 저장해야 한다).

⑤ 이로써 인터넷뱅킹이 가능하다.

보안카드는 수시로 조회(숫자)를 하니 보관을 잘 해야 한다. 분실되면 다시 은행에서 발급받을 수 있지만 본인이 직접 가야하는 불편함이 있다. 통장 비밀번호, 회원아이디, 회원비밀번호, 보안카드, 인증서번호는 뱅킹할 때마다 사용해야 하니 기록해 두어야 한다.

부가가치세 신고

사업자등록 후 해당 세무서에서 전자신고서를 작성하여 ID를 등록한 후에 부가세 등 세무관련신고를 인터넷으로 할 수 있으므로 적극 활용하자.

이 외에 자신의 메뉴판을 도안한다든지 여러 가지로 컴퓨터를 이용할 수 있으리라 생각한다.

3장

매입매출관리

매입매출을 관리하는 방법에는 여러 가지가 있다.
간단히 노트에 기록하는가 하면, POS 등 전용 프로그램을 사용할 수도 있다.
여기에서는 엑셀프로그램을 사용하여 매입매출관리와 매출분석하는 방법에 대해 생각해 본다.

돈의 흐름이 눈에 보여야 한다

창업하고서 몇 개월 동안은 실제로 정신이 없다.

이곳저곳 신경써야 할 곳이 한 두군데가 아니며 몸은 몸대로 피곤해서 가게 끝나자마자 집으로 향하기가 바쁘다 보면 그날그날의 마감을 정상적으로 하기가 쉽지 않다.

자금관리도 마찬가지다.

돈이 지출될때마다 영수증도 챙기고 노트에 기록도 해보지만 월말이 되어서 계산해 보면 수입·지출 내역과 잔고가 맞아 떨어지지 않는다. 그냥 주머니돈이 쌈짓돈이라고 쓰다 남은 돈이 장사해서 남은 돈이라고 생각할 수도 있겠지만 관리 측면에서는 그렇게 해서는 안된다.

가게의 지출내역을 기록하지 못해서 차이가 날 경우도 있지만 가정생활과 가게운영을 같이 하다보면 가게 돈이 개인적인 돈과 뒤섞여 계산이 복잡하게 되고 정산이 제대로 안되는 것이다.

장사를 하는데는 돈의 흐름이 눈에 보여야 한다.

즉, 월초에 가지고 시작한 돈이 중간에 어떻게 연결되어 월말까지 흘러갔는지 알 수 있어야 한다.

월초에 가게 운영비가 30만원이 있었는데, 월말이 되어서 200만원이 되었다면 어떻게 해서 그만큼 되었는지 한 눈으로 확인할 수 있어야 한다.

그렇게 되기 위해서는 수입은 얼마였고 지출은 얼마였고 매일 저녁에 마감을 하면서 계산상 남아 있어야 할 금액과 실제 금액이 맞는지 확인하고 넘어가야 한다.

정산한 금액이 틀리다면 틀린 원인을 생각해 보고 정녕 밝히지 못한다면 그날의 손실로 처리해 놓고 넘어가야 한다. 물론 손실로 처리한 것도 월말이 되면 합계를 내어서 어느 정도인지 확인하는 것도 해야 한다.

그렇게 매일 한번 마감과정을 거치게 되면 수입과 지출내역이 빠질래야 빠질 수가 없다. 빠진만큼 그날 그날 마감시에 표시가 나기 때문이다. 또한, 마감과정에서 자연히 개인적으로 사용한 금액도 밝혀지게 된다.

더욱 엄격히 관리한다면 같은 지갑 속에 가게돈과 개인용돈과 분리를 해서 보관·사용하는 것도 바람직하지만 현실적으로 쉽지 않다. 결국 돈의 흐름이 눈에 보이려면 최소 하루에 한번씩은 마감의 과정을 거치는게 필수다.

실제 장부를 어떻게 만들어서 돈의 흐름이 보이게 하는지 필자의 장부를 기준(엑셀로 만들어져 있다)으로 설명한다.

엑셀프로그램이란?

엑셀프로그램은 마이크로소프트(Microsoft)에서 개발한 프로그램으로서 일종의 큰 종이에 가로세로 줄이 그어진 것이라고 보면 된다.

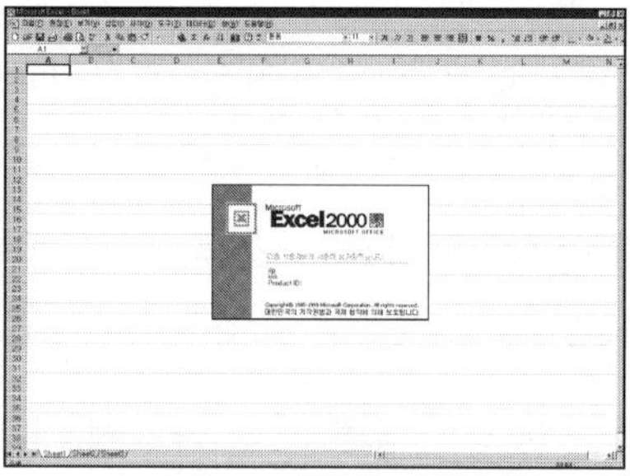

[MS사 엑셀 프로그램 초기화면]

다음의 실제 양식을 보면서 간단히 알아보자

필자가 실제 운영하고 있는 업소에서 사용하고 있는 엑셀 매출장부의 일부분이다(단위는 천원이며 임의의 수치임).

위쪽 칸은 구분, 일자, %, 누계, 날짜(1일, 2일)로 나누어져 있고 왼쪽 칸은 매출로 구분된 다음에 테이블수, 주음료, 안주류, 총매출, 카드매출, 현금매출로 나누어져 있다.

■ 2007년 1월 영업일지

(단위 : 천원)

2007. 1월 영업일지					
구분	일자	%	누계	1	2
	요일			수	목
Daily note					
매출	테이블	테이블 단가 25.2	50	22	28
	주음료	51.3%	647	274	373
	안주류	48.7%	613	286	327
	총매출	100%	1,260	560	700
	카드매출	54.0%	680	320	360
	현금매출	46.0%	580	240	340

매출내역을 잠깐 살펴보자.

1일날 테이블 수량은 22개이며, 주음료 매출은 274, 안주류매출은 286, 총매출은 560이다. 카드매출은 320이며 총매출에서 카드매출을 빼면 현금매출은 240이다.

2일날에 테이블 수량은 28개이며 주음료 매출은 373,안주류매출은 327, 따라서 총매출은 700이다. 카드매출은 360이며 총매출에서 카드매출을 빼면 현금매출은 340이다.

엑셀의 자동계산기능을 1일날의 주음료, 안주류 및 총매출을 보면서 알아보자.

총매출에서 안주류의 매출을 빼면 주음료매출이 나오는데 엑셀에서 그 계산을 자동으로 해 준다.

즉, 1일날 총매출 560을 입력하고 안주류매출 286을 입력하게 되면 주음료매출 274는 엑셀프로그램에서 자동으로 계산하여 560-286 = 274를 해당 셀(글자가 표시되는 조그만 사각형칸을 셀이라 부른다)에 표시해주게 된다.

또한, 카드매출분 320을 입력하면 총매출에서 카드매출분을 뺀 금액 240을 자동으로 해당 셀에 나타내 준다(입력해야 할 셀은 굵은 글자로 표시되어 있다).

결국, 가게를 마감하면서 그날의 매출액과 안주매출액, 카드매출액을 수동으로 입력시켜주면 나머지 주음료매출액과 현금매출액은 엑셀프로그램이 자동으로 계산해서 표시해 주게 된다.

따라서 수동으로 몇 개 항목만 입력하게 되면 나머지 계산은 자동으로 해주기 때문에 장부정리를 하는데 있어서 엑셀프로그램이 가장 많이 사용되고 있다.

어떠한 것을 자동으로 계산할 수 있는지 위 테이블에서 더 살펴보자.

1일과 2일의 테이블수를 수동으로 입력하면 그 왼쪽 누계란에 테이블수가 합산되어 50이 나타남과 동시에 테이블 단가(= 총매출/테이블수 = 1,260/50 = 25.2)가 자동으로 표시되게 된다.

또한 누계란을 보게 되면 주음료 647, 안주류 613이 표시되어 있는데 그 왼쪽에 총매출에서 주음료와 안주류가 차지하는 비율이 자동으로 계산되어 51.3%, 48.7%가 표시되어 있음을 알 수 있다.

즉, 호프집을 하면서 엑셀프로그램만 조금 익힌다면 엑셀의 사칙연산과 퍼센트 자동계산 기능을 이용해서 쉽게 장부정리를 할 수 있으면 자신이 필요한 여러가지 데이터를 쉽게 가공하여 볼 수가 있는 것이다.

이상으로 엑셀에 대해 간단히 설명했다.

실제 사용하는데는 2~3시간의 교육만 받으면 누구나 쉽게 사용할 수 있는 유용한 프로그램이기에 주변에서 엑셀을 할 줄 아는 지인에게 배워서 활용하기를 적극 권한다.

실제 장부 만들기 1

이제 엑셀을 이용하여 어떻게 장부를 만들어 사용하는지 알아보자.

■2007년 1월 영업일지

2007. 1월 영업일지

구분	일 자	%	누계	1	2
	요 일			수	목
Daily note					
매 출	**테이블**	테이블 단가 25.2	50	**22**	**28**
	주음료	51.3%	647	274	373
	안주류	48.7%	613	**286**	**327**
	총매출	100%	1,260	**560**	**700**
	카드매출	54.0%	680	**320**	**360**
	현금매출	46.0%	580	240	340
지 출	**급여**	2.4%	30	**30**	
	경비	1.6%	20		**20**
	주류매입	8.8%	111	**51**	**60**
	안주매입	7.9%	100	**40**	**60**
	(개인비용)	1.3%	17	**17**	
	총지출	22.1%	278	138	140
현금매출 – 지출			302	102	200
정산	기초금액		695	**450**	245
	계산잔액		997	552	445
	실잔액		990	**545**	**445**
	차액		–7	–7	0
순이익		77.9%	982	422	560
현금			300		**300**

장부의 왼쪽을 먼저 보자

통상 장부정리를 한다고 하면 가장 먼저 생각하는게 매출과 지출 내역이다. 필자의 장부에는 매출과 지출외에 정산항목과 순이익 그리고 현금란이 추가되어 있는데 하나하나 설명해 나간다.

매 출

매출항목을 가장 간단하게 매출액 하나만 표시할 수도 있으나 필자는 안주와 주류매출을 분리하여 관리하고 있다.

안주쪽을 분리하게 된 이유는 주방 안주를 직접 만들지 안하는 필자로서는 주방이 항상 문제가 되었다.

오픈하고 한달이 지나니 "호랑이가 나를 잡네~!!" (참고로 필자가게의 상호는 호랑이와곶감이다) 하는 주방장의 탄식이 들리는 상황에서 주인으로서 주방인원을 당장 늘릴 수는 없었지만 급여조정은 생각해봐야 할 입장이었다.

또한, 내 가게에서 주방이 많이 남는건지 아님 주류매출로 인한 순이익이 많은 건지 궁금하게 되었다. 그래서 생각한 것이 주방과 주류의 매입매출을 별도로 분리하여 계산하기로 한 것이다. 주류와 안주류의 매출을 분리하는 것은 대부분의 호프집에서 다 하고 있다고 생각한다.

1일날 안주류와 매출액을 집계해보니 각각 286,560원(단위 1,000원)이다. 이를 직접 입력하면 된다(참고 : 장부에 직접 입력하는 숫자는 굵은 글씨로 표시된 것이다).

빌지 수량을 점검하여 입력하면 테이블단가가 자동으로 계산되어 표시되는 것은 앞에서 얘기했었다.

또한 총매출에서 카드가 차지하는 비율이 얼마나 되는지 별도로 구분했다. 카드매출이 얼마인지는 부가세나 소득세를 계산하는데도 중요하다(카드매출과 부가세에 대해서는 부가세와 소득세편 참고 바람).

매월 말 카드사에서 보내주는 집계용지를 가지고 카드매출을 계산할 수도 있지만 일반우편으로 배송되다보니 분실되는 경우도 있고 실제로 여러 카드사별도 모두 받아서 집계하기는 쉽지 않다. 따라서 카드 매출분에 대해서는 매일매일 집계를 해나가는게 최선이라 생각한다.

1일날 카드매출을 집계하여 입력(320)하게 되면 그날의 현금매출(총매출-카드매출=560-320=240)은 자동으로 계산되어 표시된다.

지 출

호프집에서의 지출내역은 보통 급여, 경비 그리고 매입으로 크게 나눌 수 있다.

앞에서 얘기했듯이 주류와 안주류 매출을 분리하고 있기에 매입도 안주류매입과 주류매입을 별도 항목으로 두었다. 또한 필자의 경우는 개인비용을 추가하여 총 5개 항목으로 나누어 놓았다.

개인비용은 퇴근 후에 술 한잔 한다든지 개인적으로 사용하는 금액을 그날그날 정리하고 있는 것이다. 퇴근하면 가게 공금을 가지고 가지만 지갑하나에 가게돈과 개인용돈을 분리해서 보관하고 사용하기는 현실적으로 쉽지가 않다. 따라서 별도의 개인용돈을 가지고 다니는 것이 아니고 가게공금에서 개인적인 지출을 하고난 후에 정산하는 형태를 취하고 있다.

필자같은 경우는 하루에 두번 정산을 하지만 실제로 잔액이 틀리는 경우는 대부분 개인용돈 처리가 잘못되는 경우이다.

즉, 가게를 마치고 집에 갔다가 다음날 출근할 때까지 개인용도로 사용한 돈에 대한 명확한 근거가 없는 경우가 있어서는 안된다는 뜻이다.

이 개인용돈 처리를 확실히 하지 않으면 장사를 하고서도 얼마가 어디에 사용되었고 얼마나 남았는지 계산이 안될 수 있으므로 신경을 많이 써야 한다.

구분	일 자 / 요 일	%	누계	1 수	2 목
매 출	**테이블**	테이블 단가 25.2	50	22	28
	주음료	51.3%	647	274	373
	안주류	48.7%	613	286	327
	총매출	100%	1,260	560	700
	카드매출	54.0%	680	320	360
	현금매출	46.0%	580	240	340
지 출	**급여**	2.4%	30	30	
	경비	1.6%	20		20
	주류매입	8.8%	111	51	60
	안주매입	7.9%	100	40	60
	(개인비용)	1.3%	17	17	
	총지출	22.1%	278	138	140
현금매출 – 지출			302	102	200

또한 이 테이블에서 알 수 있는 것은 부가율이다.

안주매입액 100에 매출액은 613이므로 안주의 부가율은 약

613%(613/100×100% = 613)이며, 주류매입액이 111에 매출액은 647이므로 주류의 부가율은 약 582%(647/111×100% = 582)이다.

2일치의 자료를 가지고 계산했기 때문에 정확하지는 않지만 한 달마감을 하고 계산하면 매달 거의 비슷함을 알 수 있다.

이 부가율을 매달 계산하여 그 추이를 분석하면 재료비가 들어가는 비율을 한 눈에 알수 있을 뿐 아니라 주변의 다른 가게와 비교할 수 있다면 내 가게의 안주가 비싼지, 양이 적당한지 등 자신의 가게 상태를 분석할 수 있게 된다.

또한 안주 매출대비 매입금액을 월별로 비교해 보면 주방에서 생길 수 있는 문제를 미리 파악할 수 있다.

필자의 가게같은 경우는 그 비율이 30~34%정도 되는데 주방장이 바뀌고는 갑자기 37%까지 올라가서 그 원인을 파악해 보니까 주방장이 자신의 핸드백(그것도 큰것을 가지고 다녔다)에 퇴근할 때마다 조금씩 주방재료를 가지고 갔던 것이 파악되어 다시 새로운 주방장으로 교체한 적도 있다.

안주를 준비하다 보면 주방에서 재료를 아끼는 것과 그냥 막 쓰는 것과는 차이가 난다. 주인이 직접 주방에서 준비를 하지 않는 경우에는 그러한 차이를 알아내는 것은 매출대비 매입비율을 분석하지 않는 한 결코 쉽지않다. 분석을 하는데도 한 두달의 데이터만 가지고 판단해서는 안된다. 최소한 일 년이상의 데이터가 모아져서 월별, 계절별로 어떻게 변동이 되는지 그 추이를 알고 있어야 가능한 일이다. 창업하시는 분들은 첫달부터 자신의 가게 상황을 장부에 기록해 나가야만 몇 개월 후 또는 일년후에 보다 더 효율적인 관리가 가능하다.

현금매출 – 지출

현금매출에서 지출을 뺀 금액 102(240－138＝102)가 자동으로 계산되어서 표시된다.

이것은 그날 하루 장사해서 남게 되는 현금만을 의미한다.

구 분	일 자	%	누계	1	2
	요 일			수	목
현금매출 – 지출			302	102	200
정산	기초금액		695	**450**	245
	계산잔액		997	552	445
	실잔액		990	**545**	**445**

정 산

가게를 마감하고 계산상 남아있어야 할 현금과 실제로 남아있는 현금을 확인하는 곳이다

1일자 정산결과를 보자.

구 분	일 자	%	누계	1	2
	요 일			수	목
정산	기초금액		695	**450**	245
	계산잔액		997	552	445
	실잔액		990	**545**	**445**
	차액		−7	−7	0

가게 오픈하면서 가지고 나온 금액이 450이다. 앞서 현금매출에서 총지출을 빼고 남은 금액 102를 자동으로 더해서 계산상 남아있어야 할 금액 552가 자동으로 계산되어 표시되어 있다.

이제 실제로 금고에 있는 돈을 계산해보니 545가 되고 그 금액을 실잔액란에 입력한다. 그러면 자동으로 그 차액이 계산되어 -7(545-552 = -7)이 표시된다.

이 차액이 발생하는 경우는 여러가지가 있다.

첫째가 지출한 금액이 누락되는 경우이다.

한참 바쁘게 일하다가 주방에서 화채에 들어가는 우유가 없다고 해서 알바를 시켜서 물건을 사온 금액일 수도 있고 가게 출근하다가 예비용 전구를 사왔는데 지출이 누락될 수도 있는 것이다. 아니면 알바가 퇴근할때 가불해 준 돈일 수도 있다.

마감시 이 차액이 발생하면 곰곰히 하루 일을 생각해보면서 그 원인을 찾아내야 한다.

차이나는 돈이 아까워서가 아니다.

장부를 정리하면서 데이터를 가능한 정확히 기록해야만 월말에 데이터 분석이 정확해진다. 이 차액이 주방재료 매입으로 나갔는지 소모품 매입으로 지출되는지 아니면 인건비로 나갔는지 찾아내야만 자료가 정확해지고 매출분석도 정확해지는 것이다.

필자같은 경우는 이러한 차액이 발생하면 집에서 일어난 시간부터 그날 하루 내가 움직였던 상황들을 차근차근 생각해본다. 그렇게 하다보면 아차! 내가 어디서 무엇을 했는데 깜빡 잊어서 장부에 기록을 안했구나 하고 그 원인이 밝혀지게 된다.

매일매일 마감하는 것이 습관이 안되면 쉬운 일이 아니다.

아무리 생각해도 그 원인을 알 수 없을 경우는 손실처리를 한다. 이런 경우는 손님과 계산을 하면서 돈을 적게 받은 경우가 된다.

순이익

순이익은 그날의 매출총액에서 지출총액을 빼면 나온다.

구분	일자	%	누계	1	2
	요일			수	목
순이익		77.9%	982	422	560
현금			300		**300**

테이블에서 보면 순이익 422(560 - 138 = 422)가 자동계산되어 표시됨을 알 수 있다.

순이익이 매일 정산할 때 자동으로 누계가 되다 보니 말일날 정산하자마자 이번 달 순이익은 얼마라는 것이 바로 계산된다.

위 테이블에서 알 수 있듯이 마감하면서(또는 영업 중에 해도 된다) 하루의 테이블 수량과 안주 매입액, 매출액, 그리고 지출내역과 실잔액을 매일 확인하여 입력하면 나머지 추가적인 계산은 엑셀에서 자동으로 계산하여 주기 때문에 장부를 작성하고 나중에 매출분석을 하는데는 엑셀프로그램이 많이 사용되고 있는 것이다.

이제 둘째날을 보자

둘째날의 기록도 첫째날과 크게 다르지는 않지만 다소 다른 점이 있다. 1일날 영업을 마치고 현금잔액을 집으로 가져갔다가 다음날 출근하기 전에 현금 일부분은 집에 보관하든지 아니면 은행에 들려서 일부를 입금시키고 출근하게 된다.

즉, 마감시에 가지고 간 현금 545에서 300을 집금고에 두고 왔다면 그 금액을 2일날 현금란에 입력한다. 그렇게 되면 2일날 영업시작할 때의 기초금액은 245(545 - 300 = 245)가 될 것이다.

결국 집에 두고온 금액을 입력하면 자동으로 2일날 기초금액 245가 표시되는 것이 첫째날과 다른 점이다.

집에서 돈을 가지고 나왔을때에는 그 금액에 (-)를 붙여서 입력하면 된다. 즉, 300만원을 집에서 추가로 가지고 나왔다면 2일날 현금란에 -300을 입력해야 하고, 2일날 기초금액은 자동적으로 845(545+300=845)가 표시될 것이다.

그 외에 입력하는 곳과 자동으로 표시되는 항목은 앞에 설명한 것과 동일하다.

이렇게 하여 월말까지 매일매일 영업마감시에 입력해 나가게 되면 누계란에는 각 항목의 누계가 자동으로 표시되고 매출대비 각 항목의 비율이 자동으로 표시되게 되어 장부가 깔끔하게 정리되게 된다.

지금까지 설명한 내용정도의 장부만 있어도 호프집의 매출관리는 충분하다.

대부분의 가게에서 노트에 수기로 작성해서 이 정도는 관리하고 있다고 생각한다. 하지만 수기 장부는 한계가 있다.

이 장부에서 거래처별로 매입관리가 된다든지 조금 더 세밀하게 분석을 하려면 수기로 하기에는 너무 복잡해지지만 엑셀로는 쉽게 관리를 할 수 있다.

다음 장에서는 위 테이블을 더 확장해서 매입은 거래처별로 어떻게 되는지 경비와 소모품 등은 어떻게 정리하는지 인건비는 어떻게 정리하는지 등을 알아보기로 하자.

실제 장부 만들기 2

앞에서 만들었던 기본장부는 큰 항목별로 전체 금액만을 표시하게 되어 있다. 보다 더 정확한 매출분석을 위해 큰 항목별로 그 내역을 세분하여 급여, 경비 등 더 자세히 만들어 보자.

■ 장부만들기 - 2

2007. 1월 영업일지

구 분	일 자	%	누계	1	2
	요 일			수	목
Daily note					
매 출	**테이블**	테이블 단가 25.2	50	**22**	**28**
	주음료	51.3%	647	274	373
	안주류	48.7%	613	**286**	**327**
	총매출	100%	1,260	**560**	**700**
	카드매출	54.0%	680	**320**	**360**
	현금매출	46.0%	580	240	340
지 출	**급여**	2.4%	30	30	
	경비	1.6%	20		20
	주류매입	8.8%	111	51	60
	안주매입	7.9%	100	40	60
	(개인비용)	1.3%	17	17	
	총지출	22.1%	278	138	140
현금매출 – 지출			302	102	200

정산	기초금액		695	450	245
	계산잔액		997	552	445
	실잔액		990	**545**	**445**
	차액		-7	-7	0
순이익		77.9%	982	422	560
현금		23.8%	300		**300**

급여	주방급여	주방장	1.6%	20	20	
		주방보조	0.8%	10	10	
		설거지		-		
		땜빵	0.0%	-		
		주방소계	2.4%	30	30	-
	알바급여	오픈		-		
		중간		-		
		마감		-		
		주말		-		
		땜빵		-		
		알바소계	0.0%	-	-	-
	합 계		2.4%	30	30	-

경비	고정경비	가게세	0.0%	-		
		상하수도	0.8%	10		10
		전기료	0.0%	-		
		전화료	0.8%	10		10
		매가패스	0.0%	-		
		주방가스	0.0%	-		
		유선방송	0.0%	-		
		부가소득세	0.0%	-		
		기타	0.0%	-		
		소계	1.6%	20	-	20
	기타경비	시설비	0.0%	-		
		차량유지	0.0%	-		
		시설보수	0.0%	-		
		비품·소모품	0.0%	-		
		회식비	0.0%	-		
		기타	0.0%	-		
		소계	0.0%	-	-	-
	합 계		1.6%	20	-	20

개인 비용	사장님	생활비	0.0%	-		
		용돈	1.3%	17	17	
		기타	0.0%	-		
	합계		1.3%	17	17	-

주류 매입	주류상사		5.6%	70	40	30
	백세주		0.8%	11	11	
	산사춘		1.6%	20		20
	기타		0.8%	10		흑원액 10
	합계		8.8%	111	51	60

안주 매입	공산식품		4.0%	50	20	30
	육류상사		0.8%	10		10
	해물상사		1.6%	20	20	
	과일상사		0.8%	10		10
	야채상사		0.8%	10		10
	기타		0.0%	-		
	합계		7.9%	100	40	60

표 위쪽은 앞서 만들었던 장부와 동일하다. 각 항목별로 더욱 자세한 내역이 아래쪽 테이블에 나누어져 있다.

추가된 아래쪽 테이블의 왼쪽을 먼저 살펴보면서 검토해 보자.

급 여

위쪽 테이블에 한개 항목으로 표시되었던 급여란이 확장되어 주방인력과 알바 각 개인별로 나누어져 있음을 알 수 있다.

이렇게 개인별로 항목을 만들게 되면 각 개인에게 지급되는 금액을 알 수 있어서 실질적으로 누가 얼마의 급여를 받았는지 알 수 있다. 같은 시간대에 근무하는 직원이 많다면 각 개인의 이름으로 항목을 만들어서 사용하면 된다.

경 비

경비는 고정경비와 기타 경비로 나누어져 있다.

고정경비는 임대료나 전화세 등 매월 또는 분기별로 정기적으로 들어가는 항목으로 그 금액이 어느정도 정해져 있는 항목이다.

기타경비는 필요시마다 수시로 들어가는 시설비나 소모품 등에 대한 항목이다. 이 분류가 절대적인 것은 아니다.

회식비를 고정경비로 해야 하나, 기타경비로 해야 하느냐는 각자 생각이 다를수 있으므로 자신에 맞춰서 수정하면 된다.

개인비용

개인비용은 업무와 관련없이 개인적으로 사용하는 항목이다.

필자같은 경우는 가게 돈과 집 생활비를 엄격하게 구분해서 정산한다. 집안일로 사용하는 돈과 가게 돈이 합쳐지게 되면 월말 정산이 뒤죽박죽해서 장부정리가 제대로 되지 않는다.

따라서 생활비는 한 달에 한 번 일정 금액을 지급한다.

그 외에 개인적으로 사용하는 담배값이라든지 친구들과 만나서 술 한 잔하는 비용은 가게돈에서 지출하고 그 내역을 개인비용이라는 항목으로 정산한다. 이렇게 하게 되면 매일매일 정산이 정확히 되면서 생활비와 섞이지 않으므로 편리하다.

월말에 계산된 순이익에는 내 자신의 생활비와 개인용돈을 포함시켜서 계산하면 실제 순이익이 계산된다.

주류매입

호프집에서 거래하는 주류매입처는 보통 5개 이상 된다.

소주와 맥주를 거래하는 주 거래처가 있을 것이고 백세주, 산사춘

대리점이 별도로 있으며 그 외에 수입맥주와 양주 등이 있으므로 주요거래처를 몇 개 항목으로 두고 나머지는 기타 거래처로 구분한다.

안주매입

호프집에서의 안주도 크게 몇 가지로 나눌 수 있다.

가장 많이 들어오는 것이 공산품(냉동식품류)이고 그 다음에 과일, 야채, 육류나 해물이 될 것이다.

각 품목별로 거래하는 거래처이름으로 항목을 나누어 놓으면 된다. 이렇게 거래처별로 구분하게 되면 월말에 어느 거래처에서 얼마가 들어왔는지 쉽게 판단할 수 있을 뿐 아니라 세금계산서를 받을 때도 거래금액과 비교하여 검토할 수 있기에 편리하다.

이제 날짜별로 입력하는 부분을 보자.

매출란은 그대로인데 지출란의 글자의 굵기가 보통 굵기로 바뀌었다. 즉, 앞의 테이블에서는 지출란의 각 항목에 숫자를 직접 입력했었으나 지금은 입력하지 않고 아래의 추가된 테이블에서 숫자가 자동으로 올라오게 된다.

1일날 주방급여를 보자.

구 분	일 자		%	누계	1	2
	요 일				수	목
	주방급여	주방장	1.6%	20	**20**	
		주방보조	0.8%	10	**10**	
		설거지		-		
		땜빵	0.0%	-		
		주방소계	2.4%	30	30	-

급여를 주방장에게 20지급하고 주방보조에게 10을 지급하면서 그 내역을 아래쪽 해당란에 입력하면 그 합계 30이 자동으로 바로 밑에 있는 주방 소계란에 표시됨과 동시에 합계가 위쪽테이블로 자동으로 넘어가서 표시되게 된다. 이와 같이 해당입력을 한 곳에만 하게 되면 자동으로 다른 곳으로 표시되게 테이블을 만들어야 한다. 즉, 주방장에게 급여 20을 지급하면서 아래쪽에도 입력하고 위쪽에도 입력하게 되면 테이블 작성이 잘못된 것이다.

입력했던 내용이 잘못되어 수정할 때에 같은 내용을 두 곳에 수정을 해야 하기 때문에 잘못된 테이블이다.

즉, 거래나 입출금이 한번 이루어지면 입력이나 수정도 한번으로 끝날 수 있게 테이블을 만들어야 한다.

1일날 주류매입 내역을 보자

주류상사에서 40을 매입하고 백세주에서 11을 매입하여 각각 해

구 분	일 자		%	누계	1	2
	요 일				수	목
주류 매입	주류상사		5.6%	70	40	30
	백세주		0.8%	11	11	
	산사춘		1.6%	20		20
	기타		0.8%	10		흑원액 10
	합계		8.8%	111	51	60
안주 매입	공산식품		4.0%	50	20	30
	육류상사		0.8%	10		10
	해물상사		1.6%	20	20	
	과일상사		0.8%	10		10
	야채상사		0.8%	10		10
	기타		0.0%	-		
	합계		7.9%	100	40	60

당항목에 입력하면 그 합계가 아래쪽으로 표시되면서 위쪽 테이블에 자동으로 표시되고 있다.

안주류매입도 마찬가지다.

공산식품과 해물상사에서 각각 20만큼 매입하고 해당 항목에 입력하니 매입안주합계에 40이 표시되면서 그 금액이 자동으로 위쪽 테이블로 올라가서 표시되고 있다.

이와같은 방법으로 지출에 대한 총 합계가 138(30+51+40+17=138)이 표시되면서 오늘 현금매출에서 지출을 뺀 금액 102(240-138=102)가 자동으로 표시되고 있다.

정 산

그럼 이제 정산 쪽을 보자.

아침에 기초금액이 450이었는데 오늘 마감후 현금증액이 앞서 자동계산된 102였다.

따라서 금고에 남아 있어야 할 금액은 552(450+102 = 552)이며 이 또한 자동으로 표시된다.

이제 실제로 금고에 남아있는 금액을 세어서 입력하면 된다.

실제로 금고에 남을 돈을 세어보고 545를 입력하니 모자라는 금액이 -7(545-552=-7)이 자동으로 표시된다. 여기서 이 모자라는

구분	일 자	%	누계	1	2
	요 일			수	목
정산	기초금액		695	450	245
	계산잔액		997	552	445
	실잔액		990	**545**	**445**
	차액		-7	-7	0

금액은 스스로 생각해봐야 한다는 것을 앞서 애기했었다.

2일날에 대한 설명은 1일과 대동소이하므로 생략한다.

다만 2일날 주류매입에서 항목에 없는 주류회사에서 매입을 할 경우에 그 앞에다가 무슨 품목을 매입했는지 표시해 두면 나중에 검토하다가 그 내역이 궁금할때는 바로 찾아볼 수 있다(테이블에서 흑원액으로 표시하였다).

이상으로 기본 장부에서 거래처별로 항목을 확장하여 장부 만드는 방법을 알아보았다. 이 정도의 장부만으로도 호프집에서의 매출 매입분석을 하는데 거의 완벽하다고 할 수 있다.

매일매일 장부를 정확히 정리한다는 것이 어쩌면 장사를 하는 것보다 더욱 힘들다. 장부정리를 잘한다고 손님이 더 오는 것도 아니고 돈이 더 생기는 것도 아니다. 마감하고 피곤한 몸에 일찍 집에 가고 싶기도하고 돈이 틀린다하더라도 그 돈이 어디갔겠어? 내가 어딘가 쓸데 썼겠지하고 생각할 수도 있다.

하지만 장부의 위력은 월말이나 년말에 매출분석을 할때 나타난다. 한달, 일년 장사하면서 어디에 얼마가 들어가고 얼마가 남았는지 알 수 있는 것은 매일매일 정확히 기록해 두는 습관이 있기에 가능한 것이다.

그러고 보니 호프집을 한다는 것도 웬만큼 부지런하지 않으면 안되는 것이 아니던가!

필자의 장부는 위 장부에서 각 거래처 별로 한단계 더 확장하여 사용하고 있다.

예를 들어, 위 장부에서는 주류상사에서 매입액이 40이 표시되어 있지만, 무슨 품목이 입고가 되어서 40이 지출되었다는 상세 내역을 위 장부 밑쪽으로 확장해서 만들어져 있다.

이렇게 매입 품목별로 관리를 한다면 월말에 무슨 품목이 얼마나 구입했는지 확인이 가능하다.

위 장부에서 일일마감을 월말까지 하게 되면 월말 전체내역은 자동으로 합산되어 나타나게 된다. 그리고 위에 사용한 엑셀장부는 Daum카페 "외식산업경영자클럽" 자료실에서 무료로 다운받을 수 있다.

그렇다면 년말 마감은 어떻게 하는지 알아 보도록 하자.

연말정리장부

연말정리하는 양식은 매월 사용하는 양식과 비슷하게 만드는 것이 편하다.

단지 다른 점이 있다면 카드수수료를 추가경비로 고려하여야 하고, 영업 중에 발생하는 현금의 차액의 합계를 고려해 주면 된다.

매월 마감이 끝나면 해당 항목의 금액을 연말정리 양식에 옮겨 놓으면 해당 항목의 연합계나 비율은 자동계산된다.

다음의 표 「2007. 연말정리」는 어느 한 호프집의 연말정리를 한 결과의 일부분이다.

각 항목의 비율은 실제와 차이가 없으나 금액은 실제와 다름을 밝혀둔다. 월별로는 매입매출비율이나 경비비율이 다소 들쑥날쑥할 수 있으나 연말정리를 하고 나면 내 가게의 년간 각 항목별로 평균치를 알 수 있다.

이제 각 항목별로 호프집의 내막(?)을 들여다보자.

■ 연말정리

2007. 연말정리

구분	월		%	월평균	누계	1월	2~12월
							생략
Montly note							
매출	테이블	테이블 단가	28.8	*,047	**,563	*,068	
	주음료		48.4%	**,418	***,011	**,746	
	안주류		51.6%	**,386	***,628	**,115	
	총매출		100%	**,104	***,248	**,784	
	카드매출		31.8%	*,569	***,830	**,535	
	현금매출		68.2%	**,535	***,418	**,249	
지출	급여	주방	9.9%	*,993	**,918	*,260	
		알바	6.6%	*,985	**,818	*,200	
	경비		14.9%	* *,483	**,800	*,158	
	주류매입		15.8%	*,756	**,075	*,837	
	안주매입		18.6%	*,613	**,355	*,985	
	(개인비용)		4.0%	*,197	**,369	*48	
	총지출		69.9%	**,028	***,335	**,728	
영업이익(M)			30.1%	*,076	***,913	*,056	
부가손실	카드수수료		0.8%	**0	*,756	*3	
	차액		0.1%	**7	**8	**5	
순이익			29.5%	**,873	*,475	*,658	

테이블단가

첫항목 테이블에는 퍼센트 대신에 테이블 단가 28.8(= 28,800)이 표시되어 있다.

일반적으로 호프집의 테이블단가는 25,000원에서 35,000원선이다. 요리주점이나 직장인이 주 고객인 상권에서는 당연 테이블단가가 높다.

매월 테이블단가의 변동을 비교해 보면 그 변화가 거의 없다. 즉,

자신의 가게의 테이블단가는 쉽게 변동이 안된다는 얘기다. 이는 어떠한 호프집의 분위기, 손님층, 주메뉴가 정해지면 테이블단가가 거의 고정되어 간다는 뜻이다.

따라서 호프집에서는 테이블 단가를 높이기 위해 세트메뉴를 활성화해서 가격을 조금 싸게 하면서 매출액을 올리는 등의 영업정책을 구상해 나가게 된다.

주음료와 안주류의 매출비율

호프집에서는 안주가 많이 팔릴까? 주류가 많이 팔릴까?

술집이니 술이 많이 팔릴 것이라고 생각할 수 있다. 하지만 주점 스타일인 호프집에서는 안주류가 많이 팔린다.

일반적으로 4명이 호프를 마시러 왔다고 생각해 보자

4명이면 보통 안주를 두 개정도 시키고 소주를 마시면 4병, 생맥주를 마시면 한사람이 500cc 두 잔씩 합 4,000cc를 마신다고 생각할 수 있다.

여기에서 안주 한 개의 단가를 평균 9천원으로 했을 때 18,000원, 소주 4병이면 12,000원이고 생맥주 2,000cc 두개면 15,000원 정도가 된다. 소주를 마시든 생맥주를 마시든 안주류 매출(18,000원)이 주류 매출(12,000원, 15,000원)보다 다소 높음을 알 수 있다. 하지만 양주류가 팔리는 호프집에서는 주류매출이 안주류보다 높을 수 있다. 위 업소는 주류대, 안주류의 매출비율이 48:52가 됨을 알 수 있다.

카드매출

호프집에서 카드매출은 상권에 따라 많은 차이가 난다.

학생층을 상대로 하는 업소나 동네상권인 경우는 20% 정도가 되며 직장인이 주고객인 업소에서는 70~80%까지 올라가게 된다.

위 업소의 카드매출이 32%라는 얘기는 학생층이 주고객이면서 직장인이 같이 어울리는 상권이 아닐까 생각해 본다.

급 여

주방급여는 어느 정도 일정한 금액이 되지만 알바급여는 시급이기에 월별로 변동이 많다.

주방 인건비도 보너스가 있는 달과 없는 달에 따라 다소 다를 수 있으며, 특히 주방 인력이 바뀔때는 급여차이로 인해 전체 금액이 차이가 난다. 주방과 알바의 급여를 합해서 매출의 16~17%선이다.

위 테이블에서 급여에 주인의 급여는 포함되지 않았다. 앞서 투자분석에서 살펴본 인건비 비율과 크게 차이가 없다고 생각한다.

경 비

모든 경비의 합계가 매출의 15%이내로 떨어진 것은 운영을 잘 했다고 판단한다. 위 테이블에 임대료는 나와있지 않았지만 내부적으로 임대료와 세금 등에서 절약요소가 있었다.

통상 인건비와 경비의 합계가 매출의 1/3이 된다고 봤을 때 위 업소는 두개를 합한 경비가 31.4%로서 크게 벗어나지는 않으면서 다소 낮아졌음을 알 수 있다.

주류매입과 안주류매입

주류와 안주류를 구별해서 봤을 때 매출비율도 안주류가 많고 매입비율도 안주류가 많음을 볼 수 있다. 당연한 결과라고 생각한다.

여기서 두가지의 부가율을 비교해 보면 의미있는 결과를 도출해 낼 수 있다.

먼저 주류의 부가율을 보자.

연간 주류매입 비율이 15.8%이고 매출은 48.4%이며 부가율은 약 306%(48.4/15.8 × 100% = 306)이며 주류의 판매액은 원가의 3배 정도가 됨을 알 수 있다.

그렇다면 안주류는 어떻게 되는가?

안주매입 비율은 18.6%이며 매출은 51.6%이다.

즉, 안주류의 부가율은 약 277%(51.6/18.6 × 100% = 277)이다. 업소마다 다소 다르겠지만 종업원들의 식사나 단골이나 매상이 많은 테이블에 서비스가 주로 안주로 나간다는 사실을 고려하면 안주류의 부가율은 계산상 277%이지만 실제로는 주류와 비슷하게 300%라고 생각해도 틀리지 않다고 생각한다.

그렇지만 이 업소의 안주가격은 주변업소와의 경쟁 등으로 인해 낮은 편임을 알 수 있다.

개인비용

여기에서 개인비용은 가게운영과 관계없이 사용된 것이며 개인적으로 사용한 금액을 현금 잔고를 확인하기 위해서 마감시에 추가한다. 개인경비는 가게를 운영하기 위한 비용으로 볼 수는 없을 것이다. 따라서 이 비용은 제일 나중에 순이익을 계산할 때 고려해야만 할 것이다.

총지출과 영업이익

총지출이 69.9%이며 마진이 30.1%이다. 개인비용 4%를 고려하면 계산상 영업이익은 34.1%이다.

부가손실

카드 매출비율이 올라가면 부가손실도 올라가게 된다.

위 금액은 카드매출에 대한 수수료와 일일 마감시에 발생하는 잔고의 차이도 부가손실에서 가감이 되도록 되어있다.

순이익

위 업소의 순이익은 개인경비 4%를 합쳐서 33.5%(29.5+4=33.5%)이다.

결 론

위 업소의 년간 매출과 지출을 검토했을 때 주류와 안주류의 매입을 합한 금액이 매출의 34.4%, 가게 운영으로 인한 순이익이 매출의 33.5%가 된다.

통상 호프집의 수익구조 경비, 매입, 순이익비율이 각각 1/3씩 됨을 고려할 때 매출과 경비 매입 순익이 각각 정상적이라고 생각할 수 있으며, 결론적으로 이 가게는 안정적으로 운영을 잘 하고 있다고 판단할 수 있다.

4장 매출분석

호프집에서의 요일별, 월별 매출을 비교해보고 매출
분석한 자료를 어떻게 이용하는지 생각해 보자.

요일별 매출비율

호프집에서 요일별 매출은 어떻게 변할까?

필자의 가게에서 년간 매출자료를 가지고 일일매상 100을 기준으로 하고서 요일별로 분석한 것이다.

참고로 필자의 업소는 지하철 환승역 부근이다.

■ 요일별 매출비율

일	월	화	수	목	금	토	합계
72	83	93	98	98	119	137	700

일요일부터 토요일까지 매출이 상승되고 있음을 알 수 있다.

주 5일 근무 이후 직장인 상권에서는 토요일 매출이 상대적으로 떨어지는 추세이며 주택가가 받쳐주는 상권에서는 일요일 매출이 평일보다 높을 수도 있다.

요일별 매출은 각 상권마다 특성이 있기에 다 같을 수는 없을 것이다.

월별 매출비율

이번에는 월별 매출을 분석해 보자.

호프집은 몇 월에 장사가 잘 될까?

여름철이 되면 길가에 파라솔을 펴놓고 술 한잔하는 분위기가 형성되기 때문에 7, 8, 9월에 호프집이 잘 된다고 한다. 틀린 얘기는 아니다. 하지만 자세히 분석해 보면 상권마다 업소마다 다르다는 것을 알 수 있다.

동네 상권인 경우는 여름철에 매출이 올라가며 직장인 상권은 여름철에 휴가 등으로 인하여 매출이 떨어질 수 있다.

지하나 2층 이상인 호프집은 여름, 겨울 상관없이 매출이 비슷한 편이며, 주점인 경우는 겨울철이 오히려 여름보다 매출이 높음을 볼 때 어느 계절이 잘 된다고 한마디로 단정할 수가 없다.

오래된 자료이지만 필자 업소의 2002년 월별매출을 비교해보자.

필자는 매출분석을 할 때 매출액을 기준으로 장사가 잘 되었다, 안 되었다 판단하지 않는다.

월별로 영업일수가 다르기 때문에 매출액 자체만 비교해서는 정

■ 월별 매출비율

(참고 : 2002년 자료)

월	매출합계	영업일수	일평균매출	비 고
1월	30,900	31	997	
2월	27,937	27	1,035	구정휴무 1일
3월	32,209	31	1,039	
4월	29,843	30	995	
5월	29,415	31	949	
6월	32,247	30	1,075	월드컵
7월	30,582	31	987	
8월	30,196	31	974	
9월	25,992	29	896	추석휴무 1일
10월	29,657	31	957	
11월	28,876	30	963	
12월	35,146	31	1,134	
합계	363,000	363	12,000	

확한 데이타가 나오지 않는다.

필자는 일일평균 매출을 기준으로 한다. 예를 들어, 2월 매출이 30,000이면 일평균매출이 1,071(=30,000/28일)되며, 3월 매출이 32,000이면 일평균매출이 1,032(=3,200/31일)이 되므로 2월이 장사가 잘 되었다고 판단하는 것이다.

하지만 고정경비가 월별로 똑같이 발생하는 것을 고려한다면 매출액만 비교하여 3월이 장사가 잘 되었다고 판단하는 사람도 있을 것이다. 각자 분석하는 방법의 차이다.

위 테이블에 있는 수치는 년간 평균일매출을 1,000으로 환산한 것이다. 년간 영업일수가 363일이며 매출합계가 363,000임을 확인할 수 있다. 즉, 한 달 영업일수가 30일이고 매출이 30,000이면 년평균매출과 동일하다는 의미가 된다.

1월부터 검토해보자.

1월은 영업일수가 31일이며 매출이 30,900이었다.

하루평균 매출액이 997로서 년평균 일일매출 1,000보다 약 0.3%정도 떨어졌으며 무시할 수 있는 수치로서 년평균매출과 동일하다고 판단할 수 있다.

반면에 2월, 3월은 약 3~4%정도 매출이 증가했음을 표에서 볼 수 있다. 이에 비해 4월은 0.5%의 매출하락이지만 5월은 5%정도 매출이 많이 떨어졌다.

2002년에 호프집 매출에서 가장 큰 변수는 월드컵이었다. 6월에 월드컵으로 대부분 호프집이 장사가 많이 됐으리라 생각하는데 필자의 가게는 년평균매출의 10%도 올라가지 못했다.

왜 그럴까?

축구하는 날은 매출이 올랐다가 다음날은 떨어지다 보니 결국 평균을 계산하면 월평균매출과 생각만큼 차이가 없었다. 가게에 테이블 수가 한정되어 있어서 그렇다고 분석한다. 대형업소나 평소 테이블 여유가 있었던 업소는 필자와는 상황이 많이 틀리리라 생각한다.

호프집이 장사 잘 된다는 7, 8월을 보자.

각각 년평균보다 3% 정도 떨어져 있음을 볼 수 있다. 이것 또한 필자의 가게가 1층이 아니며 매장이 주점분위기라서 여름이지만 매출이 떨어진다고 판단한다.

9월은 추석휴무로 인해 영업일수도 적었지만 일평균매출이 10% 정도 하락하는 1년 중 최악인 달이며 10, 11월도 평균매출에서 4% 정도 매출이 저조한 달이다.

다음 해 9월부터 시작해서 10월까지는 집중적인 판촉을 해야 할 필요가 있다고 판단할 수 있다.

12월은 크리스마스에 연말분위기가 겹쳐서 1년 중 매출이 가장 높은 달이다.

1년을 전체적으로 봤을 때 월드컵의 변수를 무시한다면 필자의 가게는 대부분 호프집과 마찬가지로 봄, 가을은 매출이 저조하다.

여름과 겨울은 매출이 높지만 다른 업소와 달리 겨울이 여름보다 매출이 더 높음을 특징으로 하고 있음을 알 수 있다.

매출분석의 활용 예

매월 또는 매년 내 자신의 가게의 매출을 분석한 결과를 가지고 어떻게 활용하는지 몇가지 예를 보도록 하자.

가게세

장사를 하는 입장에서 고정경비 중 가장 큰 비용은 가게세일 것이다. 건물주와 재계약을 하기 전에 스스로 자신의 가게의 매출과 가게세를 비교·분석한 후에 얼마 정도의 인상이 가능한지 미리 판단하고 협상에 들어가야 할 것이다.

매출분석 결과 매출에 비해 가게세가 차지하는 비율이 15%를 넘어간다면 그 가게는 호프업종이 맞지 않든지, 아니면 가게 운영을 잘못하고 있다고 생각할 수 있으므로 심각하게 자신의 가게를 분석해봐야 한다.

매입가 비교

자신이 거래하는 어느 업체와 똑같은 품목을 취급하는 곳에서 자기들 물건이 다른데보다 싸게 공급되니 거래를 하자고 제의가 들어온다. 물론 업체마다 가격을 비교해 보면 싼 것도 있고 비싼 것도 있다.

이때 어떻게 판단해야 할까? 대부분 중요한 품목 몇가지를 비교해 보고 업체를 바꾸려고 생각한다.

매출분석이 되어 있다면 한 달동안 품목별로 매입한 수량과 단가, 합계금액이 정리되어 있으니, 제의가 들어온 품목에 대해 가격만 대치시켜서 검토해 보면, '새로운 업체와 거래를 했을 때 한 달간 비용절감할 수 있는게 얼마이구나' 하고 구체적인 절감금액까지 쉽게 판단을 할 수가 있다.

매입액 검토

필자는 안주를 직접 만들지 않기 때문에 주방장에게 믿고 맡기는 편이며 주인이 주방에 들어가면 일하는 사람들이 불편한 점도 있으므로 좀처럼 주방에 들어가지 않는다.

어느날 주방장이 바뀌고 난 후에 가끔 주방 쪽을 들여다보면 예전보다 어수선하다고 생각했었지만 주방장마다 일하는 스타일이 다르기 때문에 이해를 하고 넘어갔다.

월말이 되어 자료를 분석해 보니 안주매입비율이 비정상적으로 올라간다는 것을 알 수 있었다.

필자의 경우는 아래에서 보듯이 안주의 매출대비 매입원가가 평균 33%이며 최대 35%가 된다.

■ 안주 매출대비 매입비율

년도	2006년					2007년			
	8월	9월	10월	11월	12월	1월	2월	3월	4월
비율	34.5%	33.3%	34.0%	34.8%	30.2%	34.6%	32.4%	35.0%	37.1%

표에서 보듯이 주방장이 바뀐 3월부터 특히 4월은 매입원가비율이 많이 올라간다.

안주량을 늘린 것도 아니고 몇 년동안 35%를 넘어선 달이 없었는데 주방장이 바뀌고 난 후에 바로 매입비율이 35%까지 올라갔다. 주방장에게 매입비율이 높아지고 있다는 사실을 알리고 다음 달에 다시 분석을 해보니 37.1%로 더욱 높아졌다. 금액으로도 만만치 않은 액수다. 야채파동이 있었던 2월, 3월에도 35%를 넘지 않았는데 37%까지 올라가니 그 원인 파악에 들어간다.

결국 주방의 방만한 운영이 그 원인으로 밝혀졌지고 결국은 주방장을 교체해서 일단락되었다. 가끔 주방인원의 손가방은 문제가 될 때가 있으며 특히 주인이 먼저 퇴근하고 주방에 있는 사람이 나중에 퇴근할 때는 더더욱 그럴 수 있다. 일부 업소의 사장은 주방인원이 손가방을 가지고 다니는 것을 금지하는 곳도 있다.

매출분석을 통해 관리하는 방법의 몇가지 예를 들었지만 분석결과를 여러 방면을 이용할 수 있음을 알 수 있다.

5장 고객관리

머언 옛날 주막집에서 주모들이 밥주걱에다가 단골 손님이나 외상손님의 얼굴을 그려놓고 손님의 얼굴을 기억했다는 것을 보면 고객관리의 중요성은 옛날이나 지금이나 변함이 없다.

고객관리는 이렇게

같은 호프집이라도 주인이 바뀌면 매출액도 바뀐다.

같은 메뉴, 가격, 분위기에서 영업을 해도 그만큼 주인의 영업정책이나 운영방식, 특히 고객관리를 어떻게 하느냐에 따라서 손님이 늘어날 수도 있고, 줄어들 수도 있는 것이다.

호프집을 오픈했다고 손님이 자동적으로 오는 것은 아니다. 꾸준한 고객관리와 판촉활동을 통해서 고객의 방문을 유도하도록 해야 한다.

고객관리방법

컴퓨터 활용편에서 고객관리하는 이미 방법을 간단히 소개했었다.

좀 더 자세히 알아보도록 한다.

회원카드를 발행할 때에 이름, 핸드폰번호, 이메일, 생일 등 고객의 정보를 기록하도록 한다. 이렇게 수집된 정보는 회원카드를 만드는 것 이상의 가치가 있다. 고객의 생일을 날짜별로 정리해 놓고 요일을 정해서 다음 주에 생일이 있는 고객에게 이메일이나 핸드폰으로 미리 축하인사를 보내자.

자신의 업소에서 생일 이벤트라든지 특별한 생일선물이 준비가 되어 있다면 축하인사와 더불어 소개할 수도 있다.

회원카드를 발급한 회원수가 350명 또는 700명이 된다면 매일 한 명 또는 두 명의 회원이 생일이다. 생일축하 모임을 하루에 한 두팀 유치할 수 있다는 것은 매출에 상당한 영향이 있다.

근래에는 소정의 수수료를 받고 회원들에게 이메일이나 문자 메시지 발송을 대행해 주는 사이트나 업체가 늘어나고 있다.

신정, 구정, 추석에 맞춰 안부인사를 나누고 신메뉴 출시 또는 업소에 특별한 행사가 있을 때에도 회원들에게 안내하도록 한다.

월별로 한번 정도는 회원들에게 업소의 이미지를 떠올리게 하는 방법도 있으며 어떠한 내용이 있는지 알아보자.

1월	신정에 따른 연하장, 시무식에 따른 단체회식 유치
2월	구정에 따른 연하장, 졸업입학 이벤트, 발렌타인 이벤트
3월	개학 및 신입생환영회에 따른 단체모임 홍보, 화이트데이 이벤트
4월	인라인 스케이트 등 동호회 유치
5월	성년의 날 이벤트
6월	장마나 호우에 따른 회원안부
7월	여름의 시작, 시원한 맥주 생각나시죠?
8월	즐거운 휴가 되시길 바랍니다. 호프데이 이벤트
9월	풍성한 추석이 되시길.
10월	대학 축제나 예술제에 따른 단체 모임홍보
11월	첫 눈 내리는 날 이벤트
12월	크리스마스 연하장, 제야의 종 이벤트

한편 디카의 활용과 카페를 운영하는 것도 많이 보편화되고 있다.

홈페이지를 만들어 이를 이용한 홍보도 효과가 없는 것은 아니다. 하지만 필자의 경우에는 2년여동안 홈페이지를 운영해 오다가 최근에 중단했다. 스팸 및 불법광고로 각 게시판이 도배되다 보니 업소 이미지에 지장을 초래한다고 판단되었기 때문이다.

반면 자신의 가게 만의 카페를 활용한다면 고객과의 커뮤니티 형성을 보다 더 효과적으로 할 수 있다.

주변업소와 공동 마케팅을 할 수도 있다.

뜻이 맞는 몇 개의 호프집을 모아서 회원카드를 공동으로 사용하도록 해서 음식점 → 호프 → 노래방으로 이어지는 업소들끼리 연계해서 할인혜택을 주는 방법이다. 중대형 상권에서 많이 이루어지고 있다.

주사위 게임도 고객의 재방문을 유도하는 좋은 방법이다.

예를 들어 주사위 6개의 면중에 3개는 0, 2개는 10, 1개는 20을 써 놓고 손님이 카운터에서 계산할 때 굴리도록 하여 10 또는 20이 나오면 10% 또는 20%의 할인권을 주고서 다음 방문시에 사용하도록 하는 것이다.

해피타임을 적용하는 것도 많은 업소에서 하고 있다.

소위 3.8광땡 이벤트이다. 새벽 3시 이후 또는 오후 8시 땡하기 전에 주문하는 품목에 대해서 할인해 주는 방법이다.

생일 이벤트도 젊은이들에게 업소의 이미지를 확실히 심어줄 수도 있다. 대형업소에서는 화려한 불꽃쇼 등을 통해서 생일단체모임을 유치하고 있다. 중소형 업소에서도 충분히 활용할 수 있는 이벤트라고 생각한다.

병뚜껑 모으기 행사를 하는 곳도 있다.

고객이 마시고 난 후 병뚜껑이 얼마이상 쌓이면 특별상품을 주는 방법이다. 출입구에 커다란 통을 넣고 모든 손님이 공동으로 참여할 수 있도록 할 수도 있다. 큰 통속에 빈병 뚜껑이 어느 선이상 쌓이면 업소에서 고아원이나 양로원에 성금을 기탁하는 방법이다. 이 방법은 업소이미지를 높일 수 있으며, 손님입장에서도 그 취지를 이해한다면 즐겁게 참여할 수 있다.

필자가 구상 중인 전광판 이벤트를 소개한다.

길거리에서 볼 수 있는 전광판을 매장 내에 소형으로 설치한 후에 컴퓨터와 연결하여 평소에는 업소의 이미지 광고를 하다가 이벤트 할 때는 간단히 컴퓨터에서 안내문을 내보낸다.

"지금부터 먼저 벨을 누르는 3팀에게 과일안주를 50% 할인입니다.", "발렌타인 17년산을 10,000원부터 경매합니다", "생일을 맞으신 분 중 노래를 부르시면 생맥 3,000cc 서비스 있습니다." 등 여러 방면의 이벤트로 활용할 수 있으리라 생각한다.

100명의 고객이름

누군가 자신의 이름을 기억해 주는 것은 기쁜 일이다.

손님의 이름을 기억해 두었다가 그 손님이 방문할 때 "ㅇㅇㅇ님 오랜만에 오셨습니다. 요즘 바쁘신가 봐요?"하고 가볍게 코멘트를 하면서 친근감을 표시한다면 단골을 쉽게 만들 수 있다는 것은 누구나 알고 있다. 하지만 단골손님 몇 명의 이름이면 모를까, 몇십 명

손님의 이름을 외우는 것은 쉽지 않다.

자주 오는 단골이라면 수시로 그 이름을 생각해 내고 기억을 할 수 있지만 어쩌다 오는 손님은 한번 기억을 했다고 해도 시간이 지나가면서 다시 잊어버리게 된다. 그래서 필자는 컨닝을 한다.

100명의 고객이름을 컴퓨터의 메모장에 기록해 놓고 평소에 한 번씩 그 이름을 보면서 얼굴을 그려본다. 100명의 이름을 다 외우지는 못해도 단골손님의 얼굴을 보고 컨닝페이퍼(메모장) 속에서 그 사람의 이름을 찾아내는 것이다.

그리고 기회가 되면 손님에게 코멘트를 하면서 이름을 불러준다. 손님의 이름을 기억해 주는 것은 그 손님에 대한 예의라고 생각한다.

컨닝페이퍼를 잠깐 들여다보자.

이○○	짝꿍 (여자친구랑 2년동안 오는 단골, 그것도 항상 둘이서만.)
박○○	오이 (올때마다 오이 서비스 달라는 손님)
이○○	밀러터리 (밀리터리 룩을 즐겨입는 손님)
최○○	이소라 (이소라 이미지)
조○○	월드컵 (월드컵때 카운터 옆에 앉았다가 단골됨)
김○○	꺼벙 (꺼벙이같이 키가 큼)

6장 인력관리

호프집의 특성상 영업이 야간에 이루어지다 보니
인력을 관리하기가 쉽지않다.
주방인력과 아르바이트 채용을 어떻게 하는 것이
효과적인지 생각해 보자.

효과적인 인력관리 방법

주방인력이나 알바를 구하는데는 몇가지 방법이 있다.

통상 가게 인테리어 공사기간 중에 가게 앞 창문에 모집내용을 써 붙이는 방법이 비용도 안들고 가장 많이 사용하는 방법이다.

가게 앞에 광고를 보고 오는 사람은 가까운데 사는 사람이기에 출퇴근시간이 짧은 장점도 있다.

또한 주방아줌마들은 일할 업소를 구할때 벼룩신문을 많이 이용하므로 가게 앞에 모집광고를 붙이면서 벼룩신문에 광고하는 것이 좋다.

자신이 안주를 만들지 못할 경우에는 주방장급을 미리 구해서 메뉴구성이라든지 가격결정, 재료구입 등을 협의를 해나가는 것도 효과적이다.

개업날이 다 되가는데도 주방인력을 구하지 못할 경우에는 인력회사에 의뢰하는 방법도 있다.

하지만 비용이 더 들게 되고 인력회사를 통해서 일하러 다니는 사람은 이곳저곳을 떠돌아 다니는 유형에 속하므로 권장할만하지는 않지만 더운밥 식은밥 가릴 형편이 안될 정도의 급할 경우에는 빠르게 사람을 구할 수도 있다.

급여 책정방법

주방아줌마와 아르바이트를 채용할 때 어느 선에서 급여를 책정해야 하는지 그 방법에 대해서 생각해보자.

각 지역마다 급여에는 차이가 있다.

자신이 오픈하는 동네의 급여수준을 파악해서 너무 많이 줘도 안되고 적게 줘도 문제가 생길 수 있다. 주방인원의 급여는 재료상을 통해서도 쉽게 파악할 수 있다. 예를 들어 우리 동네 주방장급 급여가 150만원이다라고 파악이 됐다 하자.

주방장은 보통 하루에 10시간 일하므로 150만원을 30일로 나누고 다시 10시간으로 나누게 되면 기준시급은 5천원이 된다.

설거지나 허드렛일을 하기 위한 인력소개소의 일당이 45,000원이면 시급으로 4,500원이지만 다른 사람을 일당이 아닌 직원으로 채용할 경우는 시급 4,000원이면 된다. 그렇다면 주방일이 바빠져서 혼자서 안주를 할 정도의 주방보조를 구한다고 하면 그 시급기준을 설거지알바와 주방장의 시급의 중간인 4,500원으로 하는 것이 합리적이다(구체적인 금액은 직원의 능력을 봐가면서 결정한다).

앞에서 호프집의 예상매출에 따른 순이익을 산출하면서 주방인력 몇 명이 필요한지 얘기했었으며, 매출에 따라 몇 명의 주방인원이 필요한지 생각해 봤다.

주방인원이든 알바든 2명 이상일 경우는 근무시간을 중첩시키는 것이 효과적이다.

호프집은 보통 오후 3~4시에 오픈하여 새벽 2~5시에 마감하는 것이 보통이며, 오후 4시에 오픈하여 새벽 4시에 마감한다고 가정하고 주방인원의 근무시간을 생각해보자.

가게 주방인원이 하루에 10시간 근무한다고 했을때 주방 한 사람은 오픈시간에 맞춰 오후 4시에 출근하고 새벽 2시에 들어간다.

가게 마감시간 한시간 전부터는 안주주문이 거의 없으므로 주방에서 마지막으로 퇴근하는 사람은 마감 한시간 전에 퇴근하면 된다. 따라서 한사람은 오후 5시에 출근하여 새벽 3시에 들어가게 되면 효과적으로 시간배정이 되게 된다. 또한 주방인력 세사람이 필요할 경우(대부분 설거지 알바를 한 명 더 둔다)는 가게 피크시간이 어느 시간대인가 파악하여 그 시간대에 설거이 알바를 두는게 효과적이다.

대부분 호프집의 피크시간은 저녁 9~12시이다(겨울철은 저녁 8~11시).

그리고 주방인력을 구하다보면 꼭 내가 정한 시간대별로 구할 수만은 없다.

한사람은 4시 출근~11시 퇴근, 한사람은 5시 출근~2시 퇴근, 한사람은 6시 출근~3시 퇴근이 될 수도 있다. 이럴 경우에도 그 사람이 기준시급이 정해져 있다면 일하는 시간을 재조정하더라도 급여를 책정하는데 복잡할 것이 없다.

주방인력의 급여를 책정할 때 기준시급을 책정해야 하는 이유는 또 있다. 주방인원이 여러 명일 경우에 그 시간조정을 하다보면 주말같은 경우는 연장근무할 경우도 생기는가 하면 집안문제로 결근할 때도 있고 사전에 근무시간을 서로 조정하면서 일을 하게 되는데 월급으로만 책정하였을 경우는 급여를 계산하기가 쉽지 않다.

따라서 이러한 경우도 기준시급이 있다면 급여계산이 명확하기 때문에 월급으로 급여를 주는 사람도 그 기준시급을 꼭 책정해 두기를 권하는 바이다.

주방에서 일하는 사람들은 대부분 월급이기에 시급이라는 얘기가 나오면 기분이 상할 수도 있음을 알고 있어야 한다. 따라서 월급 책정시에 “시급은 얼마이고 월급은 얼마입니다”하고 얘기하면 안된다.

“근무시간은 몇 시부터 몇 시까지이면 월급은 얼마입니다”하고 말해 놓고서 “참고로 시간으로 계산하니 시간당 얼마 정도입니다” 하고 얘기를 하는 것이 하나의 방법이다.

가게 상황에 따라서 주방보조가 10시간 일할 필요가 없을 수도 있다. 주방보조가 가게 피크시간 전후에 하루 5시간씩 일할 경우는 기준시급 4,500원에 일하는 시간 5를 곱하고 한달 30일을 계산하면 그 사람의 급여는 4,500원 × 5시간 × 30일 = 675,000원으로 쉽게 급여기준을 잡을 수 있는 것이다.

실제 급여책정은 이 급여기준을 가지고 그 사람의 능력이나 여러 가지 상황을 고려하여 결정되야 할 것이다. 주방에 일하는 분들은 가정을 꾸려나가야 하며, 일하는 시간도 가정상황에 따라 달라질 수도 있다. 시간당 급여기준이 책정되어 있다면 가정일로 인해 일하는 시간을 줄이거나 늘릴 경우에도 같은 방법으로 급여를 책정하면 된다.

알바의 경우는 시급으로 급여가 계산되므로 급여책정에 있어서 어려운게 별로 없다. 알바매뉴얼에 기준시급과 시급인상 기준을 정해놓기를 권한다. 경험이 많은 알바에게는 면접시에 기준시급에서 조금 더 올려서 책정하면 된다.

알바 구하기와 관리

알바를 쉽게 구하는 방법

다음에는 아르바이트 구하는 방법에 대해 생각해 보자.

가게 앞에 주방인원을 구할 때 아르바이트도 같이 광고를 낸다. 또한 아르바이트는 인터넷에도 구인광고를 내면 된다.

젊은이들은 아무래도 인터넷을 많이 사용하므로 아르바이트 사이트에서 무료로 광고할 수 있다. 인터넷 검색엔진에서 "아르바이트"로 검색한 후에 10여개 정도의 사이트를 선택해서 구인광고를 올린다. 근래에는 수수료를 받고 구인광고를 대신 올려주는 사이트도 있다.

아르바이트는 대학교 방학기간에는 쉽게 구할 수 있지만 학기 중에는 구하기가 어려우니 자신의 개업날을 참고하여 학기 중이면 미리미리 구해 두어야 할 것이다.

주말알바인 경우는 대학생도 학교를 다니며 할 수 있지만 대부분의 알바는 임시직이다. 남자알바인 경우는 대부분 군대가기 전에 몇 개월동안 알바를 하는 것이 보통이며, 여자알바인 경우는 직장

아르바이트 관련 사이트

- 벼룩시장 : alba.findall.co.kr
- 오늘의 아르바이트 : www.todayarbit.co.kr
- 알바잡코리아 : http://www5.jobkorea.co.kr
- 365 아르바이트 : www.365alba.com
- 아르바이트119 : http://www.alba119.co.kr

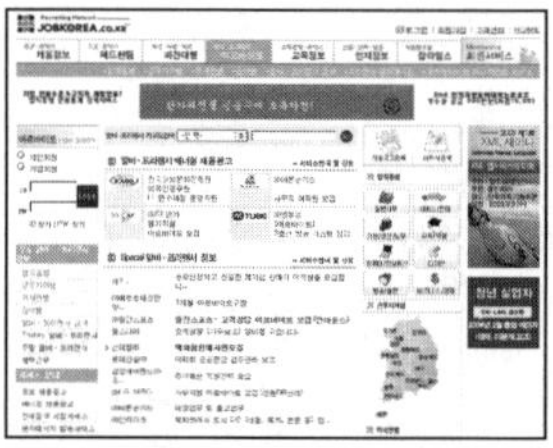

알바잡코리아 메인화면

을 구할 때까지 임시로 알바를 하는 것이 대부분이다.

호프집을 하려고 일을 배우는 알바는 생각하는 것이 긍정적이고 일하는 것도 적극적이다. 주인과 뜻만 잘맞으면 오래 근무할 수도 있고 몇사람 몫을 할 수도 있다.

가게 운영하는 방법에 대한 노하우도 가르키면서 주인 몫을 할 수 있도록 키울 수 있기 때문에 주인 입장에서는 때때로 가게를 맡길 수도 있다.

호프집에서 경험이 많은 알바를 구하는 것도 좋지만 백화점이나 대형외식업소에서 정식으로 교육을 받고 일했던 알바들도 일을 잘 한다. 손님에 대한 기본적인 예절을 갖추고 있기에 호프집 환경에 익숙하기만 하면 고객서비스를 훨씬 향상시킬 수도 있다.

서비스 교육을 받고서 일하는 것과 그냥 경험이나 눈치로 일하는 것과는 현격한 차이가 있다.

알바 매뉴얼을 적극 활용하라

호프집에서는 알바를 채용하더라도 정식적인 교육을 시킬 수가 없다. 처음 온 알바에게 이건 이렇게 하고, 저건 저렇게 하라고 교육을 한다는 것은 대부분 주인의 잔소리로 들릴 수 있기 때문에 이 업소는 이렇게 까다롭게 일을 시키는가 하고 의아심을 가지는 경우가 많다.

알바가 첫 출근하게 되면 성실히 일하고 손님에게 친절히 하라고 몇마디 하고는 일을 시키는 것이 일반적이다.

하지만 일하는 입장에서는 무엇을 어떻게 해야할 지 몰라서 못하는 경우가 많다. 알바 매뉴얼이 있다면 알바 스스로 읽어보면서 자신이 어떻게 일을 해야할지 판단하게 된다.

뒤쪽에 있는 필자의 서빙매뉴얼을 참고하기 바란다.

알바를 동네에서 구하라

젊은이들은 친구들 중에 누가 알바를 하게 되면 그 가게로 마시러 가는 경향이 있다. 친구가 많은 알바는 그 친구들이 올려주는 매상으로 월급을 줄 수도 있으니 가까운 부근에 사는 알바를 구하는 것도 가게에 도움이 된다.

알바친구들이 찾아오면 신경을 많이 써줘야 한다.

알바입장에서는 친구들이 와도 마음대로 서비스 안주를 줄 수가 없기 때문에 속으로 주인의 눈치를 본다. 다른 서비스 안주보다 신경써서 만든 안주를 알바에게 건내주면서 친구들에게 가져다 주라고 얘기해보자. 알바는 친구들에게 떳떳해지며 주인에게 고마움을 느끼게 된다.

알바가 그만둘 때도 잘 해줘야 한다

알바가 가게를 그만두고 나면 그 후부터는 손님 중의 한사람이다.

알바가 일하는 마지막 날은 특별안주를 만들어 둘러앉아 먹으면서 그동안 수고했다는 말과 함께 언제든 일하고 싶으면 오라는 얘기도 나누면서 그 알바의 장래에 대한 상담도 해주고, 끈끈한 정을 남겨놓는 것이 업주로서 아니 사회 선배로서 해야할 일이 아닐까 생각한다.

알바가 바라는 사장님의 모습은 어떠한 것인가?

어느 경험많은 알바생이 직접 쓴 글을 참고하기 바란다.

post

무엇보다 알바들을 인간적으로 대하고 편안하게 대해줘야 하겠죠. 때론 가족보다 더 편하게요. 중요한건 가식이 있으면 안된다는 거죠.
진실로 다가서야 만이 서로에게 신뢰와 믿음을 쌓을 수 있답니다.

하루는 좀 짓궂은 손님이 왔어요.
저한테 계속 시비를 걸고 얄궂은(?) 농담을 거는 거에요. 첨엔 웃고 넘겼지만 저도 이기적인 한 사람의 인간이기에, 약간 낯을 붉혔죠.
그랬더니 아니나 다를까. 그넘이 사장님을 부르더라구요(속좁은 손님의 대표적 경우죠).
사장님과 이야기를 몇마디 나누더니 사장님께서 저를 부르셨어요. 그리고 그 손님 있는데서 저를 막 꾸짖으시더라구여.
정말 사장님이 그렇게 화 내시는건 첨봤죠.
그 손님은 어깨가 으쓱하드라구여. 그리고 제가 좀 뾰루퉁해서 카운터에 앉아있으니 사장님께서 조용히 부르시더니 저보고 잘했다고 더 큰소리 내지 그랬냐고 너무 굽신거리기만 해도 안된다고….
속으로 사장님은 제 편이셨어요. 정말 눈물나도록 고마웠답니다.
그 사장님은 알바가 잘못을 하면 손님들 앞에서는 알바를 혼내고 뒤에서는 제편을 들어주고 제 기를 살려주는 정말 멋진 분이셨어요.
알바들은 친구처럼 편안한 사장님을 원할때가 많아요. 사장이라는 존재가 높아보이고 대하기 어려운 위치에 있는것이 사실이잖아요.
그렇기 때문에 사장이 먼저 알바에게 편한 친구처럼 다가서는 것이 중요해요. 그러기 위해서는 약간의 뇌물(?)이 필요한데요. 무엇보다 가장 확실한 뇌물은 먹을거죠. 사장님이 직접 요리를 해서 알바에게 시식을 시켜주는 거에요. 그러면서 대화를 이끌어 내는 거죠.
사장의 지위를 내세우다 보면 가게 분위기가 딱딱해지고 경직되기 쉬워요. 편안한 분위기로 이끌어 줄 수 있는 사장님의 배려가 필요하죠.

알바가 잘못을 하더라도 일단은 관용을 베풀수 있는 사장님이 좋아요. 사람이기에, 실수는 어쩌면 당연할 지 모르죠. 인간은 완벽할 수 없잖아요.
예를 들어 알바가 지각을 했다면 왜 늦었냐고 꾸짖기 보다는 무슨 일 있었냐고, 일단 한 박자 양보해주는 선심을 쓰세요. 그러면 눈치가 약간이라도 있는 알바라면 담부턴 절대 지각하지 않을 거에요.
알바들의 눈높이에 서서 바라봐 주는 사장님이 좋아요.
세대차이란 것이 때로는 깊은 골로 작용하는 거거든요. 인기있는 TV프로그램이나 가요 대여섯개 정도는 알아두는게 좋죠.
그래서 알바들의 대화에 참여하려고 노력해 보세요.
우와~~ 우리 사장님이 이런 것도 아시나?? 알바들은 이런 생각을 하면서 사장님을 다시 보는 기회가 될거에요.
많이 참아주시는 사장님이 좋아요
저두 철없던 시절 정말 무단결근에, 근무태만에, 지금 생각하면 부끄러울 정도로 일을 못했었어요. 그런데 사장님은 화 한번 안내시고 끝까지 참으시더라구요. 그러니 저두 서서히 변화가 되더라구요.
일이 끝나는 마지막 날 사장님이 하시는 말씀, "내가 너를 짜르려면 진작에 짜를 수 있었지만 너를 인간 만들려고 데리고 있었다" 이러시는데 정말 가슴이 뭉클했죠.
사람의 인연은 그 무엇보다 질기고, 그 무엇보다 단단한 고리로 엮어져 있는거 같아요.
수많은 알바들을 고용하고 부대낄텐데요. 한사람 한사람에게 신경을 써주고 진솔한 사랑으로 다가선다면 그 인연이 동심원처럼 번져나가 또다른 멋진 인연을 만들수 있을것 같아요.

대학교 방학이 되면 대학생들이 알바를 많이 하기 때문에 알바 구하기가 쉽다. 그렇다고 모든 알바를 대학생으로 채용해서는 안된다. 방학기간에는 학생들이 알바를 많이 하기 때문에 오히려 학생이 아닌 알바를 구하기가 쉽다. 최소한 반정도의 인원은 대학생이 아닌 알바를 채용해서 개학 때를 대비해야 한다.

직원관리가 다 그렇지만 주인과 직원의 관계보다는 인간적인 측면에서 가까워져야 하는 것은 동서고금 어디를 가도 진리가 아닐까 생각해 본다.

알바의 적정인원

오픈 준비편에서 예상매출에 따라 몇 명의 주방인원과 알바인원이 필요한지 생각해 봤었다. 이번에는 다른 각도에서 테이블 수에 따라 몇 명의 알바가 필요한지 생각해 보자.

얼마전에 어느 알바가 다른 알바에게 알바가 하루에 7테이블을 서빙하면 충분하다고 얘기하는 것을 듣고 깜짝 놀랬다. 조용히 불러다가 '어디에서 그런 얘기를 들었니?' 하고 물어보니 알바하는 친구에게 들었다고 한다.

이런~! 이렇게 왜곡된 정보가 흘러 다녀서는 알바나 업주 서로에게 도움이 될 것이 없다.

알바 한명이 동시에 서빙할 수 있는 테이블은 알바의 경험이나 업소의 구조, 안주 종류, 설거지 방법, 손님층의 나이, 손님이 몰려 들어오는지, 단체가 있는지에 따라 다소 다를 것이나 일반적인 기준으로 산정해보자.

가게 오픈 직후 이른 시간에는 손님들이 띄엄띄엄 들어온다.

5테이블까지는 별 생각없이 서빙을 한다. 메뉴판도 정성스럽게 손님에게 드리며 주문하는 내용도 빌지에 꼬박꼬박 써가면서 확인도 한다.

7~8팀이 넘어가면 다소 발걸음이 빨라진다. 2~30분안에 7~8팀이 들어왔다면 순간적으로 바쁘겠지만 1시간에 걸쳐서 띄엄띄엄 들어왔다면 친구에게 핸드폰 문자도 보내면서 일할 수 있다. 일하면서도 신이 난다.

이 정도는 되야 일할 맛이 나는 것이다.

초보알바인 경우는 버벅거릴 수 있으며, 손님이 더 들어올까봐 겁도 난다.

그 후에 몇팀이 더 들어와서 10팀 정도 되면 발만 바쁜 것이 아니고 머리도 바쁘다. '딩똥~!' 하는 소리에 "잠시만요!"하고 바로 서빙할 수 없는 상황이 생기기 시작한다. 이 순간부터는 일의 순서를 머릿속에서 계산하면서 서빙의 질보다는 양으로 처리해 나간다. 손님에 대한 서비스는 기대할 수 없다. 비상이다. 알바의 능력을 볼 수 있는 시간이다.

새로 들어오는 손님에게 누가 자리 안내만이라도 해주면 좋겠다. 젓가락 한쪽이 바닥에 떨어졌다고 다시 가져달라는 손님이 얄밉다.

하지만 손님이 더 들어오지 않고 잠잠한 분위기에서 손님들이 대화에 열중일 때는 한 명의 알바가 차분히 서빙을 할 수 있는 테이블 수이기도 하다. 그만큼 손님들의 들어오고 나가는 움직임에 따라 서빙할 수 있는 테이블 수가 많이 달라질 수 있다는 뜻이다.

그러다가 몇 팀이 더 들어와서 15팀이 되면 아무 생각이 없다. 주문한 내용을 잊어버리는가 하면 손님의 불평이 나오기 시작한다. 한 팀이 나간다 해도 그 테이블은 바로 치울 수가 없다. 마음 약한 알바는 주저 앉아 울어버린다. 이마에 땀방울이 맺히기 시작한다.

이 시간을 무난히 넘길 수 있다면 2명의 몫을 하는 것이다. 이 순간에 긍정적으로 일하는 알바는 직원으로 채용해도 된다. 한 사람의 알바가 버틸 수 있는 한계다.

20팀이 된다면 홀 전체가 뒤죽박죽이 된다.

손님들은 불평을 하다가 일하는 사람이 한 사람이란 것을 알고 주문도 하지 않는다. 다시는 찾지 않을 것이다. 새로 들어오는 팀은 분위기를 알아차리고 다시 나가버린다. 혼자서는 서빙이 불가능한 테이블수이다.

알바 혼자서 일할 경우에 실제 상황을 꾸며봤다.

위 설명에서 보듯이 한사람이 무리없이 동시에 서빙할 수 있는 테이블수는 7~8테이블이 아닐까 생각한다.

자신의 업소의 테이블수가 20개이고 피크시간에 만석이 된다고 하면 그 시간에 3명의 알바가 일할 수 있도록 알바인원과 근무시간을 조정하면 될 것이며 70%정도 찬다고 하면 2명의 알바로 운영하면 된다.

카운터에 있는 주인이 서빙에 얼마나 참여하느냐에 따라 알바 한 명의 채용은 줄일 수도 있다.

그렇다면 알바 한사람당 하루에 몇 테이블을 서빙해야 할까?

이 질문에 대한 대답은 호프집의 순이익 분석에서 생각해 봤었다. 알바의 급여가 매출액에서 차지하는 비율이 7% 정도가 되야 한다고 얘기했었는데 알바의 시급을 3,500원이라 가정하고 8시간을 일하면 하루에 28,000원이다. 그렇다면 이 알바가 서빙해야 할 테이블의 매출액은 28,000/0.07=약 400,000원이 되며 이를 평균테이블 단가 30,000원으로 나눈다면 13테이블 정도 된다.

결론적으로 자신의 업소의 피크시간대의 손님 테이블 수에 맞춰 알바인원을 채용하되 각자의 근무시간은 손님이 들어오는 패턴에 따라 정하면 될 것이다.

알바 채용시 주민등록증을 확인해라

통상 알바는 임시직으로 일하기 때문에 면접할 때에 몇 년생인지 물어보고 미성년자가 아니면 채용하게 되며, 그 다음날 보건증을 만드는 것이 대부분이다.

하지만 고등학교를 졸업한 법적 미성년자들은 쉽게 일할 자리 구할 수가 없기 때문에 알바를 하기 위해서 나이를 속일 수가 있다. 미성년자가 다른 친구(성년자)의 보건증을 가지고 있으면서 알바를 구하러 다니고 있으며 실제 사례도 발생한다.

특히 단속반이 왔을 때에 알바들은 나이가 어리다보니 자신이 미성년자란 것을 겁에 질려(?) 솔직히 얘기한다. 알바의 얘기만 믿고 채용했다가 낭패를 당할 수 있다. 나중에 미성년자에 대해 얘기하겠지만 미성년자에 관한한 믿을 수 있는 사람은 아무도 없음을 알고 있어야 하며, 알바채용 시에는 주민등록증을 보고 얼굴을 확인해야만 한다.

7장

가격정책

호프집에서의 주류나 안주류 가격은 어떻게 정해야 하는가? 호프집을 준비하면서 대부분 주변 업소들을 한두번씩 방문하면서 주류나 안주류의 가격을 조사하고 이와 비슷한 가격으로 자신의 업소 가격을 책정하는 것이 일반적이다.

가격을 낮게 책정하면 경쟁력은 있을 수 있지만 너무 낮으면 수익비율이 낮아져서 손익구조에 문제가 될 수도 있다. 현재 호프집에서 일반적으로 판매되는 가격을 먼저 검토한 후에 자신만의 가격정책을 세우는게 순서라고 생각한다.

가격을 어떻게 정할까

주류의 가격결정

먼저 주류에 대해 생각해 보자.

소주

주류중 가장 많이 팔리는 소주를 먼저 검토해 보자.

소주의 1박스(30개)는 매입가 기준 33,000원이고 한 병당 원가는 약 천백원(33,000원/30개 = 1,100원)이며, 대부분의 호프집에서 소주의 판매가격은 3,000원이다.

그렇다면 일반적으로 소주는 매입가의 3배로 판매가가 정해졌으며 개당 판매마진은 약 1,900원임을 알 수 있다.

청하

소주와 비슷한 청하를 살펴보자.

청하 1박스(30개)의 매입원가는 48,000원이며 한병당 원가는 약 1,600원(48,000원/30개 = 1,600원)이다.

그렇다면 얼마로 판매해야 하는가?

일반 소주와 같이 원가의 3배로 판매가를 정하면 될까?

실제로 청하가 판매되는 가격을 보면 3,500원도 있고 4,000원도 있다. 청하에 대해서는 판매가의 3배를 적용하지 않고 있으며 판매마진을 기준으로 하고 있음을 알 수 있다.

일반 소주의 판매마진 1,900원을 청하에 적용하면 3,500원이 된다. 젊은이들을 상대하는 호프집에서는 대부분 이 기준으로 청하를 3,500원에 받고 있다.

하지만 손님층이 나이가 많거나 호프집이 아닌 일반음식점(식당, 고깃집)에서는 대부분 4,000원을 받고 있다. 매입원가가 일반 소주보다 높으니 판매마진도 청하가 높아야 한다고 보면 4,000원에 판매하는 것이 타당할 것이다.

내 가게에서 실제로 3,500원을 받을것인지 4,000원을 받을 것인지 위 내용을 알고 스스로 결정해야 한다.

백세주

백세주는 어떻게 될까?

백세주의 원가는 1박스(20개)에 55,000원이고 병당 원가는 2,750원이다.

그렇다면 얼마로 판매가를 정하는게 좋을까?

백세주가 민속주점에서 판매되는 가격을 보면 6천원 또는 7천원이다. 판매마진으로는 3,250원에서 4,250원이 됨을 알 수가 있다.

산사춘

산사춘도 요즘 많이 팔리는 추세다.

산사춘의 원가는 1박스(20병)에 65,000원이고 병당 원가는 3,250원이다. 실제 판매가는 7천원 또는 8천원에 팔리고 있다.

판매마진은 3,750원에서 4,750원이 되고 있으며 백세주보다 원가도 비싸지만 판매마진도 500원 정도 높음을 알 수 있다.

병맥주

이제 병맥주를 검토해 보자.

병맥주는 그 크기가 대, 중, 소 3가지가 있으나 호프나 주점에서는 500ml(중)을 가장 많이 판매하고 있으니 500ml를 기준으로 검토하기로 한다.

1박스(20병) 매입가는 약 28,000원이며 병당 가격은 1,400원이 된다. 원가는 일반소주와 청하의 중간수준이나 대부분 업소에서 일반소주와 같은 가격인 3,000원에 판매하고 있는 실정이다.

중장년층이 가장 많이 마시는 맥주이며 다른 업소와 가격비교가 되는 품목이기에 가격을 높이는데 신중을 기해야 하며, 그만큼 가격을 올리기 힘든 품목이다.

결론적으로 일반소주는 매입가의 3배, 청하, 백세주, 산사춘은 매입가의 2.5배 정도에서 판매가격이 결정되고 있음을 알 수 있다.

생맥주

다음은 생맥주를 보자

생맥주 500cc, 2,000cc, 3,000cc의 판매가를 먼저 검토해 보자

500cc는 대부분 2,000원에 판매가 되고 있다(일부업소에서는 2,500원까지 받고 있으나 2,000원을 기준으로 검토한다).

2,000cc는 대부분 7,000원을 받고 있다. 3,000cc는 대부분 10,000원을 받고 있으며, 일부 업소는 11,000원을 받고 있으나 이 또한 10,000원을 기준으로 검토해 보자.

생맥주의 매입원가는 20,000cc를 기준으로 약 35,000원이다.

여기서 잠깐!

500cc, 2000cc, 3000cc 맥주잔의 용량에 대해 생각해 보자.

맥주회사 로고가 새겨진 500cc 맥주잔에 맥주를 따르면서 위에서 1cm정도의 거품을 냈을 때에 정확히 500cc가 담긴다.

하지만 2,000cc와 3,000cc잔에는 위에서 1cm정도의 거품을 냈을 때 실제로 담기는 용량은 각각 1,700cc와 2,700cc이다. 따라서 원가계산에서는 실제용량 1,700cc와 2,700cc를 기준으로 한다.

- 500cc로만 생맥주 한 통(이하 생한통으로 약칭해 부름)을 판매했다 하면 40개(20,000cc/500cc=40개)가 되며, 그 판매금액은 40개×2,000원=80,000원이 된다.
- 2,000cc로만 판매한다면 11.7개(20,000cc/1,700cc =11.7개)가 되며, 그 판매가 또한 82,000원이 됨을 알 수 있다.
- 3,000cc로만 판매한다면 7.4개(20,000cc/2,700cc=7.4개)가 되며 판매금액은 74,000원이 됨을 알 수 있다.

실제 생맥주 판매는 500cc부터 3,000cc까지 섞여서 판매가 되므로 평균판매가를 단순히 산술적으로 구해서 79,000원((80,000원+82,000원+74,000원)/3=79,000원)으로 생각해도 무리가 없다.

그렇다면 생한통의 매입가 35,000원대비 판매가 79,000원은 2.3배가 되며 이는 일반 소주나 민속주보다도 판매마진이 낮음을 알 수 있다. 생맥주 팔아서 남는게 없다는 업주분들의 얘기가 여기서 나오는 것이다.

또한 생맥주는 판매하기 위해서 일반 소주보다 관리하기가 어려울 뿐 아니라 맥주라인 청소할 때에 불가피하게 버려야 하는 양도 많기 때문에 관리측면을 고려하면 현재 판매되는 생맥주 가격은 낮은 편이라고 필자는 판단하고 있다.

생맥주는 업소의 가격을 비교하는데 기준이 되기 때문에 경쟁업소들끼리 눈치를 보느라 가격을 쉽게 올리지 못하고 있어서 발생하는 현상이다. 일부 업소에서만 500cc를 2,500원, 2,000cc를 8,000원, 3,000cc를 11,000원에 판매하고 있는 실정이며, 생맥주의 가격이 지금보다 인상된다거나 경제 사정이 풀린다면 대부분 업소도 지금의 생맥주 판매가격을 인상하리라 생각한다.

수입맥주

마지막으로 수입맥주에 대해 검토해보자.

수입맥주에는 정품과 비품이 있으나 비품은 불법으로 유통되는 것이기에 호프집에서 판매하면 안되므로 검토에서 제외한다.

오래전부터 판매되어 온 버드와이저의 매입원가는 박스(30병)당 33,000원이며 병당가격은 약 1,100원이다. 판매가격은 대부분 4,000원으로 일반 소주류에 비해 판매마진이 높은 편이다.

수입맥주 중 높은 가격에 속하는 KGB를 살펴보자.

KGB의 매입가는 박스당(24병) 60,800원이며 병당 가격은 약 2,500원으로 백세주와 비슷한 편이다.

판매가는 6,000원선으로 백세주와 비슷한 편이다.

수입맥주는 수입맥주 전문점이 생기면서 그 판매가가 낮아지는 경향을 보이고 있으며 업소마다 가격의 차이가 큰 편이기 때문에 자신의 업소에서 수입맥주를 취급할 경우는 주변 업소들의 가격을 면밀히 검토해서 결정해야 한다.

지금까지 살펴본 데로 주류의 판매가격은 매입원가의 2.5~3배 정도에서 이루어지고 있음을 알 수 있었다(주류매입가격은 지역별, 거래처별로 조금씩 다를 수 있다).

안주류의 가격결정

이제 안주류의 판매가격을 어떻게 정해야 할지 생각해 보기로 하자.

안주류는 여러 가지 재료가 합쳐져서 요리가 되어 만들어지기 때문에 원가를 계산하는 것이 주류보다는 복잡할 뿐 아니라 사람마다 생각이 많이 다를 수 있다.

하지만, 자세히 들여다보면 안주류도 여러 가지 형태로 분류할 수 있으며 원가를 분석하고 가격책정을 만드는 것이 그리 어렵지 않다.

주류의 판매가는 매입가의 2.5~3배가 됨은 앞에서 설명했다.

안주류는 주재료외에 부재료가 들어가기도 하지만 보관 중 신선도가 떨어지면 버려야 하기 때문에 주류의 3배보다는 더 높아야 한다. 필자의 경우는 부재료의 원가를 무시하고 주재료의 원가에서 4배를 판매단가의 기준으로 정하고 난 후에 주변업소의 가격을 비교하면서 마지막 판매단가를 결정하고 있다.

안주류의 원가분석이나 가격을 정하기 위해서는 매입단가가 정확히 조사되어 있어야 한다.

안주류의 원가분석이 어렵다고 말하는 이유는 소주안주에 많이 나가는 탕이나 전골류를 생각하기 때문에 직감적으로 그런 생각을 하게 된다.

하지만, 호프집의 안주를 가만히 들여다보면 의외로 1~2개의 주재료로 되어 있는 것이 대부분이다. 필자의 생각으로는 60~70%라고 생각한다. 튀김요리에서 치킨도 단품요리이고 볶음요리의 닭발이나 마른안주의 오징어땅콩이나 한치구이같은 경우도 단품이다.

2개의 재료로 구성된 두부김치나 골뱅이무침 사리 등을 추가하면 1~2개의 재료로 구성된 안주가 호프집의 70~80%를 차지한다.

몇가지 예를 들어 생각해 보자.

가장 간단한 오징어땅콩을 검토하자.

마른 오징어는 무게에 따라 한 축(20개)당 가격이 다르지만 대부분 20,000원에서 23,000원 정도에 구입하지만 20,000원을 기준으로 생각하면 개당 가격이 1천원이 된다. 오징어와 같이 나가는 땅콩의 원가는 4k(4,000g)짜리가 8,000원이니 100g당 200원이다.

오징어는 나갈 때마다 약 100g정도(어른 한쪽 손으로 듬뿍~!) 나가므로 오징어땅콩의 원가는 약 1,200원이 되며 원가의 4배는 4,800원이다. 따라서 실제 가격은 5천원 이상으로 책정하게 된다.

그런데 오징어, 땅콩은 어떤 손님들이 시키는가?

나이가 드신 분들이나 아니면 간단히 호프 한 두잔하려는 손님들이 주로 시키기 때문에 추가 안주가 없는 편이다.

필자의 경우는 6천원을 받고 있다.

대구포구이를 보자.

대구포구이나 쥐포구이는 한 개의 재료이면서 여러 개가 나가는 경우이다(쥐포안주에 부가적인 재료를 더 주는 경우는 예외로 한다).

호프안주에 오리지널 대구포를 사용하는 곳은 많지 않을 것이다. 대부분 명포를 사용하기에 원가계산을 명포를 기준으로 하자.

명포 700g짜리 한 개에 매입단가가 8,000원이며 먹기좋은 크기로 자르면 약 40개가 나온다. 개당 단가는 200원이다. 한 접시에 7개가 나가게 되면 원가가 1.400원이 되며˙판매가격이 7,000원이면 오징어땅콩보다 원가는 조금 비싸지만 판매가격이 적절한 수준이다.

다음에는 공통적인 과일안주를 보자.

과일안주는 계절별로, 종류별로 매입원가가 다르다. 평균적인 수치로 과일안주 1개당 원가계산을 하도록 한다.

① 파인애플 300원	② 사과 300원	③ 배 500원	④ 포도 300원
⑤ 바나나 200원	⑥ 키위 500원	⑦ 수박 500원	⑧ 참외 200원
⑨ 토마토 300원	⑩ 방울토마토 100원	⑪ 천도복숭아 200원	⑫ 자두 300원
⑬ 후르츠칵테일 200원	⑭ 우수이다 100원	⑮ 파세리(재활용가능) 100원	
			합계 4,000원

업소마다 다르겠지만 위 품목 중에서 10~12개를 과일안주 1세트로 구성할 것이다. 따라서 과일 안주의 원가는 3,500원이라고 결론을 낼 수 있다.

그렇다면 얼마로 판매하면 될까?

매입원가의 4배, 즉 14,000원을 기준으로 하고 실질적인 안주의 양이나 주변업소의 상황을 고려하여 최종적으로 판매단가를 결정하면 될 것이다.

세트메뉴 만드는 방법

세트메뉴는 테이블 단가를 높이기 위해 많이 사용하는 방법이며, 크게 3가지 방법으로 구성한다.

안주류만으로 구성하는 방법

자신의 업소에서 잘 나가는 안주에 부가적 안주를 포함해서 소주용 세트나 맥주용 세트로 구성한다.

예를 들면 소주용으로 국물이 있는 탕이나 전골류에다가 두부김치와 같이 국물이 없는 메뉴를 2~3개 합쳐서 세트메뉴로 만들게 된다. 소주용 세트 2~3개, 맥주용 세트 2~3개 정도 만들면 된다.

이 방법은 세트에 들어가는 메뉴를 고정시킨 방법이며, 또 다른 방법으로는 여러 개의 메뉴를 A, B, C그룹으로 나누어서 각 그룹에서 한 개씩 총 3개를 선택하도록 세트메뉴를 만들기도 한다.

피로연이나 단체모임이 많은 업소에서는 단체용 세트메뉴를 10인용, 20인용, 30인용 등 별도 메뉴판으로 준비하는 방법도 있다.

주류로만 세트를 구성하는 방법

맥주 병당 판매가가 3천원이면 10병을 세트로 해서 25,000원 정도에 판매하는 방법이다. 수입맥주나 병맥주가 많이 나가는 업소에서 주로 사용한다.

주류와 안주류를 같이 구성하는 방법

병맥주 5개에 과일안주와 오징어구이를 세트로 만드는 방법이다. 주류와 안주의 바란스를 맞춰서 구성해도 되지만 주류와 안주를 언바란스되게 구성하여 추가주문이 나올 수 있게 하는 것도 한 방법이다.

세트메뉴의 가격은 각 메뉴의 가격을 합친 금액에서 10~30%를 저렴하게 하는 것이 일반적이다.

세트메뉴가 활성화되면 주방일이 한꺼번에 밀리는 현상이 발생할 수 있으므로 주방에서 조리하는 시간을 고려해서 만들어야 하며, 세트메뉴 품목 중 일부는 홀에서 간단히 만들 수 있는 안주를 포함시킬 필요도 있다.

8장 서빙 매뉴얼
(Serving manual)

호프집에서 서빙방법은 업소의 환경에 따라 다소 차이가 있을 것이다.
필자가 직원 교육시에 사용하는 서빙 매뉴얼 중에 호프집에서의 공통적인 사항에 대해 발췌해서 설명한다.

서빙일반

호프집 홀서빙은 대형 레스트랑이나 백화점 수준의 높은 서비스는 아니다. 따라서 기본적으로 고객에게 친절한 서비스에 임하는 자세만 갖춘다면 호프집 서빙을 하는데 쉽게 그리고 즐겁게 서빙을 할 수 있다.

호프집에서 서빙하는 방법에 대해 실제 사례를 곁들어 설명하고자 한다. 여기서 설명하는 방법들을 정확히 숙지하고 서빙에 임한다면 효과적일 것이다.

서비스에 임하는 자세

모든 서비스는 손님의 입장에서 생각해야 한다

호프집에 오는 손님들의 대부분은 편안한 분위기에서 즐겁게 마시기를 원한다는 사실을 알고 있어야 한다.

서비스의 주인은 내가 아니고 손님이다.

내가 서비스를 했다고 서비스가 된 것이 아니고 손님이 서비스를 받았다고 생각해야 비로서 서비스가 된 것이다. 따라서 친절이나 명랑한 표정과 옷차림의 깔끔함, 부지런한 자세는 기본임을 명심해야 한다. 또한 기본적인 서비스외에 손님을 정성스럽게 배려한다면 손님입장에서는 진정한 서비스를 받았다고 생각할 것이다.

가끔 습관적으로 손님의 흉을 보면서 서빙을 하는 사람이 있다. 결코 오래 일을 할 수 없는 스타일이다. 다른 사람을 이해하는 폭넓은 마음을 가지는 것이 좋지 않을까?

손님이 들어올 때

밝고 명랑한 목소리로 고객을 응대한다

일반손님 : 어서 오세요 !! 몇분이세요?

단골손님 : 안녕하세요? 오래만이네요~! 오늘은 몇분이 오셨어요?
(단골손님들은 자신을 알아봐주는 것을 좋아한다. 따라서 코멘트도 일반손님과는 달라야 한다)

인원수에 따라 테이블 안내할 것

① 손님이 들어오는 순간 미리 빈 좌석을 확인하고 인원수에 따라 적절한 자리로 안내하되, 미적거리지 말고 주도적으로 안내한다.

② "이쪽으로 오시죠~!", "창가 쪽이 어떠세요?", "안 쪽으로 오시겠어요?", "위쪽으로 앉으실래요?", "조용한 쪽으로 오실래요?" 등등 적절한 안내 코멘트를 한다.

③ 같은 자리라도 어떻게 코멘트를 하느냐에 따라서 더 좋은 자리로 자신을 안내하는구나 하는 느낌이 든다.

④ "저쪽으로 가세요!"하는 것보다는 "창가 쪽으로 가실래요?"하고 테이블의 특성(조용한 쪽, 창가쪽, 위쪽, 안쪽, 시원한 쪽, 따뜻한 쪽 등)을 얘기하는 것이 훨씬 부드럽고 효과적이다.

⑤ 이때 손가락으로 방향을 가리키지 말고 손바닥을 위로 곧게 펴서 가리킨다. 필요하면 손님에 앞서서 자리 쪽으로 안내한다.

⑥ 호프집 분위기에 맞지 않는 손님(나이드신 분들, 군복입은 손님, 인상이 험상한 분 등)은 가능한 구석자리로 안내한다.

손님이 지금 자리에 만족하지 않을 경우는 다른 자리로 안내해 드린다

자리에 앉았다가 분위기가 안 맞아서 나가버리는 손님도 있지만 안내해 준 자리가 불편해서 나가는 손님들도 있다(이 부분에서는 손님의 마음을 읽는 눈치가 필요하다). 이때는 안내해 드린 자리에 불편해 하는 것이 아닌지 손님의 표정이나 행동을 보면서 확인한다.

메뉴판을 펴드린다

손님이 테이블에 앉고 난 후에(잠깐의 숨돌릴 여유를 두고는) 메뉴판을 펼쳐 드리면서 "메뉴판 여기 있습니다"하고 잠시 2~3초간 머문뒤 뒤로 물러서면서 옆에서 대기 또는 다른 일을 한다(가능한 적당한 거리를 두고 대기할 것).

서빙포인트

- 가끔 손님이 자리잡기도 전에 메뉴판을 편다고 어수선하게 되는 경우가 있는데 이러한 것은 서비스의 품위를 떨어뜨리는 것이다.
- 직원들 식사중에 손님이 왔을 때 손님을 자리에 안내하자마자 다시 돌아와서 식사를 계속하는 것은 안된다. 주문할 때까지 대기하고 있어야 한다.

주문 받을 때

① 손님이 메뉴판을 보다가 주문하려는 행동(메뉴판을 덮거나 두리번거릴 때)이 보일 때는 "주문하시겠습니까?"하고 테이블로 다가간다.

서빙포인트 - 손님이 주문하려는 행동단계

① 메뉴판을 보다가 메뉴판을 덮는다.
② 눈을 돌려서 두리번거린다.
③ 서빙대기하는 사람이 없으면 '아가씨~!' 하고 부르거나 벨을 찾아 벨을 누른다.

이 일련의 과정에서 손님입장에서는 이 가게에 대한 불편을 느낄 수가 있다.

② 주문을 빌지에 기록할 때에는 테이블 옆쪽에 앉거나 반듯한 자세로 허리를 굽혀서 손님이 기록하는 것을 볼 수 있게 테이블 위에서 주문 내용을 기록한다. 대부분 손님은 주문내역 기록을 확인해 가면서 주문한다.

서빙포인트

- 빌지를 들고 서서 주문을 받게 되면 손님입장에서 올려다 보면서 주문을 하게 되는 불편이 있다.
- 가끔 손님이 주문한 메뉴와 기록한 메뉴가 틀리는 경우가 있는데, 이를 방지하기 위해 손님이 빌지 기록하는 것을 볼 수 있도록 테이블 위에서 기록하도록 한다.

③ 손님의 주문하는 내용을 가볍게 따라 말하면서 기록하면 더욱 확실한 방법이다.

서빙포인트

• 주방에 주문할 안주류는 빌지 윗쪽 칸에 기록하고, 홀에서 바로 서빙할 것은 아래 쪽으로 기록한다(빌지 기록샘플 참조하여 테이블 넘버 등을 기록할 것).

④ 주문을 다 받으면 "감사합니다!"하고 인사한다.

⑤ 메뉴판을 제자리에 놓도록 유도하고 탕·전골류 등 부루스타가 필요한 안주는 "부루스타를 가운데로 놓아주실래요?"하고 미리 세팅을 유도한다.

미성년자 확인

① 주문을 받을 때 확실히 성인이라고 확신이 가지 않는 사람은 "죄송합니다만, 주민등록증(이하 '민증' 이라고 부름)을 보여주세요"하고 미성년자임을 사전에 확인한다. 단체 손님일 경우는 일행이 몇 명인가 파악하고 민증검사를 몇 명했는지 알고 있어야 나중에 추가되는 손님의 민증을 검사할 수 있다(민증검사로 인해 기분 나쁘다고 하는 손님은 그냥 보내도 좋다).

② 신분증이 없는 경우에는 "죄송합니다~! 신분확인이 안되면 주문을 받을 수가 없습니다!"하고 양해를 구한 후 손님을 내보낸다.

③ 신분증이 없는 손님이 성년자라고 주장할 경우는 카운터에 알린 후에 빌지에 주민등록번호와 이름을 한자로 기록하게 한 다음 카운터에서 실명확인을 받는다(남의 번호를 외워서 쓰는지 확인한다). 2007년을 기준으로 89년 1월 1일 이후 생일자는 미성년자이며

같이 온 일행들이 87년, 88년 생일일 경우는 89년생이 섞여 있을 수 있으니 주의해야 한다.

④ 카운터에서 실명확인을 하고 그래도 의심이 간다고 하면 그 사람을 카운터에 모시고 와서 인터넷을 통해 그 사람이 가입한 사이트에 접속한 후에 회원정보를 보여달라고 하여서 생년월일을 확인하는 것이 바람직하다.

주방에 주문을 넘길 때

① 큰 소리로 확실하게 "무슨 안주, 몇 인분입니다"하고 말을 한다.

서빙포인트

- 가끔 목소리가 안 트인 알바는 입 속에서 우물쭈물하는 경우가 있다. 목소리는 연습하면 몇 일내로 트인다.
- 주문시 손님의 특별한 요청(매콤하게, 싱겁게 등)이나 사리 추가 등은 더욱 확실히 주방에 얘기해야 한다.

② 주문지를 주방에서 볼 수 있는 방향으로 바람에 날리지 않도록 확실히 꼽아놓는다.

배달시

① 안주류는 쏟지 않도록 주의할 것

② 절대로 한 손으로 툭 놓지 말것

서빙포인트

• 소주병이나 잔 등은 아래 쪽을 잡고 옆으로 비스듬히 놓으면 소리가 적게 난다. 특히 맥주잔이나 소주잔 등은 입대고 마시는 윗부분을 잡아서 안된다. 공기밥도 들때 옆 쪽으로 들고 위에서 덮듯이 잡아서는 안된다.

③ 반듯한 자세로 두손으로 가볍게 놓으면서 " 맛있게 드세요~!"라고 인사한다.

서빙포인트

• 대부분 손님들은 "맛있게 드세요~!" 했을 때 "감사합니다!"하고 대답을 하게 된다. 내 자신도 즐거워진다. (^^)
• 주류나 안주를 내려놓을 때 행동이 너무 빨라도 손님들은 던져주고 간다는 생각을 할 수 있음에 주의해야 한다.
• 가끔 먼 산을 쳐다보면서 놓고 가는 경우가 있다. 손님 입장에서는 기분 나쁘게 생각할 수도 있다.
• 특히 안주를 건네주고 바로 돌아서서는 안된다.
  손님 입장에서는 안주를 무엇으로 먹을지 또 어디에 있는지 순간적으로 판단이 안될 때가 있다. 반드시 확인하고 돌아서야 한다.
• 탕, 전골류는(아주 바쁠 경우는 제외) 최소한 부루스타 불을 켜는 것을 확인하고 돌아선다

④ 복잡한 통로에 안주를 들고 가는데 '다른 사람이 비켜줄 것이다' 하는 생각은 금물이다. 손님은 안주를 들고 있는 사람을 거의 의

식하지 않기 때문에 본인이 주의해야 한다.

⑤ 손님이 안주를 받아준다고 할때 손님은 안주의 특성(뜨거운지 차거운지 등)을 모르기 때문에 건네는 과정에서도 주의해야 한다. 손님이 안주를 확실하게 받았다고 생각될 때 넘겨줘야 한다.

기타 주문(술, 재떨이 등)을 받을 때

① "네"하고 명쾌하게 대답할 것. 이때 손님과 눈을 맞추면서 대답을 하는게 좋다. 그리고 손님의 주문을 알아들었다는 표시로 고개를 가볍게 끄덕이는 게 좋다.

② 배달시에는 "여기 있습니다"라고 말한다.

서빙포인트

- 서빙을 받은 손님에게서 "감사합니다"라는 대답이 나오도록 해야 한다.
- 배달하면서 테이블 위를 관찰하면서 재떨이를 바꿔야 할지, 부족한 것은 무엇인지 확인한다. 빈병이 있으면 "빈병 치워드릴까요?"하고 손님에게 묻고서 미리 치우는게 좋다.
- 빈병을 미리 치우는 것은 여러 의미에서 효과적이다. 손님이 나가면서 툭~! 쳐서 깨뜨릴 경우도 많다. 테이블 위가 정리될수록 깔끔하게 마실 수도 있지만, 허전하므로 추가 주문이 나올 가능성이 많다. 손님이 나갔을때 한꺼번에 치우는 것보다 미리 양해를 구하고 치우는게 좋다.

손님이 추가될 때

① 추가적으로 온 손님의 수만큼 술잔, 스푼 등을 추가시켜 준다.

② 새로운 손님도 역시 미성년자 여부를 확인한다.

손님이 나갈 때

① 손님이 나갈때 빌지를 챙기고 가는지 확인한다.

② 주위에 있는 알바는 “안녕히 가세요!”라고 밝게 인사한다.

③ 분실물은 발견 즉시 카운터로 가져다 두어야 하며, 습득 위치도 메모해둔다. 손님의 분실한 지갑을 가지고 있다가 의심을 사는 경우도 있으니 주의해야 한다.

테이블 치우는 요령

① 테이블 치우러 먼저 가는 사람이 쟁반에다가 재떨이와 행주를 가지고 갈 것.

② 제일 먼저 주방용품(음식물, 수저, 그릇 등)을 치우고 난 다음에 홀용품(병, 컵 등)을 치운다.

서빙포인트

- 주방용품과 홀용품을 구별하여 수거하는 것은 주방으로 따로 가져다 줘야 하는 이유도 있지만, 홀용품에 음식물 등이 묻게 되면 홀에서 설거지가 어렵기 때문이다.
- 수저, 병, 컵 등을 정리할 때 소리가 안 나도록 해야 한다. 고급 레스토랑에서는 옆자리에서도 소리가 안 들리게 하지만, 조금 떨어진 자리에서 소리가 들려서는 안 된다.
- 소주잔을 컵에 넣을 때는 인지와 중지를 소주잔 안으로 넣고 잡은 후에 컵 안쪽 깊숙이 집어 넣는다.

- 소주잔을 겹쳐 놓을때는 가볍게 포개어야 한다. 그렇지 않으면 소주잔에 금이 가게 되어 서빙을 두 번 해야 하는 경우가 발생한다.
- 병에 남은 소주 등 재활용할 수 있는 것은 깔끔히 정리해야 한다(재활용 리스트 참조).

③ 버너를 깨끗이 닦고 테이블 위에 음식물 묻은 것을 확실히 닦은 다음에 수저통, 숟가락통, 냅킨 등이 깨끗한지 확인하면서 정위치에 놓는다.
④ 테이블 밑의 휴지, 꽁초 등 눈에 거슬리는 것은 치울 것
⑤ 마지막으로 메뉴판과 빌지를 정위치에 놓고 세팅을 마무리 한다.
⑥ 손님을 받기 위해 다른 사람이 두 번 세팅하는 일이 없도록 할 것.

서비스 안주

① 4명기준으로 매상이 약 4만원 이상일 때는 카운터와 상의하여 서비스 할 것.
② 서비스는 가능한한 사장님이 직접 갔다주지만 그렇지 못할 때는 "사장님 서비스입니다"하고 알려줄 것.
③ 친구나 아는 사람이 방문했을 때는 카운터에 알리고 서비스 안주가 나갈 수 있도록 할 것(친구에게 서비스안주를 빼먹지 말 것).

기타

① 주문은 항상 빌지에 먼저 기록하고 배달은 그 후에 한다(매상 누락방지).

② 여러 테이블에서 동시에 부를 때는 나중에 부른 테이블에 "잠시 만요~"하고 양해를 구한 후에 차근차근 처리한다.

서빙포인트

- 손님과 눈을 맞추면서 양해를 구하는게 효과적이다.
- 손님이 부르는 것을 비록 내가 알고 있다 하더라도, 손님에게 양해를 구하는 것이 중요하다.
- 한 번에 여러 테이블 주문을 받으면 잊어버릴 염려가 있다.

③ 자기가 주문을 받은 것은 자기가 서빙을 완료해야 하고 만약에 다른 사람에게 부탁하더라도 나중에 서빙이 완료됐는지 확인할 것.

④ 음식, 서빙 등에 불만이 있는 테이블은 "죄송하지만, 잠시만 기다려 주세요"하고 즉시 카운터에 알릴 것.

⑤ 아는 손님, 단골 손님들에게 "몰래서비스"하지 말고 카운터에 알리고 서비스할 것(종종 이중으로 서비스되는 경우도 있으니 주의)

⑥ 손님의 요청에 부정적인 대답은 금물이다.

- **마감시간에 들어온 손님에게**
  "영업시간 끝났습니다"보다는 "죄송합니다만 저희들 영업시간은 몇 시까지입니다"
- **공기밥 하나 주세요**
  "지금 밥이 없습니다"보다는 "죄송합니다. 지금 밥이 떨어져서 다시 하고 있습니다. 잠시 후에 드릴까요?"
- **머리핀 있습니까?**
  "없습니다"보다는 "죄송합니다만 머리핀이 없는데 고무줄로 드리면 안될까요?"

⑦ 손님의 자잘한 불만에 대해 대응방법을 숙지할 것

- **음식이 짜네요 / 싱겁네요**
  육수를 더 가져다 드릴까요?, 야채를 더 드릴까요?, 양념을 더 드릴까요?
- **음식의 양이 적은데요**
  1인분에 정확히 200g씩 드리고 있습니다. 추가해 드릴까요?
- **물수건 주세요**
  죄송합니다. 저희 호프집에서는 물수건을 사용하지 않고 있습니다. 마른 수건이라도 드릴까요?
  (없다는 대답보다는 손님 자신이 선택을 할 수 있도록 마른 수건이라도 드리겠다는 제안을 하는게 중요하다)
- **안주가 안 나오는데요**
  잠시만요. 확인해 드리겠습니다…(주방에 확인한 후에) 안주가 거의 다 되갑니다… 죄송합니다. 안주가 밀려서 지금 만들고 있습니다… 팝콘을 더 드릴까요?

⑧ 카운터에 꼭 보고해야 할 일들

- **안주만들기가 누락되었을 때**
  양해를 구하고 적절한 조치를 해야 한다
- **안주에 이물질이 들어갔을 때**
  사과와 함께 적절한 조치를 해야 한다
- **안주나 생맥주 맛에 크게 불만을 나타냈을 때**
  적절한 조치를 해야 한다
- **주문한 안주가 아니고 다른 안주가 나갔을 때**
  사과와 함께 적절한 조치(가능한 그대로 드시고 다른 서비스 안주가 좋다)
- **기 타**
  손님이 크게 나타내는 불만은 꼭 카운터에 보고하여 적절한 조치를 해야 한다

오픈 알바가 해야 할 일

오픈 알바는 가게 문을 열고 간판을 켠 다음에 홀정리를 하면서 일찍 들어오는 손님의 서빙까지 같이 해야한다.

오픈 알바가 해야 할 일과 요령을 차근차근 알아보자(업소마다 다소 차이가 있음).

출근 즉시 사장님에게 가게이상 유무를 알린다

오픈 알바는 출근후 가게 상황을 점검하고서 곧바로 사장에게 전화를 하도록 한다. 전화하는 시간이 출근시간으로 인정된다.

각종 전기스위치 올릴 것

오픈 알바는 각종 전기스위치를 올리도록 하며, 그 이상 유무도 점검한다. 그리고 이외 방법은 엘리베이터에서 주방까지 순서대로 하면 편리하다.

① 엘리베이터 입구스위치(비상벨 옆에 있음)

② 간판불(스위치 박스에서 3군데 올릴 것)

③ 홀 등(입구 오른쪽에 6개)

④ 깜빡이 등(입구 에어콘 좌측에 있음)

⑤ 물기둥 스위치(3개), 크리스마스 츄리(겨울)

⑥ 입구 냉장고(냉장고 오른쪽 아래 있음)

⑦ 환풍기(30분 정도만 틀어서 환기시킬것), 손님이 많지 않은 상황에서 에어콘이나 히터를 틀때는 환풍기를 필히 끌 것(원가절감).

⑧ 바(BAR)쪽 에어콘 켜고 선풍기는 2단으로 조정할 것(여름에만)

⑨ 바쪽 환풍기 코드를 꼽을 것, 동시에 탄산가스 손잡이를 왼쪽으로 돌려서 열어놓을 것. 전날 청소한 생통헤드를 생통에 끼울 것.

⑩ 바 냉장고 스위치(냉장고 왼쪽 아래에 빨간색 스위치)

⑪ 주방 스위치(생수기 기둥 안쪽으로 있음)

⑫ 제빙기에 얼음을 확인하고 얼음을 안쪽으로 밀어 넣어 얼음이 추가로 생성될 수 있도록 할것.

⑬ 생수통의 뜨거운 물 스위치(겨울에만)

홀 정리정돈

① 마감시에 바닥 청소가 잘 됐는지 확인하고 안된 곳이 있으면 청소할 것. 특히 방석 위를 잘 살펴볼 것.

② 테이블 닦고 정리(부루스타, 숟가락, 냅킨, 재떨이에 물, 빌지, 메뉴판 정위치 확인). 특히 재떨이에 깔려있는 말라 있는 내프킨에 물을 조금 부어줄 것. 그리고 테이블 정리하면서 부루스타의 청결상태를 확인하고 닦을 것.

③ 테이블 칸막이 유리 닦을 것(필요시).

④ 실내 온도에 따라서 냉·온방을 해줄 것.

계단, 복도, 화장실 청소

① 계단에 있는 재떨이 비울 것.

② 화장실 청소 후 예비 화장지까지 가져다 놓을 것(양변기 뒤쪽함에 도 화장지 두 개 넣어둘 것).

바(BAR) 준비

① 각종 소스 확인하고 채울 것.

각종 소스			
□ 캐찹	□ 마요네즈	□ 드레싱	□ 초고추장
□ 간장	□ 맛소금	□ 참기름	□ 통깨
□ 와사비	□ 핫소스	□ 머스타트	□ 칠리소스
□ 김가루	□ 볶아깻잎	□ 김치	□ 치킨무우
□ 치킨소스	□ 땅콩	□ 팝콘	□ 꽂요지
□ 초록매실원액			

② 냉장고 안에 주류가 모자라는 것이 있으면 채울 것.

③ 레몬, 매실주 확인하고 모자라면 만들 것.

④ 흑생, 헤이즐넛생 원액 확인.

⑤ 마른안주 확인(오징어/대구포/쥐포/버터구이/노가리 등. 노가리는 냉동고에 있는 것까지 배딴는지 확인할 것)

⑥ 밥통 확인하고 필요시 주방에 요청하여 미리 준비할 것.

기 타

① 의자 밑이나 바 쪽에 특별히 정리할게 있는지 확인하고 조치할 것.

② 사장님 출근 전까지 개인적인 손님이 찾아오면 전화로 연결하여 통화할 수 있도록 할 것.

③ 오픈 작업을 하면서 항상 손님이 들어오는 것에 신경을 쓸 것.

마감 알바가 해야 할 일

기본적으로 마감 알바는 다음날 바로 영업을 할 수 있을 정도의 정리를 하되 다른 알바가 퇴근하기 전에 할 수 있는 것은 미리미리 해두는 것이 편리하다.

냉장고 안 술 정리

냉장고의 술을 종류별로 가득 채운다(모자란 술은 카운터에 알릴 것).

바(BAR) 정리

① 술잔, 컵, 재떨이 등 모두 씻어서 제자리에 놓는다.

② 여름에는 퇴근하기 전에 각종 소스를 냉장고 안에 넣는다.

③ 냉장고는 형광등만 끌 것(냉장고 왼쪽 아래 빨간스위치).

④ 제빙기가 켜 있는지 확인할 것.

⑤ 주방음식은 음식 쓰레기통에 담고 그릇은 물에 담궈둘 것.

⑥ 음식 쓰레기통은 정해진 장소에 갔다 놓을 것.

⑦ 주방 불끌 것.

홀 정리

① 마감시간 한시간 전부터 홀 청소를 손님이 없는 쪽부터 차근차근 마감준비를 한다. 이때 주의할 점은 손님이 마감을 하고 있다는 것을 가능한 눈치채지 못하도록 한다.

서빙포인트

- 손님 옆으로 빗자루를 들고 다닌다든지, 청소하는 소리가 들린다든지 하여 손님을 불안하게 만들면 안된다.
- 손님이 있는 바로 옆테이블은 치우지 말고 마감시간 30분쯤 거의 영업이 끝날 때 정리하도록 한다.

② 테이블은 바닥을 쓸고 닦기 좋도록 살짝 들어서 한쪽으로 밀어놓는데, 숟가락 통은 쏟기 쉬우므로 미리 부루스타 위에서 테이블 위로 내려 놓을 것.

③ 바닥 쓸고 닦는다(이때 쓰레기를 한군데 모으지 말고 그 자리에서 바로바로 쓰레기통에 넣는다).

④ 마감시간 3~40분전에 손님이 주문할 경우에는 마감시간을 알려준 다음에 주문을 받는다.

⑤ 마감 20분 전에는 모든 손님에게 마감시간이 몇 시라고 알려준다. "죄송합니다만 저희 영업시간은 몇 시까지 입니다"

⑥ 마감 30분 전부터는 손님 옆 테이블도 정리를 다 해 놓는다.

⑦ 마감알바의 근무시간은 마지막 손님이 나가고 난 후 30분을 기준으로 하되 4시를 넘기지 않는다(특수한 경우가 아니면 4시 이후

는 근무시간으로 인정이 안된다).

⑧ 손님이 계산한 돈과 빌지는 지정된 장소에 보관할 것.

화장실, 복도 정리(미리 해둘것)

① 화장실과 복도를 쓸고 닦는다.

② 필요시에는 화장실 쓰레기를 비울 것.

마감

① 각종 전원을 끌것(에어콘, 환풍기, 선풍기, 물기둥, 깜박이등, 실내등, 복도등, 화장실등, 카드조회기 전원, 입구 쪽)

② 마감 완료 전화를 사장님에게 할 것.

③ 문을 잠글 것(홀, 창고, 화장실).

근무 위치

홀에서 근무하는 알바는 한참 바쁜 시간에 한 곳에 몰려 있는 경우가 있어서는 안된다.

효율적인 서빙을 위해 각자의 근무위치를 정한다.

근무위치에 따른 업무분담(알바 3명 기준)

카운터 부근 1명

들어오는 손님 안내, 10~23번 테이블 서빙

바입구 1명

1~13번 테이블 서빙, 주방에서 나오는 안주를 서빙

바안 1명

바정리, 정돈, 마른안주 굽기, 안주가 여러개 같이 나올 경우는 안주서빙을 같이 한다.

최소 한사람은 서 있어야 한다

3명이 서로 유기적으로(눈치로) 돌아가면서 근무하되 11시 이후에 피곤할 때는 앉아있을 수 있으나 최소 한 명은 일어서서 홀에서 일어나는 상황을 잘 살피고 있어야 한다.

아주 바쁜 시간을 제외하고 바안에 세 명이 같이 있으면 안된다

바안에서 한사람은 컵을 씻고, 한 사람은 재떨이를 비우고 정리하고, 또 한 사람은 팝콘을 준비하고 있다.

가만히 생각해보라. 이 세 가지 일은 바 안에 있는 한 사람이 다 할 수 있는 것이다. 알바가 해야할 일은 바에만 있는 것이 아니기에 나머지 두 사람은 홀서빙 대기를 하든지 카운터 쪽에 가 있어야 할 것이다.

테이블 치우는 경우

단체팀이 나간 경우를 제외하고는 손님테이블을 치울 때 세사람이 같이 가서 테이블 치우는 일이 없도록 한다. 손님이 나가는 것을 먼저 본 사람은 쟁반에 재떨이와 행주를 가지고 간다(무심코 그냥 빈손으로 가는 경우가 없도록 할 것).

먼저 간 사람은 주방그릇과 빈병과 컵을 가지고 돌아와서 바에서 정리하고, 나중에 간 사람은 쟁반에 쓰레기를 담고 테이블 정리를 하고 돌아온 후에 바에 있는 알바에게 쟁반을 인계하고 서빙대기를 한다. 바에 있는 알바는 마지막 바정리를 한다.

안주 서빙요령

안주서빙 일반

① 각 안주별 소스와 준비물은 소스 리스트에 있으니 숙지할 것.

② 탕·전골에 앞접시가 나갈 때는 국자를 같이 가져다 드릴 것(경험상 나이 드신 손님들은 대부분 앞접시를 찾는다).

③ 라면사리를 추가할 때는 남은 음식의 양을 체크하고 필요하면 육수를 더 가져다 줘야 한다.

마른안주양 기준

① 쥐포는 5마리를 기준으로 한다.

② 노가리도 5마리를 기준으로 한다.

③ 대구포는 7~8개. 크기를 봐가면서…

④ 오징어버터구이는 큰 것으로 2개와 땅콩이 같이 나간다.

파전류는 가위로 반을 자르고 나간다

칵테일 소주 만드는 법

흑맥주

맥주를 따르기 전에 흑맥주원액을 계량컵에 표시된 양만큼 먼저 따르고서 생맥주를 따른다. 생맥주를 따르고 난 후에 거품은 살포시 걷어내고 거품색깔을 부드럽게 만든 후 서빙한다.

초록매실

초록매실은 주전자에 계량컵에 표시된 만큼의 매실원액을 넣은 후에 소주 1병과 섞어서 나간다.

50세주

50세주는 별도의 50세주 병과 이슬과 백세주를 손님테이블로 가지고 가서 손님 앞에서 소주와 백세주를 혼합한다. 그리고 백세주, 천국, 산사춘, 설중매, 매취순에는 민속 소주잔이 나간다.

매실소주, 레몬소주

1,8리터 병에 소주와 칵테일원액을 반반씩 넣은 후 매실, 레몬원액을 계량컵에 표시된 만큼 넣고서 흔들어 준다. 피쳐잔에 매실, 레몬소주가 나갈 때는 얼음을 20개정도 넣어서 나간다.

웰치스, 마운틴 듀

웰치스 음료가 나갈 때는 별도의 웰치스컵에 얼음을 넣고 나간다.

수입맥주

① 수입맥주는 병마개를 따고서 냅킨을 병끝에 감아서 나간다.

② 코로나는 나갈 때 레몬조각 1개를 병안에 넣고 나간다.

③ 카프리는 돌려서 따니깐 냅킨만 감고 그냥 나간다.

④ 젊은 사람들은 수입맥주를 병채로 마시지만 나이든 사람들은 컵에 마시려는 경향이 있다. 필요시 컵을 드린다.

양주 세팅방법

① 언더락 잔에 냅킨을 덮고 그 안으로 양주잔을 넣는다.

② 얼음통에 얼음을 반이상 채우고 집게와 같이 나간다.

③ 우유와 생수가 같이 나간다.

서빙 패턴

손님이 왔다가는 기본적인 패턴이다. 각 단계별로 어떻게 해야할지 기록해 보자(급여 인상시에 제출한다).

서빙의 기본 패턴

1. 손님이 들어온다.
2. 테이블에 앉는다.
3. 메뉴판을 가져다 주고 돌아온다.
4. 띵똥~! 하고 벨을 누른다.
5. 테이블로 간다.
6. 물수건 달라고 하는데 물수건 없다고 대답하고 돌아온다.
7. 띵똥~! 하고 벨을 누른다.
8. 테이블로 간다.
9. 주문을 받고 돌아온다.
10. 주문한 술을 가져다 준다.
11. 안주가 늦게 나온다고 불평한다.
12. 안주를 가져다 준다.

13. 재떨이를 갈아달라고 요청한다.

14. 재떨이를 갈아드린다.

15. 일행이 한 명 추가되었다.

16. 띵똥~! 하고 벨을 누른다.

17. 추가주문을 받는다.

18. 안주를 가지고 가다가 손님 옷에 조금 쏟았다.

19. 안주를 주고 돌아온다.

20. 손님이 술잔을 바닥에 떨어뜨려 깨뜨린다.

21. 술잔을 가져다 준다.

22. 손님이 일어나서 카운터로 간다.

23. 계산을 한다.

24. 손님이 나간다.

25. 테이블을 치우고 정리한다.

알바 체크리스트

■ 알바 체크리스트

- ☐ 복장은 단정하고 머리는 깔끔히 되어 있는가?
- ☐ 손님입장에서 서빙할 마음의 준비가 되어 있는가?
- ☐ 서빙매뉴얼을 숙지하고 실행하고 있는가?
- ☐ 서빙하는데 각 단계별로 적절한 코멘트를 하고 있는가?
- ☐ 서빙시 홀 전체를 생각하면서 서빙을 하고 있는가?
- ☐ 서빙대기시에는 각 테이블을 점검하고 있는가?
- ☐ 순회점검은 하고 있는가?
- ☐ 손님이 부르기 전에 미리 알아차리고 서빙을 하고 있는가?
- ☐ 일의 우선 순위나 완급에 따라서 일을 처리하고 있는가?
- ☐ 알바들끼리 얘기하면서 홀을 등지고 있지는 않은가?
- ☐ 다른 사람이 앉아있다고 나도 앉아있는건 아닌가?

자신의 가치를 높이는 알바요령

그동안 알바와 같이 일을 하면서 느꼈던 점이다. 자신의 가치를 높일 수 있는 근무방법을 생각해 보자.

가계 운영과 관련된 생각

가게 운영의 궁극적인 목표는 매출향상으로 인한 이익창출에 있음을 명심해야 한다

그러기 위해서 일하는 모든 사람들이 자신의 위치에서 자기가 할 일을 무리없이 해줘야 한다는 생각을 가져야 한다. 장사나 사업이나 그냥 그냥 쉽게 하는게 아니다. 주인 입장에서는 매출을 올리려고 심혈을 기울여 가게를 운영하고 있음을 알고 있어야 한다.

그리고 왜 우리가 음식을 맛있게 만들고 서비스를 잘 해야 하는가?를 생각할때 그것은 곧 손님들의 다음 방문을 유도하게 하고 매출을 유지하기 위함인 것을 이해하여야 하며, 한 팀이라도 가게에 들어왔다가 그냥 나가는 일이 없도록 항상 신경을 써야 한다.

알바는 성격이 명랑하고 적극적이어야 한다

자신이 내성적인 성격일지라도 최소한 자신의 성격을 밝게 바꾸려는 노력이 필요하다.

알바가 해야할 일을 모두 가르켜 줄 수는 없다. 알바 매뉴얼을 몇 번이고 읽어가면서 자신을 가게에 적응시키면서 스스로 생각해 나가면서 일을 찾아서 실천해야 한다.

주인의 입장에서 보면 시간을 때우는 알바와 적극적으로 일하는 알바 차이가 눈에 보인다.

자신을 꾸준히 향상시키고 업무를 개선하라

알바하는 것은 꼭 돈 때문만인가? 경우에 따라서는 그럴 수도 있겠지만 세상의 경험을 쌓는 좋은 기회로 활용하는 것도 유익할 것이다.

많은 손님을 대하면서 세상을 배우고, 사람을 대하는 태도를 배우고 자신을 한 단계 업그레이드시킬 수 있는 기회로 삼아야 한다.

알바 포인트

- 믿음이 가는 알바만이 매니저가 될 수 있다. 자신이 근무하는 태도를 들쑥날쑥하지말고 꾸준히 향상시켜야 한다. 출근시간도 마찬가지이다.
- 자신의 업무를 개선시키면서 노력하는 알바는 사장 입장에서 그 능력을 높이 살 것이다.
- 오래 근무하면 알바일 자체는 잘한다. 하지만 그 이상 관리쪽으로 생각을 미치지 못하는 사람이 많다. 매니저는 관리를 할 줄 알아야 가능한 것이다. 매니저로 승급시켜 업무를 맡기고 싶지만 안타까울 때가 많다.
- 시급은 사장이 결정하는게 아니다. 본인이 얼마나 잘 하느냐에 따라 결정된다.

손님입장에서 생각하라

가장 중요한 마음가짐이기에 다시 한번 강조한다.

손님이 호프집을 오는 것은 적당한 대접을 받으면서 즐겁게 마시려는게 그 목적이다. 따라서 근무하는 모든 직원은 적당한 대접을 해줘야 할 의무가 있는 것이다.

알바가 손님 입장에서 손님을 대접했을 때, 사장은 알바 입장에서 알바를 대접하게 된다.

홀 서빙 대기요령

① 항상 모든 신경을 홀에 두고 있으면서 가게 전체를 생각할 줄 알아야 한다. 홀 안의 환기, 조명, 음악, 손님의 움직임 등 전체적인 것을 파악한다. 그러면서도 화장실이 어떻게 되어 있는지, 주방은 어떤 상황인지, 손님이 안들어 올때는 혹시 간판이 안 켜진 것은 아닌지까지도 생각할 수 있어야 한다.

그리고 간혹 테이블을 옮기는 손님들이 있는데 그렇게 옮겨간 것을 모르고 덤벙~~대는 것은 홀 전체를 생각하지 못하기 때문이다. 뒤에도 눈이 달려야 서빙을 잘 하는 사람이 될 수 있다. 흔히 초보알바는 한가지 일에만 몰두하게 되는데 맥주를 따르면서 홀 안에 무슨 일이 일어나는지 파악하고 있어야 한다,

결국 가게 전체 상황과 다른 알바들의 움직임까지 머리속에 담고 있으면서 유기적으로 일을 하도록 하는 것이 중요하다.

② 서빙대기할 때는 순회하면서 각 테이블을 관찰한다.

일을 잘하는 알바와 못하는 알바의 가장 큰 차이점이다. 서빙대

기할 때는 각 테이블별로 필요한게 무엇인지 파악하도록 한다.

③ 손님 테이블을 차분히 관찰하면서

- 안주가 정상적으로 만들어 지고 있는가?(타는지, 쪼는지 등)
- 안주를 드시는데 더 필요한게 없는가?(소스, 앞사라, 포크 등)
- 탕·전골류는 육수가 더 필요한게 아닌가?
- 테이블 위를 치워야 되는 건 아닌지?(쓰레기, 술병 등)
- 재떨이나 냅킨을 바꿔야 될 것은 아닌지?
- 안주가 안나왔으면 누락된 것은 아닌지?
- 추가 주문을 하려고 하는지?
- 주변 환경에 불쾌해 하는건 아닌지?(소음, 환기, 음악 등)

④ 손님이 띵똥~! 하고 벨을 울린 후에 달려가는 것은 서비스가 아니다. 손님이 부른 다음에 가는 것은 의무일 뿐이다. 서비스는 손님이 부르기 전에 미리 조치하는게 진정한 서비스이다.

⑤ 자신의 할 일을 순서적으로 생각해야 한다.
간혹 한가지 일을 하고서 멍~하게 있다가 또 다른 일을 하나 찾아내서 하고 난 후에 또 멍~하니 있는 경우를 가끔 본다. 이 일을 하면서 다음에 무슨 일을 해야할지 생각을 해야 한다.
예를 들어 1번 테이블에 서빙하면서 다음에는 3번 테이블에 재떨이를 갈아 드려야겠구나, 3번 서빙을 마치면 빈 술짝을 치워야 되겠구나 등을 생각하도록 하여야 한다.

⑥ 시간에 따라서 자신의 할 일을 생각해두는 것도 좋다.
술병 채우기, 화장실 청소, 쓰레기 비우기 등 시간대별 자신의 할 일을 미리 계획해 두면 같은 일도 쉽게 할 수 있다.

⑦ 일에는 완급이 있다. 같은 일을 하더라도 손님이 많은 피크시간대와 손님이 적은 한가한 시간대에 일을 하는 성격이 틀려야 한

다. 피크시간대에는 일을 빨리 처리해 내는 것이 중요하고, 한가한 시간에는 꼼꼼히 처리하는게 좋다.

한참 피크시간에 피곤하다고 의자에 앉아서 테이블을 치우는 것은 보기에도 안좋을뿐 아니라 자신의 가치를 낮추는 것이다.

⑧ 한번에 해결하도록 노력하여야 한다.

예를 들어 손님이 주문한 것을 한꺼번에 두 손으로 들고 가지 못할 경우는 쟁반을 사용해서 한꺼번에 다녀오는 것이 효율적이다. 만약 그렇지 않으면 다른 알바가 이를 대신 해야 한다. 또한 손님이 떠난 후 여러 테이블이 비었을 때도 한 테이블씩 치우려고 하지 말고 같이 치울 수 있으면 한꺼번에 두 테이블을 치우고 돌아오는 것이 능률적이다.

그리고 자신이 처리한 서빙을 다른 사람이 또 한번 하지 않게 해야 한다. 예를 들어 안주가 나갈 때 한번에 갈 수 있는 소스를 다른 사람이 갔다 주게 하는 것, 자신이 정리한 테이블이 지저분하다든지 세팅에 무언가 빠져서 다른 사람이 다시 세팅을 하여야 하는 것 등이 그 예이다.

⑨ 자리에 앉은 손님이 주문할 때까지 긴장하고 있어야 한다.

손님이 자리에 앉고 메뉴판을 드렸다고 해서 서빙이 끝난게 아니다. 그 손님과 적정한 거리를 유지하면서 손님주문이 끝날 때까지 관심을 가지고 있어야 한다. 그리고 이렇게 하면 자리에 앉은 후에 분위기가 안맞아서 나가려는 손님도 자신에게 관심을 가지고 서빙대기하고 있는 사람이 있을 때는 쉽게 나가지 못한다.

⑩ 손님과 가벼운 대화를 할 수 있는 것은 능력이다.

손님과 가벼운 얘기를 나누거나 상황에 따라서는 가벼운 농담을 할 수 있는 것은 그 손님을 자신의 단골로 만들 수 있기에 능력이 있는 알바다. 묵묵히 일만 잘하는 알바가 있는가 하면 가벼운 애기를 하면서 손님의 얼굴을 익히고 그 손님을 단골로 만드는 알바가 있다.

쉬는 요령

① 몸이 아프거나 안 좋을 때는 그 상태를 동료나 사장님에게 알린 다음에 피크시간을 피해서 적당한 자리에 앉아서 쉬도록 한다.

② 손님이 별로 없을 때는 적당한 자리에서 쉬도록 한다.
모든 알바가 모두 앉아서 쉬는 일이 없도록 각별히 주의한다. 최소한 한 사람은 서빙대기를 하고 있어야 한다.

③ 피크시간에 화장실을 간다든지 매장 밖으로 나갈 때는 동료에게 알린다.

④ 오픈하고 첫 손님이 들어오기까지 또는 마감 전에 손님이 나가길 기다릴 때는 앉아서 쉬지만 항상 손님의 들어오는 것에 신경을 쓰고 있어야 한다. 처음 오는 손님들은 현관문을 들어서면서 순간적으로 들어갈지 말지를 판단한다. 이럴때 "어서오세요~!"하는 반김이 있어야 쉽게 들어올 수 있다.

⑤ 쉬면서도 눈은 홀을 보고 있어야 한다. 앉아 있으면서 신문을 본다든지 문자메시지에 정신이 팔려있다가 누군가 띵똥~ 한다든지, "어서오세요~!" 해야 홀을 쳐다보는 경우에 자신의 가치가 올라갈까? 항상 모든 신경은 홀에 두면서 쉬어야 한다.

⑥ 직원들끼리 애기할 때 주의할 점

얘기한다고 홀을 등지고 있는 것은 자신의 가치를 낮추는 것이다. 이왕이면 홀을 바라보며서 소근소근 얘기하는 게 좋지 않을까? 그리고 특히 주의할 것이 있다. 어느 한 손님을 쳐다보면서 직원들끼리 웃는 것은 절대 금물이다. 손님입장에서는 자신을 험담한다고 생각할 수 있는 것이다.

이렇게 해서는 안된다

남이 일하는 것을 따라하거나 그 옆에서 서성인다

여러 사람이 필요한 일을 제외하고는 같은 일을 두사람이 하려고 해서는 안된다.

한 사람이 치울 수 있는 테이블을 같이 따라가서 도와주는 것은 진정으로 도와주는게 아니다. 그 시간에 바 정리를 하든지 다른 일을 찾아서 해결하는 것이 서로 도와주는 것이다.

한참 바쁜 피크시간에 전화를 하고 있다

다른 사람들은 바쁘게 일을 하고 있는데 전화받고 있으면 안된다. 바쁜 시간에는 과감히 다음에 전화하자고 할 수 있어야 한다.

우두커니 서 있어서는 안된다

서빙대기할 때에 아무 생각없이 서 있는 경우도 있다.

각 테이블을 주시하면서 머리속은 무엇을 할 것인가 생각하는 습관을 가지는 것이 좋다.

기본적인 코멘트를 안한다

손님에게 "어서오세요!", "네!", "감사합니다" 등 기본적인 코멘트를 잘해야 한다.

NO(×)	YES(O)
손님이 들어와서는 자기 앞으로 걸어올 때 아무 코멘트 없이 서빙할 준비만 하고 우두커니 서 있다.	어서오세요
손님이 부를 때 다가가서도 우두커니 서 있다.	네
주문을 받고서도 아무 코멘트없이 돌아서 온다.	감사합니다.
주문한 것을 가져다 주고도 아무 코멘트 없이 그냥 돌아온다.	여기 있습니다.
여기저기서 불러도 아무 코멘트없이 묵묵히 자기 일만 한다.	잠시만 기다려 주세요.
안주가 늦게 나온다고 불평한 손님에게 안주를 가져다 주면서도 아무 코멘트가 없다.	오래 기다리셨죠?

서빙을 하는 것에도 차이가 있다

주문한 것을 가져다 준다든지 서빙하는 것은 누구나 익숙하면 할 수가 있다. 여기서 더욱 중요한 것은 겉으로 쉽게 보이지 않는 그 사람의 일하는 자세나 생각이다.

생각이 바뀌면 행동이 바뀌고 행동이 바뀌면 운명이 바뀐다는 말이 있다. 알바를 하면서도 새겨 볼만한 말이다.

근무와 급여규정

출·퇴근

① 출근시간은 근무복으로 갈아입고 서빙을 시작하는 시간으로 한다. 따라서 자신의 근무시간 5분전까지 가게에 도착하도록 한다.
② 퇴근시간은 정시에 한다. 예를 들어 30분 지각했다고 30분 연장근무를 하지 않음
③ 매일 퇴근할 때 자신의 근무시간을 근무일지에 기록한다. 30분 단위로 기록하되 그날의 근무시간을 계산하여 표시한다.
④ 10분 이상 지각할 때는 30분 늦게 온 것으로 기록한다.

근 무 일 지

2003년 12월

이 름 : 나 알 바

H.P : 011-＊＊＊-＊＊＊＊

근무날짜	출근시간	퇴근시간	합계(시간)	비 고
2003.12.15	PM 7:30	AM 2:00	6.5	
2003.12.16	PM 7:50	AM 2:00	6	20분 지각

예를 들어 6시 출근자가 6시 9분에 출근하면 6시에 출근한 것으로 기록하되, 6시 11분에 출근하면 6시 30분에 출근할 것으로 기록한다(카운터 시계 기준임).

⑤ 30분 이상 지각해야 할 상황이면 가게로 연락을 해 줄것(사장님 핸드폰 번호를 입력해둘 것).

⑥ 비번이 아닌 날 쉬어야 할 경우는 미리 얘기하여 대체할 알바를 구할 수 있게 한다.

⑦ 부득이한 사정으로 갑자기 출근을 못할 경우는 오후 2시 이전에 사장님에게 연락하여 대체할 알바를 구할 수 있게 한다.

⑧ 알바를 그만 둘때는 최소 일주일 이전에 사장님과 상의한다.

⑨ 연장근무는 카운터에서 사전 연장승인이 있을 때만 한다.

⑩ 마감 알바의 퇴근시간은 마지막 손님이 나간 30분 후로 기준하되 특수한 경우가 아니고는 4시를 넘기지 못한다.

급 여

① 일을 시작하고 일주일간은 수습기간으로 하고 급여는 자신이 받을 금액의 80%이다. 다만, 단 1개월 이상 근무할 때에 수습기간의 급여는 80%가 아닌 100%가 지급된다.

② 월급여는 첫 출근한 날짜마다 지급한다.

③ 가불은 일주일치의 급여를 남기는 선에서 가능하다.

④ 주급은 일주일치의 급여를 남기고 매주 지급한다.

급여 인상

① 급여 인상은 기본시급에서 200원 단위로 인상한다. 급여 인상시에도 다음의 사항을 참고하여 인상하는 것이 바람직하다.

② 기본시급 + 200원

㉠ 업무숙지(서빙, 미성년자 확인, 생맥주따르기, 마른안주 굽기, 각종 물품준비 등)

㉡ 기본적인 코멘트를 완벽하게 하고 손님에 대한 친절도

㉢ 부지런하고 동료를 이끌 수 있는 모범적인 자세

㉣ 동료의 움직임과 홀 전체를 생각하면서 서빙할 수 있는 능력

㉤ 바쁠때에 일의 우선순위에 따라 여러 가지 일을 재빨리 처리할 수 있는 능력

㉥ 정확한 출·퇴근

㉦ 1개월 이상 근무

③ 기본시급 + 400원

㉠ 서빙대기시에 홀을 순회하면서 각 테이블을 점검하고 필요한 사항을 미리 서비스할 수 있는 능력

㉡ 홀 전체는 물론 주방, 복도, 화장실의 상태를 생각하면서 점검할 수 있는 능력

㉢ 손님의 불만을 원만히 처리할 수 있는 능력

㉢ 시간대별로 들어오는 손님을 효과적으로 배치할 수 있는 능력

㉣ 주방을 제외한 가게 전체를 몇 시간씩 관리할 수 있는 능력(계산, 손님 출입관리, 환기, 온도조절, 복도, 화장실, 거래처 관리 등)

④ 기본시급 + 600원

㉠ 주방을 제외한 가게 전체를 하루, 이틀 혼자서 운영할 수 있는 능력

㉡ 단골손님을 관리할 수 있는 능력

㉢ 알바를 관리할 수 있는 능력

⑤ 기본시급 + ???

주인을 대신해서 혼자서 가게를 운영할 수 있는 능력

근로계약서

아르바이트 근로계약서

사업주(이하 "갑"이라 함)와 근로자(이하 "을"이라 함)는 다음과 같이 근로 계약을 체결한다.

1. 근로계약기간 :   년   월   일부터   년   월   일까지

2. 근무장소 :

3. 업무의 내용 : 홀서빙

4. 근로시간 :   시   분부터   시   분까지

5. 근무일 / 휴일 :

6. 임금
   - 급여, 급여지급일 및 지급방법은 서빙 매뉴얼에 따른다.

7. 기타
   - 근무시작 후 다음 날까지 보건소에서 보건증을 만든다(보건증이 없

어서 단속에 걸릴 경우 본인의 벌금은 본인이 책임진다).

- 직장내에서 다른 알바와의 신체접촉 등 성희롱을 해서는 안된다.
- 이 계약에 정함이 없는 사항은 근로기준법에 의함

년 월 일

별첨 : 알바매뉴얼

(갑) 사업체명 :

주 소 :

전 화 :

대 표 자 : (서명)

(을) 주소 :

주민등록번호 :

전 화 :

성 명 : (서명)

생맥주 따르는 법

① 생맥주에 관한 기본 상식을 숙지하고 있을 것.

② 500cc잔은 냉동고에 있는 것을 사용한다.

③ 500cc잔이나 2000cc잔은 한 손으로 잡고 따르고, 다른 한 손으로는 필요시 조절레버를 조작한다.
3000cc잔은 그 무게 때문에 오른손으로 레버 안쪽으로 잡는 것이 무게중심에 가깝기 때문에 가볍다.

④ 생맥주를 따르기 전에 레버가 약간 오른쪽으로 위치해 있는지 확인한다. 이 레버는 코크에서 나오는 생맥주의 양을 조절하는 것으로 수직상태로 되어 있는게 기준이다. 오른쪽으로 돌려놓으면 맥주가 적게 나오지만 시간이 많이 걸린다. 왼쪽으로 너무 돌리게 되면 맥주는 빨리 나오지만 맥주가 나오는 충격으로 인해 거품이 많이 생기고 생맥주 고유맛이 약해질 수 있다.

⑤ 맥주 컵이나 피쳐잔 뒷꽁무니를 최대한 위로 든 상태(즉 잔을 최대한 기울인 상태)에서 맥주를 따르기 시작해서 맥주가 잔에 차 감에 따라서 잔을 바로 세워나간다.

⑥ 맥주가 흘러 나오는 상태를 보면서 레버조절을 한다. 통상 레버

조절을 할 필요가 없지만 맥주를 빨리 따라야 할 경우는 조절할 수가 있다. 거품이 많이 안 생기는 상태에서는 레버를 왼쪽으로 돌려서 빨리 따를 수도 있다. 이때 잔이 차기전에 마지막 단계에서는 레버를 원위치로 돌려놓아야 한다.

⑦ 맥주잔 위로 거품이 적게 생길 경우에는 따르는 마지막 단계에서 맥주잔을 살며시 아래로 내리면 거품이 발생한다.
거품의 양은 1~2cm가 적당하다.

⑧ 맥주를 따르는 도중에 생맥주통이 터질 경우에는 따르던 맥주는 그대로 두고 생맥주통을 먼저 바꾼다.
생맥주통냉장고를 열고 헤드레버를 위로 재낀다. 옆에 있는 다른 통에 다가 헤드를 밀어 넣은 후에 레버를 아래로 재껴서 조립한다. 생맥주 터짐방지기 매뉴얼에 의해 가스를 빼고 차단밸브를 한번 올렸다 내린 후에 생맥주를 다시 받는다. 빈통은 생맥주냉장고에서 꺼내어 다른 새통으로 교체한다. 새통을 생맥주냉장고에 넣을 때는 위에 비닐딱지를 떼어낸 후에 넣는다.

⑨ 생맥주는 재활용을 해서는 안된다.
생맥주를 따를 때 발생하는 거품을 모아두었다가 새로운 생맥주에 섞어서는 안된다. 조금이라도 섞이면 생맥주 맛이 변하기 때문이다. 따라서 맥주를 따를 때 거품이 과다하게 나오지 않도록 주의해서 따라야 한다.

⑩ 생맥주는 공기에 접하면 맛이 변한다. 따라서 맥주를 쉽게 따르기 위해서 맥주잔을 아래로 내려놓고 레버에서 졸졸~ 따르는 것은 금기사항이다.

탄산가스 교체법

탄산가스의 압력에 의해 생맥주가 코크로 나오는 것은 다 알고 있는 사실이다. 탄산가스 게이지가 빨간선 아래쪽으로 내려오면 미리 교체하는 것이 바람직하다. 가스를 미리 교체하지 않고 가스압력이 없을 때까지 다 사용하게 되면 맥주가 서서히 나오다가 더 이상 나오지 않게 된다.

어떻게 교체하는지 알아보자.

사용이 끝난 탄산가스통의 메인밸브(위쪽에 달려있음)와 보조밸브(호스가 시작되는 부분에 있음)를 잠근다.

공구(몽키스패너 24mm)를 사용해서 잠금볼트를 살짝 푼 후에(왼쪽으로 돌리면 풀어진다), 손으로 완전히 풀어서 게이지 뭉치를 가스통과 분리시킨다.

새 가스통을 게이지 뭉치와 연결한 후에 손으로 볼트를 잠그다가 나중에는 공구로 세게 잠근다.

보조밸브와 메인밸브를 천천히 열어서 탄산가스 압력이 게이지 빨간선 위로 올라가는지 확인한다.

가스통을 바꾸는 것은 간단하지만 주의할 사항이 3가지 있다.

가스통을 취급할 때 가스통과 연결된 호스가 손상되면 가스가 새어서 생맥주를 따를 수 없게 되므로 호스가 손상되지 않도록 조심해야 한다.

게이지 뭉치와 가스통이 맞닿는 곳에는 동그란 고무링이 있다. 이 고무링이 취급 중에 밖으로 빠져나오게 되면 가스가 연결부위에서 새어나오므로 고무링을 분실하지 않도록 조심해야 한다.

탄산가스를 교체하기 위한 공구(몽키스패너)는 분실되지 않도록 사용하고 난 후에 항상 일정한 장소에 보관해 둬야 한다.

카드 체크기 사용법

카드 단말기의 초기화면을 기억해 둔다

만약에 계산하려고 하는데 초기화면이 아닌 다른 화면이 나와 있다면 종료버튼을 한 번 눌러주면 초기화면으로 돌아온다.

카드를 긁는다

모든 카드는 앞면에 조그만 삼각형 표시가 되어 있다. 그 삼각형을 단말기홈에 넣어서 삼각형 방향으로 긁는다. 간혹 카드 뒷면의 마그네틱이 손상이 되어서 카드번호가 인식이 안되는 경우가 있으니 2~3번 긁은 후에 인식이 안되면 손님에게 알린다.

금액을 입력한다

빌지에서 합산된 금액을 입력한 후에 확인버튼을 누른다.

입력도중 잘못 입력된 숫자가 있으면 정정버튼을 눌러서 금액을 수정하면 된다.

자동으로 카드지가 올라온다

확인버튼을 누른 후에 자동으로 승인이 되며 카드지가 올라온다.

승인이 안 떨어지고 초기화면으로 돌아오거나 승인이 안되는 이유가 표시되는 경우는 손님에게 알리고 다른 카드를 달라고 요청한다. 연체 등 문제가 있는 카드는 카드승인 중에 그 내용이 잠시 화면에 보였다가 초기화면으로 돌아오기 때문에 단말기를 주시하고 있어야 그 내용을 알 수가 있다.

카드지를 뜯어내서 사인을 받고 제일 밑에 복사지를 손님에게 건네드린다

손님에게 사인을 받지 않은 카드지는 무효가 되기 때문에 꼭 사인을 받는다.

기타 중요사항

① 카드용지가 떨어졌을 경우 카드용지 갈아끼우는 방법을 알고 있어야 한다.

② 카드용지가 나오다가 말릴 경우는 새로운 용지를 넣고 한 줄 올리기, 한 장올리기 등을 사용해서 적절히 카드용지를 설정할 줄 알아야 한다.

③ 재인쇄가 필요할 때에는 재인쇄버튼을 누른 후에 화면창에 직전에 승인된 내용(금액)을 확인하고서 확인버튼을 누르면 재인쇄된다. 재인쇄는 두번 승인받는것이 아니고 직전에 승인된 내용이 그대로 인쇄되서 나오는 것이다.

④ 직전취소

승인을 받은 후에 바로 취소할 수가 있다. 직전취소 버튼을 누르면 금액이 표시되고 확인버튼을 눌러주면 취소전표가 나오게 된다. 승인받은 카드와 취소된 카드지를 모두 보관한다.

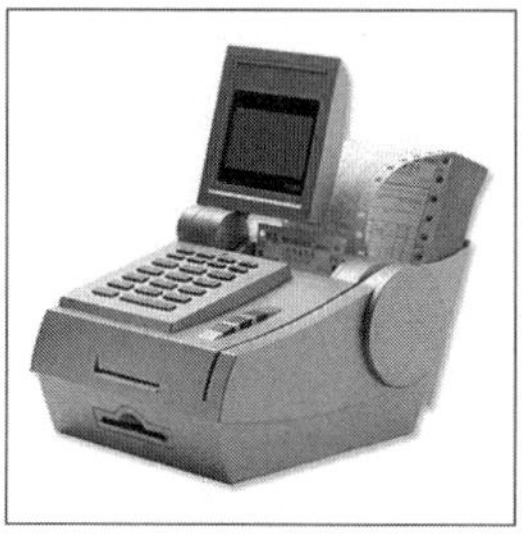
자료) www.cardvan.net

자료) www.easyvan.co.kr

유선 카드체크기

자료) http-//www.netand.net/

무선 카드체크기

⑤ 손님이 요구시 현금영수증을 발급해 준다.

비상대처 요령

비상시를 대비해서 그 대처요령을 알아두자

정전시

정전이 발생하면 먼저 동네 전체가 정전인지 우리 업소만 정전인지 확인하고, 동네 전체가 정전일 경우는 한전에서 조치를 할 때까지 기다리면서 매장내의 손님들이 불편하지 않도록 조치한다.

우리 업소만 정전일 경우는 먼저 어느 차단기가 내려갔는지 확인하고 차단기가 내려가지 않았는데 정전일 경우는 전기용량 초과로 계량기가 탔는지 확인하고 한전에 연락을 한다.

차단기가 내려갔을 경우는 어느쪽 차단기인지 확인하고 그 쪽의 전선을 점검해야 하는데, 주방쪽이라면 주방에 있는 모든 코드를 빼 놓은 후에 차단기를 다시 올린 다음에 빼 놓은 코드를 하나씩 꼽아가면서 어느 선에 누전이나 단락이 됐는지 확인한다.

누전이나 단락이 된 선을 찾았으면 그 선을 제외하고 나머지 선을 꼽아서 영업에 지장이 없도록 하고 단락된 선은 다시 원인을 파악하여 조치하도록 한다.

화재 발생시

전기로 인한 화재라고 생각될 경우는 제일 먼저 메인 차단기를 내린 후에 분말소화기를 뿌린다.

부루스터 등으로 인한 부분 화재일 경우는 분말소화기를 사용해서 차분히 대응하도록 한다.

분말 소화기 사용법

① 소화기 위쪽 손잡이에 있는 핀을 뺀다.
② 소화기 호스를 화재부위 쪽으로 향하게 한 후에 손잡이를 움켜쥐면 분말이 나온다.
③ 벽이나 천정의 화재는 초기대응이 중요하므로 신속히 처리해야 한다.

뜨거운 국물에 화상을 입은 경우

화상연고를 바른 다음 화상의 정도가 심하면 응급실로 데리고 간다. 구급약은 일정한 장소에 상시 비치하도록 한다.

기물 파손이나 싸움 발생시

싸움이 발생할 경우, 당사자를 매장 밖으로 내보내도록 유도하고 영업에 큰 지장을 주거나 지속적인 싸움이 될 경우는 파출소에 연락하여 조치하도록 한다.

고의적이거나 중대한 기물파손에 대해서는 보상을 받도록 한다.

업소 입장에서는 손님들끼리의 싸움에 끼어들어서는 안되며, 주위에 있는 손님들이 불편하지 않도록 신속히 대처한다.

9장 매장관리

호프 주인 또는 매니저로서 영업시간중의 매장을 어떻게 관리해야 할지 생각해 보도록 하자.

오픈을 확인하라

가게를 오픈하는데 주인(매니저)이 직접 할 수도 있지만 대부분 알바가 오픈하고 주인은 나중에 마감을 하는게 보통이 아닌가 생각한다. 따라서 알바가 출근해서 오픈할 때 꼭 전화로 보고를 받기를 권한다. 전화하는 시간을 오픈알바의 출근시간으로 인정하게 되면 지각하는 것도 체크가 되고 일석이조가 될 것이다.

오픈알바가 지각할 수도 있겠지만 알바에게 급작스런 일이 있어서 오픈이 안되는 경우도 있기 때문에 오픈했다는 연락이 10분이상 늦어질 경우는 가게로 전화를 하든지, 아니면 오픈알바의 핸드폰으로 연락하여서 이상유무를 확인해야 한다.

주방인원 출근사항도 마찬가지이다. 최소한 첫번째로 출근하는 주방인원이 나왔는지 확인해야 한다.

일이란 통상 계획대로 진행되겠지만 항상 그렇지만은 않다. 그 진행상황을 점검하고 만약의 경우를 대비하는게 관리자의 역할이 아닐까?

또한 관리자가 직접 오픈하지 않고 다른 사람이 오픈할 때에는 가게 열쇠를 오픈알바에게 맡길 것인지 아니면 보관장소를 별도로

둘 것인지도 생각해봐야 한다

알바가 수시로 바뀌는 상황에서 일정한 곳에 열쇠를 보관한다는 것은 보안상 문제가 될 수도 있으므로 가게 열쇠는 가끔 다른 것으로 바꿀 생각을 해야 한다.

열쇠를 가지고 다니는 사람이 분실할 경우도 있지만 여러 사람을 거치고 나면 무슨 상황이 벌어질지 사람의 일은 모르는 것이다.

가게 정문열쇠 중에는 최소한 복사가 안되는 특수열쇠 한 개는 있어야 한다.

일반 도어록은 도선생님들(?)에게 장난감일 뿐이다.

지출은 그 자리에서 정리하라

가게 주인은 통상 매입원가를 줄이기 위해 일부 재료를 직접 구입하게 된다.

출근시에 몇몇 시장을 들려서 가게로 나오게 되는데 가게 도착해서 매입품목과 잔액을 계산해 보면 틀릴 때가 많다. 그때마다 고개를 갸우뚱~ 해가면서 어디에서 틀렸지??? 뱅뱅~@@@@@

그리고 물건을 매입할 때에 영수증을 받는 것이 소득세를 공제받을 수 있으며 장부정리하기도 쉽다. 노점상에서 물건을 구입할 때에도 그 금액을 메모하는 것이 습관화가 되야 한다.

물건 매입만이 아니다. 돈이 지출되는 시점마다 꼭 메모해 놓기를 권한다. 메모없이 나가는 돈은 나중에 헷갈리게 된다. '지금 바쁘니깐 나중에 해도 되겠지…' 하다가는 기억은 안나고 잔액은 맞지 않고 난감한 경우가 발생한다.

일을 하면서 정리할 것을 그때그때 정리하는 것이 맘도 편안하고 일처리도 깔끔하다.

출근 후 오픈을 점검하라

통상 알바가 가게를 먼저 오픈하고 나서 관리자가 출근하게 된다.

출근 후 관리자가 제일 먼저 해야할 일은 오픈준비 상황을 점검하는 것이다. 확인해야 할 사항들은 업소마다 다르겠지만 홀의 정리정돈 상태는 물론이고 창고, 화장실, 바, 술냉장고 등 여러가지다.

특히 영업물품에 대한 것들은 정리가 잘 되어 있는지 면밀히 점검해야 할 것이다. 점검에서 중요한 것은 매일 습관적으로 꼼꼼히 점검해 나가는 것이다.

창고문을 열고서도 무엇이 얼마나 남아있는지, 보관된 것 중에 모자라는 품목은 무엇인지 등을 한눈에 알아볼 수 있는 것은 매일 출근시마다 점검하면 금방 눈에 익기 때문에 10분이면 충분하게 된다.

알바가 오픈시에 아무리 잘해 놓더라도 관리자의 눈으로 보면 많은 부분들이 모자란게 사실이다.

출근 후 관리자가 제일 먼저 해야할 것은 점검하고 필요한 사항을 지시해야 하는 것이 아닐까?

오픈 시재를 확인하라

출근 후 매장점검을 하고 미비한 것이 있으면 알바에게 준비하라고 지시하고 나면 이제 영업 시재를 맞출 차례다.

가게마다 영업 마감후부터 영업 오픈때까지 현금이나 카드를 관리하는 방법은 다 다를 것이다.

마감 후에 현금 일부를 출근하면서 통장에 입금시키는 데가 있는가 하면, 집에 보관해 놓는데도 있을 것이고, 어떻게 하든 가게 스타일대로 하면 된다.

경험상 영업시간 중에 돈이 틀릴 때도 있지만 그 금액은 적은 편이며, 전날 영업마감 후부터 다음날 오픈때까지의 지출내역이 불분명한 경우가 많다.

그 사이에 물건매입도 하게 되고 교통비도 발생하며, 때로는 술 한잔도 하다보면 가게 돈과 개인 돈이 엉킬수 있는 곳도 이 시간이기 때문에 오픈시 시재액을 맞추면서 전날 마감후에 돈의 사용처를 동시에 확인하게 된다.

오픈 시재를 맞추는 데는 또 다른 의미가 있다.

영업 후에 남은 금액이 어떻게 사용·보관되고 그 나머지 금액이 다음날 시재로 정확하게 넘어갔는지 알 수 있어야 월말정리를 하면서 돈의 흐름을 정확하게 파악할 수 있게 된다.

앞에서 장부만드는 방법에 대해 얘기했었지만 장부 또한 돈이 흘러가는 것을 한 눈에 파악할 수 있도록 만들어져 있어야 한다.

오늘 특별한 일이 있는지 확인하라

오늘 예약손님이 있는 것은 아닌지, 직원의 급여날은 아닌지, 집세나 공과금을 내야 할 날짜가 아닌지 등 미리 생각해서 준비를 하도록 한다.

주변에 경쟁업소가 오픈하는 날이라면 우리 업소에 미치는 영향도 점검해야 한다. 그리고 요일 또는 날씨에 따라 어느 정도 매출이 될지도 미리 짐작하고 있어야 한다.

홀 전체를 장악하라

관리자는 영업이 시작된 후부터 마감시까지 홀 전체를 한시도 놓치면 안된다.

식사를 하든, 화장실을 잠깐 들리든, 온 신경은 홀에 있어야 한다.

이어서 얘기하겠지만 미성년자는 최우선으로 생각해야 하고 손님, 알바들의 움직임은 물론 주방상황, 그 외에 환기나 음악, 조명도 생각해야 한다. 어떤 일을 하더라도 관리자는 한가지 일에만 몰두해서는 안된다.

나가는 손님과 계산하면서도 들어오는 손님을 생각해야 하고 알바들이 일하면서 놓치는 부분이 있는지 생각해야 한다.

일하는 사람의 능력은 바쁠때 볼 수 있다.

한가할 때에는 누구나 일을 차분히 처리할 수 있다. 하지만 한참 피크시간에 일을 처리하는 것을 보면 그 사람의 능력이 나타난다(알바의 시급조정도 바쁠때 일하는 것을 보고 참고하면 된다).

3~4가지 일을 동시에 처리해 나가는 알바들이 있는가 하면 그렇지 못한 알바도 있다.

홀안에 100~200여명의 손님이 있을 때 별의별 상황이 다 나타난다. 관리자가 한가지 일에 매달려 있다면 가게가 원활히 돌아갈 수가 없다.

관리자를 평가하는 기준은 여러가지가 있겠지만 관리자가 한가지 일에 몰두해서 다른 일을 놓친다면 관리자로서의 자격이 없다고 생각한다.

항상 홀 전체를 생각하면서 일을 처리해 나가는 것은 관리자로서의 의무라고도 생각한다.

피크시간 잠깐동안 짬이 날때 홀 전체를 둘러보면서 이것저것 머리속에 생각해 나가다 보면 가끔은 이런 생각이 든다. 호프집을 운영한다는 것이 마치 오케스트라 지휘자 같은 느낌이 드는 것을….

한가할 때는 한가한데로, 바쁠때는 바쁜데로 매장 전체를 장악하고 일을 해야 할 것이다.

첫 손님에게는 신경을 많이 써야 한다

음식점과 호프집의 큰 차이점 중 하나는 분위기이다.

음식점은 음식을 먹기위해 가지만 호프집은 자신이 원하는 분위기에서 한잔하면서 대화를 하기위해 찾아간다.

음식점은 첫 손님이 들어왔다가 나가지 않지만 호프집에서 첫 손님은 홀에 다른 손님이 없으면 분위기가 썰렁~하게 보이게 되므로 돌아서서 나가기가 쉽다. 그만큼 첫 손님에 대한 대응을 잘 해야 한다.

테이블로 손님을 안내하고 난 후에 다른 일을 한다고 손님의 시야에서 알바가 없어진다면 아무 말 없이 나가버린다.

첫 손님에게는 별도의 코멘트를 할 필요가 있다. 예를 들면 '일찍 오셨네요!', '첫 손님이시군요!', '잘 모시겠습니다' 등, 그리고 서먹한 분위기를 역전시킬 수 있는 자신의 업소에 맞는 코멘트를 개발해두자. 첫 손님을 놓치면 두번째 손님도 놓칠 수 있다. 첫 손님을 놓치고서 소금을 뿌리는 일보다는 미리 준비를 하고 첫 손님을 맞이하는 것이 현실적이다.

손님과 눈을 맞춰라

친구들끼리 만나서 인사를 할 때보면 사람마다 시선을 처리하는 게 다 특색이 있다. 서로 잠깐 쳐다봤다가 눈을 내리는 사람이 있는가 하면, 오랜 시간동안 눈을 쳐다보면서 인사를 하기도 하고, 심지어 친구의 눈동자를 쳐다보지 않는 사람도 있다.

사람을 대할 때 사람의 눈을 쳐다보게 되면 그 사람의 성격이라든지 무슨 의도를 가지고 있는지 어느 정도 감이 잡힌다(그렇다고 멀거니 쳐다보라는 얘기는 아니다).

손님을 대할 때도 마찬가지이다. 손님이 들어올 때도 "어서오세요! 몇분이세요?"하고 허공에다가 소리지르는게 아니고, 손님의 눈을 쳐다보면서 해야 한다(고개도 끄덕~ 하면서…). 주문 받을 때도 그렇지만 다른 일을 하고 있는데 손님이 불렀을 때도 금방 그 쪽으로 가지 못하면 손님과 눈을 맞추면서 "잠시만요~~!"하고 얘기를 해줘야 한다. 계산을 마치고 "감사합니다!"하고 얘기할 때도, "안녕히 가세요~!"하고 인사할 때도 눈을 맞추면서 해야 한다.

실제로 한 번 시험해 보라.

들어올 때 눈을 쳐다봤던 손님이 화장실을 갔다올 때 다시 보게되면 새로 들어오는 손님인지 아까 봤던 손님인지 쉽게 판별이 된다(그만큼 눈을 쳐다보는 것이 그 사람을 쉽게 기억할 수 있다).

결국 손님과 얘기할 때마다 눈을 맞추는게 습관이 되어야 한다.

미성년자는 직접 챙겨라

매장을 관리하는데 중요한 것들이 몇가지 있지만 그 중에 미성년자를 첫번째로 꼽는 이유가 있다.

다른 일은 잘못 되더라도 금전적으로나 시간적인 손실을 조금만 감수하면 되지만, 미성년자만큼은 일단 단속에 걸렸다하면 영업정지를 당하는 등 막대한 손해를 감수해야 한다.

화재사고는 보험이라도 있지만 미성년자에 대해서는 행정소송이라는 지푸라기를 잡는 정도의 해결책 밖에 없음을 알고 있어야 한다.

그만큼 미성년자만큼은 그 모든 업무보다도 중요하다. 영업시간중에 한시라도 머리 속에서 미성년자확인을 소홀히 해서는 안된다.

먼저 미성년자 기준에 대해 알아보자.

청소년보호법에서는 미성년자는 「만19세미만의 자를 말한다. 다만, 만19세에 도달하는 해의 1월 1일을 맞이한 자를 제외한다」라고 규정하고 있다.

즉, 2007년도의 경우 1989년 1월 1일 이후 출생자는 고등학교 졸업 여부에 관계없이 미성년자이므로 호프집에서 주류를 제공해서도 안되고 아르바이트로 고용해서도 안된다.

호프집에서 이를 지키지 않을 때는 1차 위반시는 영업정지 2개월, 2차 위반시는 영업정지 3월, 3차 위반시는 영업허가 취소 또는 영업소 폐쇄를 받게 된다.

미성년 기준 중에서 현실적으로 문제가 되는 것은 89년 1, 2월생인 청소년들이다(2007년 기준). 1, 2월생들은 88년생과 같이 학교를 다니게 되다 보니 고등학교를 졸업했지만 미성년자에 속하게 된다. 심지어 대학에 입학하고서도 법적으로는 미성년자가 된다.

본인 입장에서는 법적으로 미성년자이기 때문에 사회에서 일을 할 기회가 주어지지 않으며, 호프집을 하는 입장에서는 고등학교를 졸업한 미성년자를 가려내기 위해 전쟁 아닌 전쟁을 하고 있는 것이다. 악법도 법이지만 불합리한 법도 법이다.

그렇다면 미성년자 단속을 어떻게 할 것인가?

미성년자 확인은 직접 챙기길 바란다. 미성년자에 관한 한 누구 얘기도 믿을 필요가 없다. 주민등록증이 없으면 손님에게 양해를 구하고 내보내는 원칙을 지키면 된다. 상황에 따라 민증이 없지만 미성년이 아니라고 생각될 때는 자신의 책임으로 심사숙고한 다음 판단하라.

미성년자들은 일부러 호프집에 와서 속이려고 든다는 사실이다. 실제로 영업을 하다보면 미성년자와의 전쟁이라는 생각이 들때가 한두번이 아니다. 알바에게 민증검사를 잘 해라는 지시만으로는 안된다. 직접 확인할 상황이 안되서 알바에게 민증확인하라고 지시를 했으면 확인 직후에 몇년생이었냐고 물어보고 그 인원수도 확인을 해둬라.

그리고 사전에 알바에게 민증확인에 대한 교육을 시키고 주문 받을때 민증확인 안하는 알바는 일찌감치 정리하는게 좋다.

어느 호프집을 가든지 입구에 공통적으로 붙어있는 글귀가 있다.

⑲ 미성년자 출입금지

모든 호프집에서 미성년자에게 들어오지 말라고 안내를 한다.

미성년자들도 자신들이 호프집에 출입해서도 안되고 술을 마셔도 안된다는 사실을 알고 있다. 하지만 일부 청소년들은 아무 죄책감도 없이 호프집을 드나들려고 한다. 심지어 남의 민증까지 가지고 다니는 사람들도 있다. 즉, 법적으로 자신들이 술을 못마시게 되어 있다는 사실을 알면서도 주인을 속이고 술을 마시려고 한다.

민증검사하려고 할 때 핸드폰을 꺼내드는 애들은 남의 민증번호를 핸드폰에 저장시켜 놓고 다니는 넘들(?)이다.

부디 속지말기를….

주인을 속여야만 술을 마실 수 있기에 남의 민증번호를 외운다든지, 단체손님인 경우는 주민등록증 검사가 끝난 후에 주인 몰래 슬며시 들어오는 경우도 있다. 호프집을 하면서 가장 경계해야 할 부분이다.

몇가지 사례를 들면서 미성년자 문제 어떻게 대처해야 할지 생각해 보자.

학생들이 모이는 곳이 대부분 호프집이다.

객단가가 음식점보다 낮다보니 호프집에서 간단한 식사도 하고 술도 한잔하면서 얘기를 나눌 수 있기 때문이다.

우루루 여러 명이 들어온다. 테이블에 앉고 보니 15명이다. 주문을 받기 전에 민증을 확인하니 대학 1학년부터 4학년까지 섞여 있다. 중간에 한명이 민증이 없다고 한다. 주민등록번호를 쓰라고 하니 그때야 "저는 89년생인데요…"한다.

이 정도는 순진한 학생이다.

또 한명은 얼굴이 비슷한 옆 학생의 학생증을 빌려서 가지고 있다가 내민다. 학생증 안의 조그만 사진을 유심히 확인하지 않으면 구별이 안된다.

미성년자에게 속는 것이다.

민증을 위조한 미성년자에게 속아서 술을 제공하더라도 법적으로는 주인의 책임이다.

두명을 내보내고 13명만 남아서 식사와 술을 마신다. 가게는 피크시간이 되고 분위기가 시끌벅적하다.

이리저리 서빙하다가 학생들이 앉아있는 테이블을 보니 어? 아까는 분명 13명이었는데 지금은 14명이다. 한명이 추가되었는데 어느 넘인지 알 수가 없다.

그렇다고 조금 전에 민증검사 했는데 다시 검사할 수도 없고…, 이리저리 얼굴들을 둘러본다. 누가 추가되었을까? 감이 안온다.

서빙하지 말고 카운터에 가만히 앉아서 출입하는 한사람 한사람 체크했어야 하는데… 하고 후회해 봐야 소용이 없다.

알바보고 누가 새로 들어왔는지 알 수 있냐고 물어본다. 알바도 모르겠단다. 한명 한명 쳐다보다 보니 헉~! 저 중간에 아까 내보낸 넘(?)이 고개를 돌리고 앉아있다.

어수선한 틈을 이용해서 다시 들어온 것이다. 단체손님을 조심해야 하는 이유가 여기에 있다.

졸업시즌이 되면 고등학교를 막 졸업한 청소년들이 호프집을 다니기 시작한다. 하지만 이들 중 조기입학한 1, 2월생들은 약 10명에 1명이 있으며 미성년임을 알고 대처를 해야 한다. 심지어 단골손님이 자신의 조카가 졸업을 했으니 한잔 산다며 미성년을 데리고 오는 경우도 있다. 미성년자는 안된다고 하면 단골이니 한번만 봐주면 안되냐고 묻는다. 절대 안된다.

미성년에 관해서는 단골손님도 믿어서는 안된다. 일반인들은 호프집에서 미성년자 때문에 얼마나 고심하고 있는지 알지 못해서 생기는 일이다.

고등학교를 막 졸업한 알바를 쓸 경우도 조심해야 한다.

자신은 미성년이 아니지만 그 친구들이 미성년자일 경우가 있기 때문이다. 친구가 일하는 호프집에서 한잔 하자고 찾아오더라도 알바는 자신이 미성년이 아니므로 친구들도 미성년이 아니라고 생각하고 민증검사를 하지 않는 경우가 있다.

주인이 미성년자를 직접 챙겨야 하는 이유가 여기에 있다.

미성년자가 부모를 동반하고 와서 술을 마실 수 있을까?

당연히 부모가 허락하는 술이니 괜찮다고 생각할 수 있을지 모르지만 천만의 말씀이다. 어떠한 경우든 미성년자에게 술을 제공해서는 안된다.

동네 어느 한 호프집 사장님의 명언을 전한다.

"미성년자는 마약이요~! 단속반원은 저승사자다~!"

단속에 앞서 업주 스스로 미성년자를 철저히 가려내야만 할 것이다.

모든 벨소리를 점검하라

관리자는 모든 벨소리를 점검해야 한다.

알바가 벨 소리에 응답해서 서빙을 하는지 혹시 놓치는 것은 아닌지 확인해야 한다. 하지만 벨이 울리자마자 쫓아가서는 안된다. 알바들이 다들 다른 일에 바빠서 가지 못할 때에만 관리자가 그 테이블의 서빙을 하면 된다.

안주 종류가 많거나 복잡하게 되면 새로 오는 알바들이 빌지를 기록하는데 적응하려면 몇 일은 걸린다.

빌지 기록의 표준을 만들어서 교육하되 잘못 기록된 빌지는 모아두었다가 알바에게 직접 보여주면서 무엇이 잘못되었는지 재교육을 시켜라.

특히 포스(POS)를 사용할 경우에 포스에 입력하는 방법도 알바들에게는 쉬운 일이 아니다.

관리자는 식사시간에도 홀과 입구쪽을 볼 수 있는 자리에 앉아서 손님이 들어오는지 나가는지 확인하고 있어야 한다.

카운터를 대신 볼 수 있는 사람이 없을 때에는 식사에만 몰두할 수 없는 것도 관리자의 운명(?)이라고 생각한다.

화장실은 최소 두시간에 한번씩은 청결상태·화장지 유무 등을 점검해야 한다. 다들 서빙에 바쁘다보면 알바는 거의 화장실 점검을 안한다. 관리자가 직접하는게 최선이다.

수신호를 활용하라

복층으로 된 매장이나 대형매장에서 일하는 사람들이 무전기나 이어폰을 끼고 서로 연락하는 것을 볼 수 있다. 호프집의 특성상 시끄러운 음악과 손님들의 웅성거림으로 인해 일하는 사람끼리 조금만 떨어져 있어도 무슨 말을 하는지 알아들을 수 없을 경우가 있다.

무전기를 쓸 만큼 넓은 매장이 아니라면 멀리 있는 알바에게 무언가 지시를 할 때에는 수신호를 적절히 활용하라.

손님이 소주잔을 달라든지, 얼음물을 달라든지… 등등 매장에 맞는 수신호를 개발하여 활용하기 바란다.

예를 들면 참이슬은 오른손 인지를 위로 세우고, 생맥주 500cc는 오른손 다섯손가락을 위로 편다. 소주잔은 오른손 인지를 옆으로 세우고. 생맥주 500cc잔은 오른손 다섯손가락을 옆으로 세운다.

수량은 품목을 알리고 난 후에 두번째로 나타내는 펴진 손가락 수에 따라… 등등 미리 정해서 자신의 가게에서만 통용되는 수신호를 활용하면 일하는 동선도 훨씬 줄어들며 여러모로 효과적이다.

필자의 경우는 손님테이블을 순회하다가 저쪽

에 있는 알바에게 오른손 새끼손가락을 펴서 신호를 보낸다. 서비스안주 하나 준비하라는 뜻이다.

거래처 리스트는 일목요연하게 정리하라

가게와 관련된 거래처는 빠지지 말고 정리해 놓아야 하며, 거래 관계로 받은 명함도 명함철에 그때그때 꼽아두어야 한다. 지금 당장 거래하지 않는 곳의 명함도 나중을 위해 보관을 잘 해두어야 한다.

받은 명함은 그대로 보관하지 말고 그 명함위에 무슨 일로 만난 사람인지 간단한 메모를 남겨라.

매일 거래관계가 생기는 거래처는 별도로 만들어 보이는 곳에 두는 것도 일의 효율을 좋게 한다.

모든 알바의 전화번호도 기록되어 있어야 한다.

오픈알바와 마감알바, 오픈 주방아줌마의 핸드폰 번호는 내 핸드폰에 저장해 두었다가 오픈에 이상이 있을 때는 즉시 통화가 되도록 해야 한다. 또한 모든 알바의 핸드폰에는 관리자의 전화번호가 저장되어 있어야 한다. 알바도 급한 일로 가게에 나오지 못할 때는 관리자에게 보고할 수 있어야 한다. 급작스러운 일로 결근한 알바가 다음날 출근해서 "사장님 전번(전화번호 약칭)을 몰라서 연락을 못했습니다"하는 변명은 없어야 할 것이다.

주인은 카운터로부터 자유로와야 한다

큰 매장에서는 컴퓨터를 이용한 POS 등의 매장관리 프로그램을 쓰고 있지만 대부분의 호프집에서는 빌지를 사용해서 계산을 하게 된다. 주인이 통상 카운터에 앉아서 계산을 하고 있지만 영업시간 내내 주인이 카운터만을 지킬 수도 없는 것이다.

돈 문제에 대해서는 예민한 부분이므로 알바나 직원에게 카운터를 쉽게 맡기기도 힘들다. 하지만 필자는 주인이 카운터로부터 자유로워야 한다는 생각이다. 다른 사람에게 카운터를 맡기지 못하는 이유는 돈이 없어지지 않을까 하는 우려도 있지만 마감시 잔고가 맞지않을 경우에는 고민되는 부분이 생기기 때문이다.

카운터를 어떻게 알바에게 맡길 수 있을지 생각해보자.

여러 사람이 손님과 계산을 하기 위해서는 빌지 수량을 관리해야 한다.

당일날 오픈 또는 전날 마감시에 다음날 사용하기 위해서 꺼내놓은 빌지가 몇장인지 미리 기록해 놓았다가 마감시에 사용한 빌지수량과 사용하지 않은 빌지수량을 파악해서 비교하면 영업 중에 빌지가 없어졌는지 확인이 가능하다. 어느 한 알바가 손님에게 계산을 받은 후에 빌지와 받은 돈을 자신의 주머니에 숨겨놓은 것을 발견한 경험이 있어서 생각해 낸 방법이다.

빌지에 시리얼 넘버를 써놓고 순서대로 주문을 받는 것도 비슷한 방법이다. 빌지 수량이 체크되고 있다는 사실을 알바에게 알릴 필요도 있다. 주인이 빌지 수량을 관리하고 있다는 것을 알면서 계산된 빌지를 숨길 알바는 없을 것이다.

손님과 계산이 끝나면 대부분 빌지는 빌지대로 돈은 돈대로 따로 보관한다. 손님에게 받은 돈과 빌지를 분리해서 보관하게 되면 어느 테이블에서 받은 것인지 구별이 안된다.

계산 후에 빌지에 금액을 기록하고 받은 돈은 빌지와 함께 세트로 카운터의 일정한 장소에 보관하게 하게 해야 한다.

빌지와 받은 돈이 세트로 보관되면 누가 받은 돈이 없어졌는지 확인을 할 수 있도록 하는 것이다.

만원짜리는 별도로 보관해라.

다른 사람이 빌지별로 계산해 보관해 놓을 것을 정리하면서 만원짜리는 별도로 보관하고 금고에는 5천원짜리 이하의 거스름돈만을 보관하도록 한다.

주인이 카운터로부터 자유로울 수 있어야 매장전체를 편안히 관리할 수가 있다.

손님 테이블을 순회하라

영업 중에 알바가 손님 테이블을 순회하는 것도 중요하지만 주인이 직접 순회하는 것은 더욱 중요하다.

평소 알바나 직원교육이 잘 되어 있어서 손님 테이블을 순회를 하면서 서비스를 하겠지만, 이와는 별도로 주인이 직접 간간히 순회하면서 손님들과 가벼운 대화를 나눌 수 있다면 가게 분위기가 훨씬 부드러워진다.

알바가 순회하는 것은 재떨이를 치운다든지 추가주문을 위한 것이지만 주인의 순회는 손님들에 대한 예의를 표하는 것이라 생각한다. 손님입장에서는 무언가 배려받는 기분이 들고 특히 여성손님들은 주인으로부터 무언의 보호를 받고 있다는 느낌을 받을 수도 있다.

주인이 카운터에만 앉아있으면 단골손님들도 주인에게 말을 붙이기가 쉽지않다.

순회 중에 "사장님! 오늘 제 친구가 처음 왔는데 서비스 없나요?" 라고 말하는 손님에게 조그만한 서비스 안주라도 하나 내드린다면 그 손님은 단골이 될 수가 있다. 순회 중에 어떤 테이블은 안주를 시켜놓고 거의 먹지 않는 것을 볼 수도 있다. 나중에 계산할 때 "안주시켜놓고 거의 드시지 않았네요?"하고 한마디 건네보자.

맛이 없어서 안먹은 경우도 있고 맛은 있는데 "배불러서 못먹었어요."하고 얘기하는 손님도 있다. 손님으로부터 안주맛에 대한 의견도 들을 수 있지만, 손님입장에서는 '주인이 자신의 테이블에 신경을 쓰고 있었구나' 하는 생각을 하게 된다.

간혹 시끄러운 손님이 있을 때는 이를 가볍게 제지할 필요도 있으며, 그 주변에 있는 테이블 손님에게도 양해를 구해서 조용한 곳으로 안내할 필요도 있다. 소형업소는 그 구조상 주인과 손님이 가까워질 수 있는 기회가 많다.

중대형업소에서 주인과 손님과의 관계는 남남으로 그칠 경우가 많으므로 손님과의 갭을 순회하면서 줄일 수 있기 때문에 주인이 직접 손님 테이블을 순회하는 것은 중요한 포인트이다.

순회하다보면 단골손님 중에는 가끔 술한잔 같이 하자는 분들도 있다. 매정하게 거절하는 것보다는 가벼운 대화와 함께 한 잔 정도는 괜찮다고 생각한다. 하지만 손님 테이블에 앉아서 마시는 것은 피하는 것이 좋다. 한 잔이 두세 잔이 될 가능성도 있지만 다른 테이블에 있는 손님들이 불만(소외감)을 가질 수 있기 때문이다.

두세 번 방문한 손님이 옆 테이블에 있다고 생각해보자.

그 손님입장에서는 나름대로 이 호프집에 단골이라고 생각하고 있는데 주인이 옆 테이블에는 앉아서 술 한잔하면서 자신들의 테이블에는 신경을 안 쓰고 있다는 생각이 들것이다. 그 손님입장에서는 저 주인은 내가 여기 단골이 아니라고 생각하는가보다 하고 스스로 마음을 닫아버릴 수 있다.

손님이 술을 권할 때는 운전을 핑계로 손님에게 양해를 구하는 것도 하나의 방법이다. 중장년의 손님들은 자신의 테이블에서 술을 여러 잔 마셔줘야 단골이라고 생각한다. 하지만 젊은이들은 자신의 얼굴을 알아주는 것만으로도 단골이라고 생각한다.

젊은 사람을 상대하는 호프집은 손님들의 특성을 알고 이에 맞는 적절한 대응을 해야 할 것이다.

매뉴얼에 의한 표준을 만들어라

영업시간 중에 서빙을 어떻게 해야 할 것인가는 서빙 매뉴얼에 대부분 나와 있다.

새로운 알바가 들어왔을 때도 이 매뉴얼을 활용하라. 그리고 매뉴얼은 가게 상황에 맞게 수정되어야 한다. 지금 우리 가게에서 사용하는 것이 새로 오픈하는 가게에 정확히 맞을 수는 없다. 수시로 업데이트 하기를 바란다.

매뉴얼이란 무엇인가?

어떻게 일을 해야 하는가를 표준화해 놓은 것이라고 생각할 수 있다. 손님이 들어왔을때, 주문받을때, 서빙할때… 등등

알바에게는 매뉴얼이 있지만 관리자에게는 매뉴얼이 없다. 스스로 만들어 나가야 할 것이다. 즉, 자신의 업무를 스스로 표준화시켜 나가야 한다는 뜻이다.

"호프집에서 무슨 표준화냐?"고 할 수도 있겠지만 업무에서 표준화해야 할 것들은 너무나 많다.

예를 들어 거래처 물건 매입부터 물건이 들어왔을 때 보관은 어디에 어떻게 하고, 재고가 부족할 때에 어떻게 파악하고, 언제 추가

주문할 것인지… 등등

매입만이 아니다. 빌지는 어디에 어떻게 보관하고, 사용한 후에는 또 어떻게 보관하고 하는 것… 등 업무만이 아니고 모든 행동양식을 표준화할 수가 있다고 생각한다.

물건을 매입하러 갔을 때도 마찬가지다.

심지어 청소하는 방법까지도… 일을 편하게 할 수 있게 스스로 하나하나 생각하면서 표준화해 나가는 것도 관리자의 몫이다.

어느 가게나 일하는데는 어느 정도의 패턴이 있다.

이것을 표준화로 만들겠다는 의식이 있는 것과 없는 것의 차이는 크다. 의식을 가지고 만들어 가는 표준화된 업무는 일하는 사람도 편할 뿐 아니라 실수없이 효율적으로 일을 처리할 수 있다.

스페어는 일정한 장소에 보관하라

가게 운영하면서 스페어를 준비 못해서 난감할 때가 가끔 있다.

영업용품만 챙겨둘 것이 아니고, 소모품에 대한 스페어도 챙겨두길 바라는 마음에서… .

카드 체크기에 종이가 없어서 난감한 경우도 있고, 가끔 냅킨이 모자라서 두루마리 화장지가 손님 테이블에 나가는 민망한 경우도 있구…, 빌지가 모자라서 쩔쩔 맬때도 있는가 하면, 병따개가 없어서 칼로 우거적 우거적 딸때도 있구, 맥주를 따르다가 탄산가스가 없어서 동네 한바퀴 달리기하는 경우도 있다.

이러한 경우가 발생하지 않게 하기 위해서 미리 준비하는 방법밖에 없다.

앞에서 출근 후에 점검하라고 했듯이 점검시에 창고에 있는 스페어 품목들을 하나하나 점검해야 한다.

한 눈에 여러가지를 점검하려면 당연히 각 품목이 일정한 장소에 보관·관리되야 할 것이다.

창고에 보관·관리되야 할 것들이 너무 많다.

드라이버·톱같은 공구세트부터, 전구등의 전기소모품, 전선, 계

절별로 사용하는 부품들… 등등

생각해보면 거의 모든 품목이 될 것이다.

항상 일정한 장소에 일정한 양이 있는지 매일 점검하기 바란다.

유통기간은 관리를 해야 한다

간혹 유통기간 지난 제품을 보관하고 있다가 단속에 걸리는 경우에는 몇 백만원의 벌금을 감수해야 한다.

어떻게 관리하는 것이 효과적인지 생각해 보자.

일반적으로 호프집에서 유통기간을 관리하는 방법은, 제품을 구매할때 만기날짜를 확인하고 냉장고에 보관하면서 사용하다가 몇 일에 한번씩 냉장고를 열어보면서 날짜가 지난 제품이 있는지 확인하게 된다. 이렇게 확인하는 방법이 틀린 것은 아니다.

매일매일 점검할 수 있다면 확실한 방법이지만 현실은 그렇지 않다. 냉장고 안쪽 깊숙히 보관해 놓은 제품을 매일 꺼내서 날짜를 확인하기는 쉽지 않다보니 몇 일에 한 번 또는 생각날 때 한 번씩 점검하는 것이 현실이다. 그러다가 단속이라도 나오게 되면 허둥지둥 불안한 마음을 감출 수가 없다.

필자가 관리하는 방법을 소개한다.

먼저 냉장고 문에 큼지막한 종이를 붙인다. 이 종이에는 유통기간이 있는 제품명을 위에서 아래로 차근차근 써 놓는다.

- 만두
- 오징어링
- 빌소세지

그런 후에 냉장고를 열어서 각 품목별로 만기날짜와 수량을 아래와 같이 기입한다.

• 만두	2/15 / /	2/17 /	
• 오징어링	2/16 / /	2/17 /	
• 빌소세지	2/20 /		

2월 15일 만기가 되는 만두가 2개, 2월 17일 만기가 되는 만두가 1개 있으며 2월 16일 만기인 오징어링이 2개, 2월 17일 만두가 1개 있으며, 2월 20일 만기가 되는 빌소세지가 1개 있음을 알 수 있다.

영업중에 2월 15일 만기인 만두를 2개 꺼내어 사용하고, 2월 16일 만기인 오징어링을 1개 사용한다면, 냉장고에서 꺼내는 즉시 해당만기날짜의 수량을 아래 그림과 같이 ⊗로 표시한다.

• 만두	2/15 ⊗⊗	2/17 /
• 오징어링	2/16 ⊗ /	2/17 /
• 빌소세지	2/20 /	

영업마감 후에 냉장고 문을 열어보지 않고서도 현재 냉장고 안에는 2월 17일 만기인 만두가 1개, 2월 16일 만기인 오징어링이 1개, 2월 17일 만기인 오징어링이 1개, 2월 20일 만기인 빌소세지가 1개 있음을 한 눈에 알아볼 수 있다.

만약 오늘 날짜가 2월 16일이라면 남아있는 오징어링 1개는 내일부터 사용할 수 없다.

반품하거나 폐기하기 위해 이것을 꺼내고 다음과 같이 표시한다.

• 만두	2/15 ⊗⊗	2/17 /	
• 오징어링	2/16 ⊗⊗	2/17 /	
• 빌소세지	2/20 /		

내일 영업을 위해 부족한 물품을 구매를 한 후에 냉장고에 입고시키면서 다시 만기날짜와 수량을 기록한다.

• 만두	2/15 ⊗⊗	2/17 /	2/18 /	2/19 /
• 오징어링	2/16 ⊗⊗	2/17 /	2/20 /	
• 빌소세지	2/20 /	2/25 /		

만두는 2월 18일 만기 1개, 2월 19일 만기 1개씩 입고됐으며, 오징어링은 2월 20일 만기 1개가 입고되었고, 빌소세지는 2월 25일 만기 1개가 입고되었음을 표시했다.

이와같이 물품이 입고될 때 또는 사용할 때마다 표시를 하게되면 냉장고 문을 열어보지 않고서도 그 안에 만기날짜가 언제인 무슨 품목이 몇 개 있는지 확인할 수 있으며, 유통기간이 지난 제품도 즉시 발견해 낼 수 있다. 주방장의 한 쪽 손에 볼펜을 쥐어 주도록 하자.

유통기간 관리를 안해서 걸리는 경우도 있지만, 날짜가 지난 제품을 반품해야 겠다고 생각하고 주방에 보관해 두었다가 걸리는 경우도 단속에 걸리면 벌금을 낼 수 밖에 없다. 이런 경우는 정말 억

울한 것이다. 하지만 문제가 발생되면 무슨 소용이 있겠는가.

유통기간이 지난 물품은 주방에서 빼내어 카운터에서 보관하다가 반품하면 최선일 것이다.

꼭 주방에 보관해야 한다면 잠시일지라도 별도의 비닐봉지에 넣어놓고, 그 봉지 겉에다가 반품용이라고 매직으로 써 놓았다가 반품·교환하는 것이 보다 효과적일 것이다.

남긴 안주는 먹어보아라

초저녁에 들어온 손님들은 늦게 들어오는 손님보다 안주를 대부분 많이 먹는다. 하지만 먹다가 의외로 많이 남긴 안주는 직접 맛을 보고서 맛이 없어서 남긴 것이 아닌지 확인하는 것이 좋다. 주방도 사람이 일을 하는 것이므로 안주의 맛을 내는데 실수할 수 있기 때문이다.

단골손님들은 맛이 변하면 주방장이 바뀌었냐고 물어보지만, 일반손님은 속으로 '이 호프집의 안주맛은 별로구나' 하고 혼자서 생각하고 조용히 나간다. 손님이 계산할 때 "맛있게 드셨어요?"하고 한마디씩 건네보면서 그 반응을 보는 것도 중요하다.

비록 안주를 못 만드는 주인일지라도 자신의 가게의 안주맛에 대해서는 평소에 기준을 가지고 있어야 한다. 통상 주방인원이 바뀌고 나면 저녁때나 야식때 안주를 하나씩 만들어서 시식을 하게 되는데, 자신의 업소의 특성에 맞게 주방장에게 안주맛의 변화를 요구하도록 한다.

10장 생맥주 상식

호프집에는 생맥주라는 고유 아이템이 있다.
생맥주를 취급하는 자로서 알아둬야 할 사항들을
생각해보자.

생맥주의 맛

맛있는 생맥주란 어떤 것인가?

사람에 따라 생맥주의 맛을 느끼는게 다소 다르겠지만 시원하면서 목으로 넘어갈때 싸~한 느낌이 나며, 마시고 난 후에 입안에 호프 고유의 맛이 남아있는게 아닐까 생각한다.

계절에 따라 시원함을 느끼는 온도가 다르겠지만 주류메이커에서 권장하는 계절별 적당한 맥주의 온도는

- 여름철 4~6도
- 봄여름 8~10도
- 겨울철 10~12도이다(겨울철에 너무 찬 맥주는 머리가 띵~! 술빨이 안받는다).

그럼 이 온도를 유지하기 위해서 어떻게 해야할 것인가?

우유같은 경우는 공장에서 출하되고서부터 항상 냉장고에 보관되어 소비자까지 공급된다. 생통도 그렇게 유통된다면 더 바랄게 없지만 현실적으로 그냥 상온에서 트럭에 실어서 유통되기에 특히 여름철같은 경우는 생통안의 온도가 30도 이상으로 올라가게 되고

겨울철에는 심하면 생맥이 얼어 얼음이 생길 수 있다(생통의 두께는 3~4mm정도로 여름에 열을 받거나 겨울에 차가우면 밖의 온도가 바로 안에 있는 생맥주로 전달된다).

상온에서 배달된 생맥주의 온도를 맛있는 온도 4~6도로 낮추기 위해서 생통냉장고와 (급속)냉각기를 설치하게 된다.

즉, 약 20도의 상온의 생통을 생통냉장고에서 일차적으로 10도 이하로 낮춘 후에 냉각기를 거쳐서 마시기 적당한 온도로 만들어 주게 된다.

이때 냉각기는 용량에 따라 온도를 낮출 수 있는 한계가 있기 때문에 일반적으로 온도를 15도 이상 낮출 수가 없다.

즉, 35도의 맥주는 냉각기를 통해도 20도로 되고 22도의 맥주는 7도로 되고 10도의 맥주는 4도로 된다.

생통냉장고를 쓰지 않을 경우 여름철 실온 22도이상에서 냉각기만 사용해서 생맥주를 뽑는다고 했을 때 아무리 온도를 낮춰도(냉각기 성능을 100% 발휘한다고 해도) 7도 이하로 온도를 내릴 수가 없으므로 손님이 느끼는 맥주맛은 시원할 수가 없다.

생통냉장고가 없는 업소에서는 생통에 물에 적신 대형수건을 감아서 미리 냉각시켜 두기를 권한다.

또한 생맥주를 따르는 생맥주컵이나 피쳐잔의 온도도 생각해 봐야 한다. 실온에 보관한 맥주잔에 맥주를 따르자마자 맥주는 온도가 상승하게 되어 손님이 마실 때는 이미 적당한 온도를 넘어서게 되므로 최고의 맛을 내기 위해서는 잔도 냉장고에 보관해 두었다가 사용하는 것이 바람직하다.

또한 맥주안에 녹아드는 탄산가스의 농도도 온도가 높아짐에 따라 점점 낮아지게 된다. 역으로 생통 안에 있는 생맥주도 온도가 낮을 수록 탄산이 많이 녹아든다.

잔에 따라놓은 맥주에서 뽀글뽀글 거품이 올라오는 것도 맥주가 실온에 맞춰 온도가 올라감으로 인해 생기는 것이다(엄밀히 얘기하면 압력에 의한 요인도 있음). 생통의 온도를 낮추는 것은 여러 가지 의미로 맥주맛을 좋게 하는 것이다.

결론적으로 생맥주의 최적의 온도를 유지하기 위해서는 생통냉장고와 냉각기를 통한 온도관리와 더불어 생맥주잔까지 냉장시켜서(장·단점이 있다) 관리한다면 최고 맛을 내기 위한 온도문제는 해결되는 것이다.

온도와 관련된 아이디어 하나 소개한다.

업소내 적당한 벽면에 "최적의 생맥주 온도는 4~6도입니다. 저희 업소의 지금 생맥주 온도는 (5)도입니다"라고 써 놓는다면 이것도 하나의 영업포인트가 될 수 있다.

생맥주가 싱거운 원인

평소에 생맥주 관리를 잘 하고 있음에도 불구하고 가끔 생맥주가 싱겁다고 하는 손님들이 있다.

손님이 기분에 따라 얘기하는 것은 논외로 하고서, 실제로 생맥주가 싱겁게 될 수 있는 몇가지 원인과 어떻게 조치를 해야 할지 생각해보자.

가장 흔히 발생하는 것이 생맥주라인 등의 이상으로 따르는 맥주에 거품이 발생하면서 생맥주 안에 녹아있는 탄산가스가 거품으로 변할 경우에 맥주가 싱거워지며 이는 앞에서 설명했었다.

생맥주는 코크에서 빠져나온 순간부터 그 안의 탄산가스는 점점 밖으로 배출된다. 가끔 생맥주를 아낀다고 모아뒀던 생맥주를 새로 따르는 생맥주에 섞어서 판매를 하는 업소가 있다.

모아뒀던 생맥주는 이미 탄산가스가 많이 날라간 상태이므로 새로운 맥주에 섞었을 때 전체 맥주맛이 싱거워진다.

손님 테이블에 피쳐잔으로 나갔을 경우에 오랜 시간에 걸쳐 마시게 되면 이 맥주 또한 탄산가스의 양이 정상보다 낮아졌으므로 생맥주가 싱거워진다.

피쳐잔에서 작은 잔으로 따를 때에도 잔을 기울여서 따라야 되는데 그렇지 않고 거품을 많이 내면서 따르면 그 맥주 또한 생맥주 맛이 싱거워진다.

맥주 제조회사 직원들이 생맥주를 마실 때 500cc잔만을 고집하는 이유가 여기에 있다.

흔히 맥주를 차갑게 하기 위해 냉동잔을 사용하는 업소가 많은데 냉동잔을 쓸 경우에도 맥주가 싱거워진다는 것을 알고 있어야 한다.

냉동잔을 냉동고에서 꺼내는 순간부터 잔 안쪽에는 이슬이 맺히기 시작한다. 맥주를 다 따를 때까지 보통 15~20초 정도의 시간동안 이슬 또는 얼음이 잔 안쪽에 생겨서 맥주와 섞이게 되므로 싱거워지는 것이다.

냉동잔을 사용하는 것은 맥주 고유의 맛보다는 시원하게 마시기 위한 것이다. 손님에게 맛있는 맥주를 제공할 것인가, 시원한 맥주를 제공할 것인가는 업주 자신이 손님층의 기호를 봐가면서 결정해야 할 일이다.

생맥주를 따를 때 거품이 많이 나는 이유

생맥주를 따를 때 잔을 최대한 기울여서 따른다면 500cc 하나 따르는데 보통 10~15초 정도의 시간이 걸리며 위쪽으로 생거품도 1~2cm 곱게 생긴다면 정상이라고 볼 수 있다.

하지만 생맥주 라인에 문제가 있으면 따르는 생맥에 거품이 많이 생김으로 인해 정상적인 시간내에 생맥주를 따르지 못할 뿐만 아니라 때로는 따른던 맥주잔에서 거품을 걷어내면서 따라야 할 경우도 있다.

그렇다면 어떠한 경우에 거품이 많이 발생되는가?

거품이 많이 나오는 것은 대부분 생맥주가 냉각기를 거쳐서 코크까지의 생맥주라인에 문제가 있을 때 발생한다. 가장 흔히 발생하는 문제가 냉각부족으로 인한 거품이 과다하게 발생되는 것이다.

생맥주를 따르면서 코크에서 나오는 맥주모양을 유심히 관찰해보라. 정상적인 생맥주는 다소 노오란 생맥주의 고유 색깔로 곱게 나온다. 하지만 냉각이 부족할 경우는 코크에서 나오는 맥주 자체에 거품이 섞여 있음을 볼 수 있다.

거품이 섞여서 맥주 색깔이 하얗게 나올 경우는 냉각이 안되고 있는지 즉시 점검해야 한다. 냉각기를 점검하는 방법에 대해서는 장비관리편에서 설명한다.

생통이 과도하게 냉각이 될 경우에도 거품이 많이 난다.

생맥주에 녹아드는 탄산가스의 양은 온도에 비례하게 되므로 생통 냉장고를 사용하는 업소에서 냉장고의 온도가 과도하게 내려가게 되면 그만큼 탄산가스가 생맥주 안으로 더 녹아들어 있다가 냉각기를 거치고 코크에서 밖으로 나오면서 온도가 올라가기 때문에 거품이 발생하는 것이다.

즉, 냉각기가 정상일지라도 생통냉장고에서 과냉이 된 경우에는 거품이 발생하는 것이다. 생통냉장고는 온도를 5~10도 정도로 맞춰두도록 해야 한다.

탄산가스 압력이 과도하게 조정되어 있을 때에도 거품이 많이 발생할 수 있다.

가능한 냉각기 설치시에 세팅한 탄산가스 압력을 유지하도록 하되 소형 냉각기인 경우는 40psi, 중대형 냉각기인 경우는 40~50psi, 특대형 냉각기인 경우는 50psi를 기준으로 한다. 여름철이나 생통 냉장고를 사용하지 않는 경우는 탄산가스가 녹아드는 양이 적기 때문에 기준 압력에서 5~10psi정도 올려서 조정한다.

냉각기 관리를 철저히 하고 냉각성능이 최대로 유지된다면 탄산가스 압력을 위 기준치에서 높은 쪽으로 세팅하는 것이 생맥주의 맛을 더욱 올릴 수 있다.

필자의 경우는 대형 냉각기에 생통냉장고를 사용하고 있음에도 불구하고 50~60psi사이에서 조정하고 있다.

탄산가스 압력을 조절하는 방법은 간단하다.

압력조절나사에 있는 잠금볼트를 푼 후에 드라이버로 조절나사를 $\frac{1}{4}$회전씩 돌리면서 조절하면 된다. 오른쪽으로 돌리면 압력이 올라가고 왼쪽으로 돌리면 내려간다.

생맥주를 따를 때 잔을 최대한 기울이고 생맥주가 나오는 생줄기와 일직선(코크의 방향과 잔의 방향이 일직선이 된다)이 되게 잔을 반듯이 기울여야 하는데 코크 옆에서 기울였을 때는 잔속에서 생맥이 와류를 일으켜 거품이 많이 발생한다.

사용중인 생통을 이리저리 옮겨도 거품이 많이 나올 수 있다. 한번 사용하기 시작한 생통은 마지막까지 그 자리에 가만히 두고 사용해야 한다. 사용 중 꼭 옮겨야 한다면 수평을 유지한 상태에서 살며시 들어서 옮기도록 한다.

코크레버를 제낀 후 생맥주가 처음 나올 때에 천천이 나오도록 조절레버를 세팅해야 한다.

그렇지 않고 처음 나오는 생맥주는 빠른 속도로 나와서 잔속에서 와류를 일으키거나 충돌을 일으키게 되면 뒤따라 나오는 생맥주도 거품이 많이 나게 된다.

생통에서 마지막 생맥주가 나올 때도 거품이 많이 나는데 경험이 많은 사람은 이때 생맥주가 나오는 속도를 줄여서 생맥주를 끝까지 다 따라낸 후에 생통을 교체한다.

계절별 생통관리방법

앞에서 온도관리의 중요성에 대해서 얘기했다.

그렇다면 계절별로 생통관리를 어떻게 해야 할지 생각해보자. 특히 여름과 겨울, 극단적인 예를 들어 생각해 보기로 한다.

겨울철에 외부온도가 영하로 떨어짐으로 인해 생통온도는 외부온도보다 더 낮아져서 생통관리를 잘못하면 통안에 있는 맥주의 주성분인 물(H_2O)이 얼게 된다.

물이 얼게 되면 부피가 커지면서 비중이 낮아짐으로 인해 생통위쪽으로 얼음이 올라가고 맥주원액은 밑에 위치하게 된다.

얼어있는 생통에서 맥주를 따르면 생통의 구조상(생통가운데 빨대입구가 통바닥까지 내려가 있음) 처음에는 밑쪽에 있는 생맥원액이 나오다가 나중에는 얼어있던 얼음과 물이 나오게 된다. 생맥맛이야 당연히 변해있다(맥주회사 직원 표현을 빌면 원액맛은 진국이라고 한다).

따라서 날씨가 차가운 날에 받은 생통은 실온에서 하루 이틀정도 보관하면서 혹시 얼어있을지 모르는 얼음이 녹고 난 후에 사용하는 것이 보다 안전하다.

생통이 얼어도 외관상으로는 안보이기에 확인할 때는 생통 위쪽에서 아래쪽으로 두드려본다. 만약 위쪽에 얼어있다면 아래쪽에서 통통~ 소리와는 달리 둔탁하게 툭툭~ 하고 소리가 날 것이다(생이 얼었다가 풀린 물성분이 다시 맥주원액과 썩일까? 하는 의문이 들어서 맥주 제조회사에 문의해보니 확실히 다시 섞인다는 대답이었다. 하지만 얼었다가 풀린 맥주는 맛자체가 변한다고 하니 반품하는 것이 좋다).

겨울에는 생통이 얼지만 않으면 되기 때문에 관리가 쉽지만 여름철에는 더워진 생통의 온도를 낮춰야 하기 때문에 관리가 더 힘들다.

한여름 점심때쯤 트럭에 실려 도매상에서 출발한 생통이 업소에 오기까지 4~5시간동안 땡볕을 받으면 생통내부 온도가 3~40도 이상은 충분히 올라간다.

그것을 저녁에 바로 쓴다고하면 어떻게 될까?

생통냉장고가 있다 하더라도 적당한 온도로 낮추기에는 무리가 아닐까 생각한다.

온도가 높은 생맥주에는 녹아있는 탄산가스양이 적어지므로 당연히 생 고유의 맛도 떨어지게 된다(탄산가스는 압력이 높을수록 온도가 낮을수록 많이 녹아든다).

따라서 여름에 받은 생통은 하루정도 실내에서 실온으로 냉각시켜서 내부가 안정을 찾은 후에 사용하여야 한다(생통냉장고 사용을 권장한다). 이렇게 안정된 생통은 생통냉장고와 냉각기를 거쳐서 온도를 적당하게 낮춰 사용하는데 앞에서 얘기했었기에 생략한다.

그 외에 생통냉장고의 온도를 실내온도를 고려하여 계절별로 조정할 필요가 있다.

겨울철에 실내 온도가 15도 이하로 내려갈 경우는 생통냉장고를 꼭 켜둘 필요가 없으며, 봄·가을에도 생통냉장고의 온도를 15도 정도로 설정하여 생통을 보관하면 된다.

하지만 여름철은 실내온도가 많이 올라가므로 생통냉장고의 온도를 10도 이하로 설정해야 한다.

잘못 따르면 제 맛이 안난다

생맥주를 따르는 방법에 대해 생각해보자.

생맥주를 따를 때 잔을 최대한 기울여서 가능한 거품이 적게 나오도록 따르다가 마지막에 잔 위쪽으로 1~2cm정도 거품을 만들어서 나가면 된다.

그렇다면 왜 거품이 적게 나오게 따라야 하는가?

생맥주는 코크를 빠져나와 잔에 부딪히는 충격으로 거품이 발생하는데 그 거품은 생맥주 안에 녹아있는 탄산가스가 날아가면서 발생하는 것이다. 생맥주를 잘못 따라서 거품이 많이 났을 때 그 거품을 걷어내면서 생맥주로 잔을 채울 경우는 이미 그 잔 안에 있는 생맥주에는 탄산이 많이 날라간 상태로 되기 때문에 맛이 닝닝~ 하고 톡~! 쏘는 맛도 없게 된다.

이 부분은 여러분들이 직접 테스트 해보시기 바란다.

한잔은 거품없이 따르고 한잔은 거품을 많이 내면서 따른 후에 맛을 비교해보라. 확연히 맛이 틀림을 알 수 있다. 알바 교육시킬 때도 직접 비교해보도록 하는 것이 효과적이다. 거품없이 따라야 하는게 생맥주를 아끼기 위해서가 아니고 맛을 위한 것임을 알면 모두들 조심히 따르리라 생각한다.

손님들이 피쳐잔에서 300cc잔에 따르면서 거품이 많이 나는 경우가 있다. 잔에 거품을 걷어내고 한모금 하고서는 "사장님! 맥주맛이 밍밍하네요. 물 탄거 아닌가요?"하는 분들이 있다.

피쳐잔에서 300cc잔에 따를 때 거품이 과도하게 났다가 가라앉은 맥주이기에 정상적인 맛이 날 수가 없다. 이제 그 이유를 알았으니 손님에게 확실하게 대처할 수가 있을 것이다.

더 나아가서 거품이 많게 따르는 것을 봤을 때는 다가가서 "손님! 맥주는 그렇게 따르면 맛이 없어집니다. 살포시 거품없이 따라 마셔야 제 맛이죠~!"하고 코멘트라도 한 번 하게 되면 "아~ 이 업소는 맥주를 알고 파는 곳이구나!"하고 그 가게의 이미지는 당연 올라가지 않을까?

이런 기회를 통해서 그 손님에게는 저희 가게에서는 생맥주의 참맛을 내기 위해서 다른 가게와는 달리 이렇게 이렇게 관리를 하고 있습니다라고 설명까지 해서 그 손님의 인식을 바꿔 놓는다면 단골? 안될 수가 없을 것이다.

생맥주 관리를 잘하면서 그것을 영업적으로도 활용하는 것이 운영의 노하우 중 하나라고 생각한다.

흔히들 영업이란 자신을 파는 것이라 한다. 자신의 가게의 장점을 적극적으로 부각시키는 것도 자신을 파는것이 아닐까 생각해 본다.

생맥주 상식

이래서 맛이 변한다

보통 맥주맛을 보기 위해 맥주를 조금 입에 놓고 혀로 돌려가면서 시원한지, 톡~! 쏘는 맛이 있는지, 호프 고유의 쌉쌀한 맛이 나는지를 알아보는 손님들이 있다.

하지만 더욱 정확히 맛을 보기 위해서는 맥주잔을 들고 최소 한 모금이상 꿀꺽~! 꿀꺽~! 마시고 난 직후에 목구멍으로 넘어갈 때의 시원함, 톡~! 쏘는 맛을 느끼면서 자연스럽게 나오는 캬~~!! 하는 표정과 함께 입안에 남아있는 호프맛을 음미하는게 정상적으로 맛을 보는 방법이다.

전 주인으로부터 가게를 인수하고서 장사를 하는데 손님들이 생맥주에서 닭똥냄새(정확한 표현인지는 모르지만 퀴퀴한 냄새 비슷한 냄새)가 난다고 그런다.

특히 그날 처음 맥주를 따랐을 때 그런 말이 자주 나온다.

그래서 생각한 것이 아~ 호스에 남아있던 맥주가 맛이 변하는구나! 오픈할 때 맥주 한 잔 정도를 따라서 버리면 되리라 생각하고는 그렇게 한적도 있다. 환자의 병명을 모르면서 엉뚱한 처방을 한 것이다.

그렇다면 왜 그런 냄새가 나고 생맥맛이 그렇게 되는지 그 해결 방법은 무엇인지 생각해 보자.

맥주를 쏟은 테이블이나 바닥은 닦을 때 맥주에 있는 당분이 말라 있어서 찐득찐득하다. 공기 중에 노출된 맥주는 그 당분으로 인해 미생물들이 달라붙게 되고 그 미생물이 급속히 번식하면서 퀴퀴한 냄새가 나게 된다(맥주 취급하면서 바닥에 카펫을 깔 때도 냄새를 생각해 봐야한다). 생통에서 맥주가 나오는 꼭지(코크)까지 이 미생물들이 번식할 수 있는 곳은 많이 있는데 생통에서부터 차근차근 둘러보자.

생통 내부

생통헤드를 통에 꼽는 순간에 헤드와 통 사이에 있는 공기(미소하지만)가 생통 안으로 들어가게 된다. 이 미소한 공기 안에 있는 미생물이 생통 안에서 번식을 하여 생맥주 맛을 변하게 한다.

따라서 생통 하나를 몇 일에 걸쳐 판매했을 때의 생맥주 맛은 생맥을 전문으로 하루에 몇통씩 판매하는 업소보다 생맥맛이 변하게 된다(메이커에서는 3~4일 내에 생통을 다 팔아야한다고 추천하고 있음).

생통헤드

생통헤드 레버를 재낄 때 생통과 레버가 접촉하는 부분에 맥주가 묻어 나오게 된다. 이 곳에도 미생물이 달라붙는다는 얘기다.

따라서 매일 업소 영업이 끝나고 난 후에, 헤드(전체)를 생통에서 분리시켜서 물에 담가 놓았다가 다음날 물기를 털고(레버를 잠깐 내려서 탄산가스 빠져나오는 것을 이용해도 된다) 생통에 다시 연결해서 사용하기를 권장한다(생통꼭지 평평한 부분도 물로 닦고 탄산가스로 불어내야 한다).

이렇게 물에 담그는 것만으로도 생맥의 당분은 물에 씻기기 때문에 미생물을 제거할 수가 있다.

코 크

생맥을 따르는 코크에는 따르다가 남아있는 맥주가 항상 남아있기 때문에 미생물이 많이 달라붙어 있다.

생맥주가 나오는 출구를 손으로 막은 후에(압력이 그리 크지 않기 때문에 손가락으로 막을 수 있다) 레버를 살짝 재끼면 생맥주는 출구로 나오지 못하고 코크의 여러 이음새부분으로 찌익~! 나오게 된다(맥주가 찌익~하고 내 옷으로 튀지않게 미리 수건이나 비닐로 감쌀 것). 맥주라인 청소할 때마다 이 과정을 몇번 하게 되면 코크에 있던 미생물은 씻겨져 빠져나오게 된다.

생호스 내부

생통과 헤드에 있는 미생물이 생호스를 타고 나오다가 생호스 내부에 붙어있게 된다. 호스를 오래 사용하게 되면 뿌옇게 되는 이유중 하나이다. 수시로 이 호스를 새 것으로 바꾸던지 아니면 호스 안을 수시로 물로 청소해주면 될 것이다.

이 호스 내부를 청소하는 방법에는 장비없이 하는 방법과 크리닝캐그를 이용하는 등 여러가지가 있으며 이어서 설명한다.

생맥주 라인 청소방법

앞에서 생맥주에는 당분이 있음으로 인해서 미생물이 달라붙게 되면 생맛이 변한다고 설명했다. 그 미생물을 청소하지 않는 한 생맛은 제맛을 유지하기가 힘들다. 하루에 한번씩 늦어도 몇 일에 한번은 청소를 해야만 생업소로서의 자격이 있지 않을까 생각한다.

이제 그 청소방법에 대해 생각해 본다.

생맥주 라인 크리닝 방법은 여러 가지가 있다. 각 업소에 맞게 응용해서 실시하기 바란다.

장비없이 맥주 라인을 세척하는 방법

생맥주 라인 청소를 할 때 특수한 기구나 장치가 있어야 한다고 알고 잇는 분들이 대부분이다. 절대 그렇지 않다.

수도호스만 있으면 간단히 라인을 청소할 수 있다. 어떻게 하는지 알아보자.

■ 수도호스 청소방법

1. 생헤드를 생통에서 분리시킨 후 코크레버를 재껴서 나오는 생을 받아서 버린다(아깝지만 어쩔수 없는 부분이다).
2. 호스를 수도꼭지에서 생코크로 연결시킨 후 코크레버를 재껴서 열어 놓는다.
3. 헤드의 가운데 부분을 뾰쭉한 젓가락이나 숫가락으로 눌러 주면서(맥주라인을 열어주는 것이다) 수도를 틀어주면, 수돗물이 맥주라인을 거꾸로 타고 흐르면서 내부를 청소하게 된다.
4. 청소가 끝나면 헤드를 생통에 꼽고서 생맥을 틀어서 물이 다 빠져나온 후에 생맥을 따라서 정상적인 맛이 나오는지 확인한다.
5. 업소영업이 끝나고 청소할 때는 3번에서, 물을 라인에 흘려주다가 헤드를 닫아주고 코크레버를 정위치로 한 후에 수돗물이 라인에 남아있는 상태로 다음날 오픈때까지 그대로 두게 되면 더욱 청소가 잘될 것이다(이때 생헤드는 물에 담가둘 것).

간단하죠?

크리닝 캐그를 사용한 맥주라인 세척법

크리닝 캐그는 하얀 통과 스텐으로 된 두가지 종류가 있으나 그 크기가 다를 뿐 사용방법은 대동소이하기 때문에 하얀 통을 기준으로 설명한다. 하지만 크리닝 캐그를 구입하실 때는, OB와 CASS는 서로 헤드가 다르므로 자신의 업소에서 사용하는 헤드에 맞는 것을 준비해야 한다.

크리닝 캐그를 이용하여 라인을 세척하는 방법에는 두 가지가 있다. 물만으로 세척하는 방법(1단계만 하는 것)과 1단계 후에 세제를 풀어서 2단계를 실시하고 3단계에서 세제를 씻어내는 방법이다.

세제가 없다면 1단계를 몇 번 반복하여 청소해도 된다.

1단계 맥주라인 세척	① 크리닝 캐그에서 뚜껑을 분리하여 통안에 물을 가득 채우고 닫는다. ② 생헤드를 크리닝 캐그에 조립한다(CO_2가스는 연결된 상태로 그냥 둔다). ③ 코크를 열면 생라인 안에 있는 맥주가 나오다가 나중에는 캐그안에 있는 물이 나오면서 청소한다. ④ 캐그뚜껑에 있는 안전밸브(둥근고리)를 당겨서 캐그안에 남아있는 CO_2 가스를 전부 방출시키고 캐그 뚜껑을 연다. ⑤ 생헤드를 캐그에서 분리시킨다. ⑥ 다음의 2, 3단계를 하지 않을 경우에는 1단계를 2~3번 실시하여 라인청소를 마친다.
2단계 맥주라인 세척	① 크리닝캐그에 물을 채우고 세제(타블렛1/2)를 넣고서 잘 용해될때까지 젓는다. ※ 세제 타블렛은 맥주제조회사 담당영업사원에게 부탁하면 무상으로 공급받을 수 있다. ② 캐그뚜껑을 닫고 생헤드를 조립한다. ③ 코크를 열어서 처음에 나오는 물은 따라 버리고 그 후에 나오는 세제액을 1000cc정도만 따라서 보관한다. ④ 생헤드를 캐그에서 분리한다. ⑤ 캐그의 안전밸브를 당겨서 캐그안에 남아있는 CO_2가스를 전부 방출시킨다. ⑥ 충분한 세척을 위해 이 상태에서 5~10분 정도 기다린다. ⑦ 그 사이에 미리 1000cc정도 따라놓은 세제액으로 생헤드, 헤드연결휘팅, 코크몸체 등을 세척한다.
3단계 맥주라인 세척	① 앞의 1단계 과정을 몇번 실시하여 라인안에 있는 세제를 씻어낸다. ② 생통을 연결시키고 라인에 있는 물을 배출시킨 다음에 생맥을 500cc 정도 따라낸다. ③ 마지막으로 생맛을 보고 세제맛이 안나는지 확인한 후에 영업을 개시한다.

생터짐 방지기를 이용한 청소방법

근래 개발되어 시중에 판매되고 있는 생터짐방지기에도 라인청소를 간단히 할 수 있는 기능이 되어 있다.

필자가 객관적으로 평가할 때 추천할만한 제품이다(필자와 그 회사와는 전혀 관계없음을 미리 밝혀둔다).

이 제품은 크게 두가지 기능으로 되어 있다.

첫째는 생터짐 방지 기능이고, 두번째는 생맥주라인 청소를 간편하게 할 수있다.

생터짐 방지를 어떻게 하는지 알아보자.

생통에서 나온 맥주는 냉각기를 거친 후에 호스라인을 통해 코크로 나가게 되는데 냉각기와 코크 중간에 호스를 자르고 거기에다가 이 장치를 설치하게 된다. 생통에서 맥주가 떨어지면 탄산가스가 라인을 통해 들어오게 되는데 이 장치가 가스의 압력을 감지하여 라인을 차단시켜 주는 원리이다.

또한 라인차단과 동시에 코크에서 나오던 맥주는 서서히 멈추게 된다. 기존에 가스가 분출하면서 따르던 맥주가 거품으로 변하는 것을 방지해 주는 것이다.

따르던 맥주가 서서히 안 나오게 되면 코크를 잠그고 생통을 교환하면 된다. 생통을 교환하더라도 이미 라인안에는 탄산가스가 남아있기 때문에 이 장치는 라인안의 탄산가스를 배출시킬 수 있는 별도의 수동밸브가 설치되어 있다.

이 조그만 수동밸브를 3~5초 동안 열어주면서 라인안의 탄산가스를 밖으로 배출시킨 후에 다시 맥주를 따르면 정상적으로 생맥이 나오게 된다. 따라서 사용자 입장에서는 생맥을 따르다가 생맥이 안 나오게 되면 생맥주 따르던 것을 중단하고 생통을 먼저 교환한 다음 수동밸브를 열어서 라인 속의 가스를 배출시키고 다시 생맥을 따르면 된다.

사용법은 아주 간편하다.

그리고 따르던 피쳐잔으로 가스가 터져 나오지 않음으로 인해 버리는 생맥주도 없으므로 일석이조라 아니할 수 없다.

두번째로 생맥주라인을 어떻게 청소하는지 알아보자.

설치할 때 수도라인이 이 장치에 연결된다. 평상시는 밸브를 잠가서 수도물이 이 장치안으로 들어가지 않게 되지만 청소할 때는 이 밸브를 열어서 수도물이 라인을 세척하는 원리이다.

청소하는 순서대로 알아보자

라인 청소는 두 개 부분으로 이루어진다. 즉 이 장치와 코크사이 그리고 이 장치와 생헤드사이의 라인을 차례로 청소해보자.

먼저 생통에서 헤드를 분리한다. 헤드가 분리되게 되면 탄산가스 압력도 라인과 분리된다. 그 후에 수도라인 밸브를 열게 되면 수돗물이 라인에 연결되어 수돗물 압력이 라인에 작용하게 된다.

이 상태에서 코크를 열게 되면 이 장치와 코크사이에 남아있던 생맥주가 수돗물압력에 의해서 밀려나오다가 나중에는 수돗물만 나오게 된다.

2000cc잔으로 2개 정도 수돗물을 받아내면서 라인청소를 하고서 코크를 잠궈둔다.

그리고는 생헤드 안쪽중앙 맥주라인이 시작하는 곳에 젓가락을 깊숙히 집어넣으면(역류방지 밸브를 열게된다) 이 장치와 생헤드사이에 있는 생맥주가 수돗물 압력에 의해 거꾸로 밀려 나오다가 나중에는 수돗물이 나오게 된다.

이것 또한 2000cc잔으로 2개 정도 받아낸 후에 젓가락을 빼고서 그대로 두면 수돗물이 생맥주라인에 그대로 남아있게 된다.

그 후에 생헤드를 적당한 용기(주로 3,000cc잔을 이용)물에 받아놓고 그 안에 담궈두면 된다.

마지막으로 수돗물을 잠근 상태로 다음날 영업시간 전까지 그대로 두게 되면 생맥주라인은 밤새 수돗물로 세척이 되게 된다.

영업시작할 때에는 헤드를 생통에 조립한 후에 코크를 열어서 생맥주가 정상으로 나올때까지 라인안에 있는 수돗물을 받아내서 버리면 된다. 기존의 크리닝캐그를 사용해서 라인을 청소하는 방법보다 훨씬 간편하고 시간도 적게 걸린다.

이 제품을 사용하는데 주위할 사항이 하나 있다.

수돗물 밸브를 확실히 잠궈두어야 한다. 실수로 이 밸브가 열려있게 되면 수돗물 압력으로 인해 생맥주라인에 물이 들어가게 됨으로 인해 맥주맛이 물맛이 되는 위험성을 안고 있다.

필자는 만약의 경우를 대비하여 이 장치에 달려있는 밸브가 열려도 수돗물이 맥주라인으로 들어가지 못하도록 수돗물 라인에 한개의 밸브를 추가로 설치하여 두개를 모두 잠궈둔다.

객관적으로 봤을때 추천하고 싶은 제품이다.

자신의 아이디어를 구체화시키고 제품화하기가 엄청 힘들다는 것을 필자는 다른 경험을 통해서 알고 있기 때문에 이러한 제품을 개발하는 분들을 좋아한다. 아니! 존경한다!

11장 호프집의 전기상식

전기를 사용하는 입장에서 전기에 대한 상식과 내 업소에서 필요한 전기용량에 대해 알아보자.

호프집의 전기용량

호프집을 하는데 있어서 대부분 장비들이 전기기기들이기 때문에 전기에 대한 기본상식은 있어야 한다. 가게를 계약하기 전에 기존 전기용량이 얼마인지 확인하고 용량이 모자라다고 생각되면 건물주와 계약시에 미리 상의를 하는 것이 좋다.

계약이 끝나고서 나중에 전기용량이 부족해서 건물주에게 전기증설을 해달라고 해봐야 대부분 건물주는 편의시설에 대한 것은 세입자가 해야한다고 주장하기 때문이다.

그렇다면 호프집을 하는데 필요한 전기용량은 얼마나 있어야 할까?

구체적인 용량은 가게의 간판, 조명, 냉·난방 방식, 냉동고나 주방기기에 따라 업소마다 각각 다를 것이므로 별도로 계산해 봐야 할 것이다.

전기에 대한 상식과 전기기기에 대해 먼저 알아보고 난 후에 실질적인 전기용량을 예를 들어서 계산해 보도록 하자.

통상 이 가게의 전기는 몇 kw라는 얘기를 많이 한다.

예를 들어 10kw라고 얘기할 때는 한전과 계약한 용량이 10kw란 뜻이다.

그런데 10kw란 용량이 어느 정도인지 감이 안 잡히죠?

일반 가정에 들어가는 전기가 5kw정도이니 그 2배라고 생각하면 된다. 그리고 가정용 에어콘이 보통 2~3kw의 전기를 사용한다. 일반 가정에서는 에어콘 1대에 냉장고와 전등을 합쳐야 5kw넘어가는 경우가 거의 없다.

하지만 업소용 에어컨 용량은 작은게 5kw정도이니 20평정도의 가게에서 여름에 에어콘 1개를 사용하면서 간판, 매장내 전등, 주방 냉장고 등을 사용하기 위한 전기용량은 최소 10kw이상이 되어야 함을 쉽게 알 수 있다.

그렇지만 대형간판을 여러개 사용한다든지 실내에 특수조명이나 여러 가지 전기제품을 사용한다고 생각하면 이 이상도 되야 할 것이다.

정확한 용량은 뒤쪽에서 산출해 보도록 하겠지만 일반적으로 20평당 10kw의 용량이 필요하다고 기준을 잡으면 크게 무리가 없다.

40평에 20kw, 60평이면 30kw이 필요하게 된다.

더 구체적인 것은 앞으로 하나하나 검토해 나가자.

계약전력이란?

계약전력이 10kw란 의미는 무엇일까?

계약전력이란 한전에서 공급받을 수 있는 전력으로서 그만큼한 용량을 지속적으로 사용해도 전선(외부에서 계량기까지)이나 계량기에 무리가 가지 않는 전력을 의미한다.

즉, 10kw로 계약이 되어 있다면 1kw짜리 전기기기를 동시에 10개까지 사용할 수 있다는 뜻이 된다.

그 이상의 용량을 사용하게 되면 전선이 탈 수 있으며 심지어 계량기도 열이 많이 발생되어 어느 순간에 타버려서 정전이 될 수 있으므로 자신의 가게의 전기용량이 얼마이고 에어콘을 사용했을 때 어느 정도의 전기용량이 필요한지 확인해둘 필요가 있다.

필자의 가게에서도 전기용량 부족으로 한여름에 2번이나 계량기가 타서 영업 중에 정전이 된 쓴 경험이 있다.

참고로 계량기가 타서 정전이 되면 바로 한전에 연락하여 비상조치(계량기를 통하지 않고 바로 전기를 공급받을 수 있다)를 받으면 된다.

전기 사용량과 전기료 절약방법

전기사용량과 전기료에 대해 알아보자.

전기사용량이 2,000kwh란 무슨 뜻일까?

전기사용량은 계약전력을 몇 시간동안 사용했는지를 나타낸다.

2,000kwh의 의미는 계약전력이 10kw일 때,

2,000kwh / 10kw = 200h

즉, 10kw의 용량으로 200시간 사용했다는 뜻이다.

한국전력의 요금체계는 2가지가 합쳐져서 되어있다.

계약전력에 따른 기본요금과 사용량에 따른 사용량(전력량) 요금이 합쳐져서 요금이 청구가 된다.

호프집에서 사용하는 전력은 일반용저압(주택용과는 요금체계가 다르다)으로 기본요금은 kw당 5,360원이며, 사용량요금은 kw당 94.9원이다(지역별, 계절별로 다소 다를 수 있다).

그렇다면 10kw로 계약된 호프집에서 1,000kwh를 사용했을 때

기본요금은 10kw×5,360원 = 53,600원이 되고,
사용요금은 1,000kw×94.9원 = 94,900원이 합쳐져서 148,500원이 된다.

하지만 한전에서는 계약전력×450시간(하루 15시간 기준으로 30일분)의 전기사용량까지는 위 기본 전기요금을 적용하지만 그 이상 사용하게 되면 초과분에 대해서는 위약금으로 두배 정도의 전기료를 적용하고 있다.

10kw로 계약이 되어 있다면 10kw×450h = 4,500kwh까지는 1kwh당 94.9원을 내면 되지만 5,500kwh를 사용했다면 초과된 1,000kwh에 대해서는 1kwh당 190원씩 계산해서 요금이 청구되게 된다.

그러면 계약전력을 높이면 더 많은 전기를 위약금없이 사용할 수 있지 않을까?

계약전력이 높다고 꼭 좋은 것은 아니다. 계약전력이 높으면 높을수록 전기를 사용하지 않아도 내야하는 기본요금이 높아지기 때문이다.

만약에 위 가게가 10kw로 계약된 것이 아니고 20kw로 계약이 되어 있다고 하면, 20kw×4,500h = 90,000kwh까지는 기본요금으로 사용량에 따라 전기료를 내면 되지만 20kwh에 대한 기본요금을 내야하기 때문에 어느 쪽이 경비를 줄일 수 있는지는 실제 사용량과 계약전력을 비교해 보면서 증설비용을 감안하여 전기증설을 판단해야 한다.

실제 사례를 구체적으로 설명한 신문기사를 참고하기 바란다.

계약전력을 잘 활용해야 전기료를 줄인다.

서울 동작구 사당동에서 5월부터 1층 가게를 얻어 식당을 하고 있는 K씨는 최근 7월 전기요금 고지서를 보고 깜짝 놀랐다.

전기료가 6월에는 1666kWh에 약 20만원을 냈는데 7월에는 65만원 이상이 됐기 때문이다. 에어컨 사용이 늘어 7월 전기사용량이 3916kWh로 2.4배로 늘어나긴 했지만 전기료는 3배 이상이 됐기 때문이다. 이처럼 K씨가 사용량 증가분보다 훨씬 높은 전기료를 문 것은 계약사용량을 넘어 사용한 데 따른 위약금이 포함되어 있기 때문이다.

한국전력 전기공급 약관에 따르면 100kW 미만의 저압전력을 쓰는 일반용, 교육용, 산업용, 농사용, 전력 사용 고객은 월당 계약전력 450시간(하루 15시간씩 30일 기준)을 초과해 쓰면 초과분에 대해서는 위약금으로 2배를 물린다.

K씨의 계약전력은 5kW이기 때문에 2250kWh(5×450)까지만 통상적인 전기료를 내고 초과분 1666kWh에 대해서는 2배의 전기료가 적용됐다.

이에 따라 K씨에게는 16만1000원의 위약금 전기료(kWh당 여름 요금 96.90원)와 부가세 10%인 1만 6000원 등 17만원가량이 추가로 부과됐다.

K씨가 앞으로도 월 사용전력이 2250kWh를 훨씬 초과할 것으로 예상해 계약전력을 8kW로 올리면 월 3600kWh(8kW×450시간)까지는 위약금을 물지 않는다. 다만 계약전력을 올리면 1㎾에 5만9000원의 기본 공사비를 한 차례내고 기본요금도 1kW에 5,470원씩 추가되기 때문에 계약전력을 높이는 데 따른 추가 비용과 위약금을 비교해서 선택해야 한다.

특히 계약전력을 낮췄다 높이면 높일 때마다 기본 공사비를 내야 하기 때문에 신중해야 한다.

전국에서 100kW미만의 일반용 전력을 사용하는 소비자는 소규모 상가와 사무실 약 190만가구 등 300만가구에 이른다. 한전은 매년 이 같은 계약전력 불일치로 소비자가 무는 위약금이 수백억원에 이르는 것으로 추정하고 있다.

한전 운영팀 이판기 과장은 3개월 이상 위약금을 무는 소비자에게는 계약전력 변경에 대한 설명을 해주고 있다며 한전 지점에서 상담을 받아 소비규모에 맞는 계약전력을 선택하면 전기료를 아낄 수 있다고 말했다.

〈동아일보에서 발췌〉

전기용량 산출예

40평 정도의 호프집을 기준으로 실제로 필요한 전기용량을 계산해 보자.

전기를 사용하는 각종 기기나 장비에 대해서 각각 얼마의 전기가 필요한지 파악한 다음에 수량을 곱해서 합산하는 방법으로 계산한다.

먼저 각종 전기제품의 필요전기용량을 알아보자.

간판

호프집 간판으로 가장 많이 사용하는 파나플랙스는 폭 1m×길이 1m당 0.2kw를 기준으로 하면 된다.

전면간판 1개, 돌출간판 1개, 입구간판 2개를 사용한다고 가정하자.

에어콘

호프집을 하는데 얼마만큼한 용량의 에어콘이 필요할까?

건물의 구조(지하, 창문여건)나 탕·전골류를 홀에서 직접 끓이는지 등에 따라 달라질 것이다.

일반적으로 실평수의 1.5배의 용량을 선정하면 무리가 없으며 홀에서 탕을 끓여야 할 경우는 실평수의 2배용량을 선정한다. 같은 용량의 에어콘도 제조사마다 전기용량이 다소 다를 수 있다.

난방을 전기히터로 하는 경우도 있지만 일반적으로 난방보다 냉방에 전기소모가 더 많으므로 냉방에 필요한 에어콘을 기준으로 전기용량을 산출한다.

일반적인 기준에서 30평형 에어콘의 전기용량은 약 3.4kw이며 50평형은 약 5.5kw이다.

30평형 2개를 사용한다고 가정하자.

냉동·냉장고

냉동·냉장고의 전기용량을 구체적으로 모를때는 개략적으로 다음과 같이 산출하면 된다. 냉동기능이 들어간 제품은 최대 1kw정도로 계산하고, 냉장기능만 들어간 제품은 약 0.5kw정도로 기준을 잡으면 크게 벗어나지 않는다.

좀더 자세히 알아보자.

주방용 냉동고는 3칸짜리(위층은 냉동고, 중간층은 중간냉동, 아래층은 냉장고)를 많이 쓰는데 그 전기용량은 약 0.8kw이다. 그 외에 주방용 냉동고는 아이스크림 냉장고를 쓰는 곳도 많다.

아이스크림 냉장고는 뚜껑을 위에서 열게 되어 있어서 물품 보관하기도 편하고 꺼내 쓰기도 편한 장점이 있다. 아이스크림 냉장고는 거의 냉동기능에 가깝기 때문에 소요전력은 약 0.6kw정도 된다.

술을 보관하기 위한 술냉장고는 필수이며 개당 소요전기량은 약 0.4kw이다.

생맥주 냉각기, 냉장고

생맥주 냉각기는 그 크기에 따라 4가지 정도의 종류가 있지만 중대형 업소에서 많이 쓰는 냉각기를 기준하면 소요전력은 약 0.8kw이다. 냉각기가 해주는 역할은 냉각기 안에 있는 물을 항상 얼음으로 만들어 유지를 하면서 생맥주를 차겁게 해주는 역할을 해야 하기 때문에 냉장고보다 전기소모량이 많음을 쉽게 알 수 있다.

중대형업소에서는 생통을 미리 차겁게 하기 위해서 생냉장고를 사용하고 있으며 냉동기능이 안 들어가므로 그 전기용량은 약 0.4kw정도 된다.

튀김기

튀김기는 생각보다 전기소모가 많은 제품이다. 메이커마다 다소 다르지만 튀김기 개당 3kw로 잡으면 된다.

제빙기

제빙기 도구 용량에 따라서 소형, 중형, 대형이 있지만 일반적으로 소형을 사용한다고 생각하면 약 0.6kw의 전기용량이다.

정수기

정수기는 냉수만을 사용할 때는 약 0.1kw의 용량이지만 온수를 사용할 경우는 약 0.4kw의 전기용량이 필요하다.

환풍기

호프집의 환풍기는 일반적으로 20~30평을 기준으로 1마력(0.75Kw)짜리를 사용한다. 닥트의 길이가 길든지 매장내에서 탕·찌개류를 끓인다면 이보다 용량을 늘려야 할 것이다.

매장이 크거나 지하인 경우는 급기시설도 고려해야 하지만 계산에서 제외하자. 앞서 40평을 기준으로 한다고 가정했으므로 1마력짜리 2개를 사용하기로 한다.

선풍기

선풍기는 개당 12w(0.012kw)로 전기소모가 적은 제품이다. 선풍기 8개 정도를 달았다고 했을 때 약 0.1kw로 산정해도 된다.

TV

근래 호프집은 비디오 시설이 필수로 되어가는 분위기이다. 월드컵 이후로 축구경기가 있는 날은 비디오 시설이 있는 업소와 없는 업소의 매상차이가 많이 발생하고 있다.

비디오 시설을 프로젝트로 하느냐 TV로 하느냐는 업소의 분위기와 업주의 상황에 맞춰 결정해야 할 것이다.

전구

호프집에서 많이 쓰는 전구별로 알아보자.

전기소모가 가장 작은 삼파장전구는 제일 작은 것이 11w, 중간 것이 20w, 큰 것이 48w이며 호프집에서는 주로 작은 것이나 중간 것을 많이 사용한다.

형광램프는 작은 것 60cm짜리가 20w이며, 큰 것 120cm짜리는 40w이다. 대부분 큰 것을 많이 사용하고 있다. 백열전구는 40w, 60w 등이 있지만 그 효율이 낮으므로 많이 사용하지 않는다. 할로겐 램프는 20w, 30w, 50w 등이 있으며 조명의 효과를 위해서 대부분 50w를 많이 사용한다.

위에서 보듯이 일반적으로 할로겐 → 일반전구 → 형광램프 → 삼파장전구 순으로 전력소모가 적다고 생각할 수 있다.

전기밥솥

중간크기(약 4리터)의 전기밥솥인 경우 취사 기준 전기용량은 1.4kw이며 취사 중에는 전기를 많이 소모하는 편이다.

기타

호프집에서 창문에 사용하는 아트네온이라든지 깜빡이 등은 용량 계산에서 제외하기로 한다. 필요하다면 구매할 때 확인하기 바란다.

실제용량 계산 예

각 단품별로 전기용량을 확인했으니 이제는 40평가량의 호프집의 필요한 전기용량을 계산해 보자.

업소마다 다르겠지만 가능한 실제 상황에 맞춘 기준으로 간판이나 장비를 구입한다고 가정한다.

■ 전기용량 계산 예시

간 판	• 전면간판 1.2m×10m.1개 = 1.2×10×1×0.2kw = 2.4kw • 돌출간판 0.8m×3m.1개 = 0.8×3×1×0.2kw = 0.48kw • 입구간판 0.3m×3m.2개 = 0.3×3×2×0.2kw = 0.36kw	3.24kw
에 어 콘	• 30평형 2대 = 2×3.4kw = 6.8kw	6.8kw
냉동·냉장고	• 주방 냉동고 2대 = 2×0.8kw = 1.6kw • 주방 아이스크림 냉장고 1대 = 1×0.8kw = 0.8kw • 바 술냉장고 2대 = 0.4×2 = 0.8kw • 바 잔냉장고 1대 = 0.4×1 = 0.4kw	3.6kw
생 냉 각 기	• 생냉각기 1대 = 1×0.8kw = 0.8kw • 생냉장고 1대 = 1×0.4kw = 0.4kw	1.2kw
튀 김 기	• 주방용 튀김기 1개 = 1 × 3kw = 3kw	3kw
제 빙 기	• 제빙기 소형 1대 = 1×0.6kw = 0.6kw	0.6kw
정 수 기	• 정수기 1대 = 1×0.4kw = 0.4kw	0.4kw
환 풍 기	• 매장 환풍기 2대 = 2×0.75kw = 1.5kw	1.5kw
선 풍 기	• 선풍기 8대 = 8×0.012kw = 0.1kw	0.1kw
전 구	• 형광등(대) 6개 = 6×0.04kw = 0.24kw • 삼파장(소) 20개 = 20×0.11kw = 0.22kw • 할로겐(대) 4개 = 4×0.05kw = 0.2kw	0.66kw
전 기 밥 솥	• 전기밥솥 4리터 1개 = 1×1.4 kw = 1.4kw	1.4kw
합 계		**22.5kw**

결론적으로 40평인 위 업소의 전기용량은 22.5kw이다.

앞에서 20평과 40평을 기준했을 때 필요한 전기용량이 개략적으로 각각 10, 20kw가 된다는 얘기를 했었는데 이 기준에서 크게 벗어나지 않고 있음을 알 수 있다.

이상으로 호프집에 필요한 전기용량을 산출해 봤다.

실제 용량은 각 업소의 상황에 맞춰서 위와 같은 방법으로 계산하기 바란다.

12장 호프집의 세무관리

간이 과세자와 일반과세자의 차이에 대해 알아보고
부가세와 소득세를 어떻게 신고할 지 생각해 보자

호프집의 세무관리

사업자 구분

호프집은 사업자 구분은 크게 두가지로 나눠진다.

처음 사업자등록증을 낼 때 자신의 매출이 년간 4,800만원이 넘지 않을 것이라고 예상되면 간이과세자로 신고하면 되며, 그 이상이 될 것이라고 생각되면 일반과세자로 신고하면 된다.

정확한 매출을 예상할 수 없을 때는 일단 간이과세자로 등록할 수도 있다. 그후 1년 영업 실적에 따라 매출신고액이 4,800만원이 넘으면 세무서에서 일반과세자로 변경하라는 통지가 온다. 이 통지를 받고서 일반과세자로 변경하면 되기 때문에 처음 사업자를 등록할 때 너무 고민할 필요는 없다.

하지만 간이과세자에서 일반과세자로 변경하는 것도 세무서를 방문하는 등 별도의 절차가 필요하므로 자신의 업소 규모가 30평이상이거나 매출이 년 4,800만원이 확실하게 넘어간다고 생각될 때에는 일반과세자로 미리 등록하는 것도 바람직하다.

자신의 업소의 평수가 30평이내라면 간이과세자로 등록하고 그 이상이라면 간이과세자로 등록하는 것이 일반적이다.

남의 가게를 인수해서 시작하는 경우는 가능한 전사업자의 유형을 따르면 된다.

해당 지역별로 간이과세자로 등록할 수 없는 지역이 있다.

예를 들어 백화점, 대형유통상가, 번화가로 인정되는 특정지역(신촌, 압구정동 등)에서 사업을 시작할 때에는 무조건 일반사업자로 해야 한다. 이러한 지역은 사업자등록을 신청할 때 세무서 창구에서 얘기해준다. 예를 들어 위아래층이 전부 일반과세자인데, 그 중간에 있는 내가 간이과세자로 할 수는 없는 것이기 때문에 상식적으로 생각해도 이해되는 부분이다.

세무신고 기간

부가세는 1월~6월 매출에 대해 7월 25일까지, 7월~12월 매출에 대해 다음해 1월 25일까지 신고한다.

다만 1월~3월 사이에 개업한 경우는 4월 25일까지, 7월~9월에 개업한 경우는 10월 25일까지 신고해야 한다. 부가세 신고는 직접 세무서를 방문하거나 음식업협회 또는 세무사를 통해서 신고할 수 있으며, 자신의 상황에 맞춰서 선택하도록 한다.

신고방법

세무서를 방문하여 수기로 작성하여 제출할 수도 있으나 가능한 국세청(www.hometax.go.kr)사이트에서 전자신고를 하는 것이 편리하다.

일반과세자의 부가가치세 계산

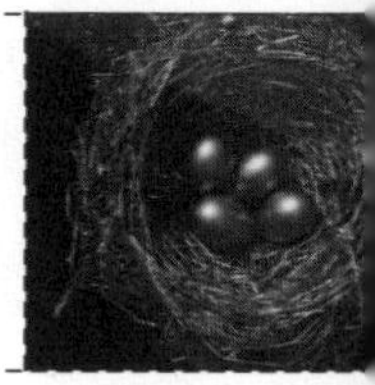

부가가치세 신고는 일반과세자와 간이과세자가 조금씩 다르다. 먼저 일반과세자의 부가세 계산법에 대해 간략히 설명한다.

> 부가가치세 = 매출신고액의 10% - 세금계산서매입액의 10% - 농축산물매입액의 6/106* - 신용카드발행액의 1%*

※ 음식점업자의 면세농산물에 대해 2008년 12월 31일까지는 6/106 적용
※ * 총 500만원 한도. 음식점업 및 숙박업을 영위하는 간이과세자는 1.5%

여기서 농축수산물이라 함은 부가가치세를 면제받아 공급하는 업체를 말하며, 거래하고 있는 농축수산물업체에 부가세면세업체인지 확인하고, 계산서를 받으면 된다(법률용어로 의제매입세액공제라 그러는데 너무 어려운 단어죠? 단어에 크게 신경쓰지 말자).

위 계산식을 기준으로 실제 신고금액을 산출해 보자.

① 과세기간은 2007년 1월 1일 ~ 6월 30일로 한다.
② 총매출은 231,000,000원으로 하고 부가가치세 21,000,000원이 포함된 금액이다.
③ 거래처로부터 받은 세금계산서의 합계는 다음과 같다.

- 주　류 : 18,480,000원　(공급가 16,800,000원　부가세 1,680,000원)
- 공산품 : 22,000,000원　(공급가 20,000,000원　부가세 2,000,000원)
- 월　세 : 6,600,000원　(공급가 6,000,000원　부가세 600,000원)

④ 농·축·수산물업체로부터 받은 계산서(농·축·수산물은 계산서에 부가가치가 표시되지 않고 전체금액만 표시된다).

- 육류구입액 : 60,000,000원
- 쌀, 야채 등 : 20,000,000원

⑤ 신용카드매출액 150,000,000원

⑥ 예정고지액 3,000,000원(이것은 2007년 4월에 세무서에서 고지한 금액을 미리 납부한 것임).

⑦ 이제 부가세를 계산할 차례다.

- 매출신고액의 10% = 총매출액에는 부가세 10%가 이미 포함되어 있기에 231,000,000원×10/110 = 21,000,000원
- 세금계산서매입액의 10% = 1,680,000원 + 2,000,000원 + 600,000원 = 4,280,000원
- 농축수산물 매입액의 6/106 = 80,000,000원×6/106 = 4,528,302원
- 신용카드 발행액의 1% = 150,000,000원×1/100 = 1,500,000원
- 예정고지세액 = 3,000,000원

그렇다면,

- 부가가치세 = 21,000,000원 − 4,280,000원 − 4,528,302원 − 1,500,000원 − 3,000,000원 = 7,691,698원이 된다.

계산이 복잡한가요?

그렇지만 실제 해보면 부가가치세 계산은 어렵지 않다.

일반과세자의 부가가치세신고

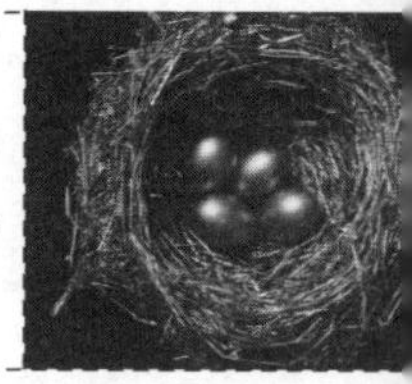

앞에서 계산된 부가가치세를 신고양식에 기입하여 신고하면 된다. 실제 양식에 어떻게 기입해서 신고하는지 알아보자.

[별지 제12호서식]　　　　　　　　　　　　　　　　　　　　　　　　　　(1장 앞쪽)

일반과세자 부가가치세 ☑예정 □확정 □기한후과세표준 □영세율 등 조기환급 신고서

관리번호	-	신고기간	200×년 1기(1월 1일 ~ 3월 31일)	처리기간	즉시

사업자	상호(법인명)	미래와경영 호프	성명(대표자명)	홍길동	사업자등록번호	220-81-81950	
	주민(법인)등록번호	–	전화번호	사업장	주소지	휴대전화	
	사업장 주소	서울 강남구 역삼동 668-1		전자우편 주소	fm@fmbook.com		

❶ 신고내용

구분				금액	세율	세액
과세표준 및 매출세액	과세	세금계산서 교부	①		10/100	
		매입자발행세금계산서	②		10/100	
		기타	③	210,000,000	10/100	21,000,000
	영세율	세금계산서 교부	④		0/100	
		기타	⑤		0/100	
	예정신고누락분		⑥			
	대손세액가감		⑦			
	합계		⑧	210,000,000	㉮	21,000,000
매입세액	세금계산서 수취분	일반매입	⑨	42,800,000		4,2800,000
		고정자산매입	⑩			
	예정신고누락분		⑪			
	매입자발행세금계산서		⑫			
	기타공제매입세액		⑬	80,000,000		4,528,302
	합계(⑨+⑩+⑪+⑫+⑬)		⑭	122,800,000		8,808,302
	공제받지못할매입세액		⑮			
	차감계(⑭-⑮)		⑯	122,800,000	㉯	8,808,302
납부(환급)세액(매출세액 ㉮ - 매입세액 ㉯)					㉰	12,191,698
경감·공제세액	기타경감·공제세액		⑰			
	신용카드매출전표등발행공제등		⑱	150,000,000		1,500,000
	합계		⑲		㉱	1,500,000
예정신고미환급세액			⑳		㉲	
예정고지세액			㉑		㉳	3,000,000
가산세액계			㉒		㉴	
차가감 납부할세액(환급받을 세액)(㉰ - ㉱ - ㉲ - ㉳ + ㉴)					㉓	7,691,698
총괄납부사업자 납부할 세액(환급받을 세액)						

❷ 국세환급금계좌신고	거래은행	신한 은행	양재중앙 지점	계좌번호	123-45-6789
❸ 폐업신고	폐업일자			폐업사유	

❹ 과세표준명세

업태	종목	업종코드	금액
㉔ 소매	문구		50,000,000
㉕ 소매	전기기구		20,000,000
㉖ 소매	문구·생필		30,000,000
㉗ 수입금액제외			
㉘ 합계			

「부가가치세법」 제18조·제19조 또는 제24조와 「국세기본법」 제45조의3에 따라 위의 내용을 신고하며, 위 내용을 충분히 검토하였고 신고인이 알고 있는 사실 그대로를 정확하게 기재하였음을 확인합니다.

년 월 일

신고인 (서명 또는 인)

세무대리인은 조세전문자격자로서 위 신고서를 성실하고 공정하게 작성하였음을 확인합니다.

세무대리인 (서명 또는 인)

세무서장 귀하

구비서류	뒷쪽참조

세무대리인	성명		사업자등록번호		전화번호	

이 쪽은 해당 사항이 있는 사업자만 사용합니다. (2장 앞쪽)

사업자등록번호 220-81-81950 ※ 사업자등록번호는 반드시 기재하시기 바랍니다.

			구 분		금 액	세율	세 액
예정신고 누락분 명세	⑥ 매출	과세	세금계산서	㉙		10/100	
			기타	㉚		10/100	
		영세율	세금계산서	㉛		0/100	
			기타	㉜		0/100	
		합계		㉝			
	⑪ 매입	세금계산서		㉞			
		기타공제매입세액		㉟			
		합계		㊱			

	구 분		금 액	세율	세 액
⑬ 기타공제 매입세액 명세	신용카드매출전표등수취명세서제출분	㊲			
	의제매입세액	㊳	80,000,000	뒤쪽참조	4,528,302
	재활용폐자원등매입세액	㊴		뒤쪽참조	
	과세사업전환매입세액	㊵			
	재고매입세액	㊶			
	변제대손세액	㊷			
	합계	㊸	80,000,000		4,528,302

⑮	구 분		금 액	세율	세 액
공제받지 못할 매입세액 명세	공제받지못할매입세액	㊹			
	공통매입세액면세사업분	㊺			
	대손처분받은세액	㊻			
	합계	㊼			

	구 분		금 액	세율	세 액
⑰ 기타 공제·경감 세액명세	전자신고세액공제	㊽			
	택시운송사업자경감세액	㊾			
	현금영수증사업자세액공제	㊿			
	성실신고사업자세액공제	51			
	기타	52			
	합계	53			

	구 분		금 액	세율	세 액
㉒ 가산세 명세	사업자미등록	54		1/100	
	세금계산서합계표제출불성실	55		뒤쪽참조	
	신고불성실	56		10/100	
	납부불성실	57		뒤쪽참조	
	영세율과세표준신고불성실	58		1/100	
	수입금액명세서미제출	59		1/100	
	합계	60			

		업 태	종 목	코드번호	금 액
면세사업 수입금액	61				
	62				
				63 합계(61+62)	

계산서 교부 및 수취내역	64 계산서 교부금액	
	65 계산서 수취금액	

간이과세자의 부가가치세 계산

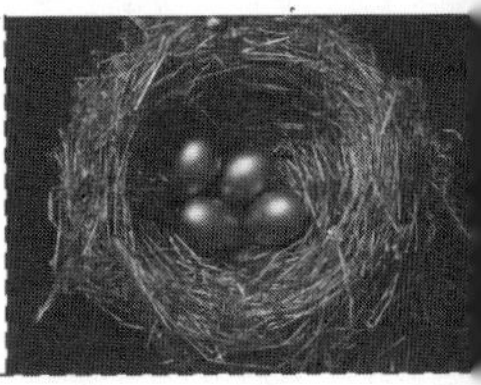

간이과세자의 부가가치세 계산방법을 설명한다.

부가가치세 = 매출신고액 × 업종별 부가가치율(30%) × 10% − 세금계산서매입액 × 업종별부가가치율(30%) − 농축수산물 계산서의 6/106 − 신용카드발행액의 1.5%

※ 업종별 부가가치율이 2007년 12월 31일까지는 30%이며 이후는 40% 적용됨(부가세법 26조 제2항)

여기서 호프집의 업종별 부가가치율은 2007년의 경우는 30%이다. 「농·축·수산물」이라 함은 부가가치세를 면제받아 공급하는 업체를 말하며, 거래하고 있는 농·축·수산물업체에 부가세면세업체인지 확인하고 계산서를 받으면 된다(법률용어로 의제매입세액공제라 그러는데 너무 어려운 단어다. 단어에 크게 신경쓰지 말자).

위 계산식을 기준으로 실제 부가세를 산출해보자.

1. 과세기간은 2007년 1월 1일 ~ 6월 30일로 한다.
2. 총매출은 22,500,000원으로 하고
3. 거래처로부터 받은 세금계산서는 다음과 같다.

• 주　류 : 1,100,000원 (공급가 1,000,000원, 부가세 100,000원)
• 공산품 : 2,200,000원 (공급가 2,000,000원, 부가세 200,000원)

4. 농·축·수산물업체로부터 받은 계산서

• 육류구입액 : 2,000,000원
• 쌀, 야채 등 : 1,500,000원

5. 신용카드매출액 10,000,000원

6. 예정고지액 20,000원(이것은 2007년 4월에 세무서에서 고지한 금액을 미리 납부한 것임)

7. 이제 부가세를 계산할 차례다.

• 매출신고액×업종별 부가가치율(30%)×10% = 22,500,000원×30%×10%
= 675,000원
• 세금계산서매입세액×업종별 부가가치율(30%) = 300,000원×30% = 90,000원
• 농축수산물 계산서의 6/106 = 3,500,000원×6/106 = 198,113원
• 신용카드 발행액의 1.5% = 10,000,000원×1.5/100 = 150,000원
• 예정고지세액 = 20,000원

그렇다면

• 부가가치세 = 675,000원 − 90,000원 − 198,113원 − 150,000원 − 20,000원
= 216.887원이 된다.

간이과세자의 부가가치세 계산도 어렵지 않다.

간이과세자의 부가가치세신고

앞에서 계산된 부가치세를 신고양식에 기입하여 신고하면 된다. 실제 양식에 어떻게 기입해서 신고하는지 알아보자.

[별지 제37호서식]

(1장 앞쪽)

간이과세자 부가가치세 ☑확정 □기한후과세표준 신고서

관리번호	신고기간 200×년 2기(7월 1일 ~ 12월 31일)	처리기간 즉시

사업자	상호(법인명)	미래와경영호프	성명(대표자명)	홍길동	사업자등록번호	220-81-81950	
	주민(법인)등록번호	-	전화번호	사업장	주소지	휴대전화	
	사업장 소재지	서울 강남구 역삼동 668-1		전자우편 주소	fm@fmbook.com		

❶ 신고내용

구분				금액	부가가치율	세율	세액
과세표준 및 매출세액	과세분	소매업	①		15/100	10/100	
		제조업, 전기·가스 및 수도사업	②		20/100	10/100	
		건설업, 부동산임대업, 농·수·임·어업, 기타 서비스업, 음식점업, 숙박업	③	22,500,000	30/100	10/100	675,000
		운수·창고 및 통신업	④		40/100	10/100	
	영세율적용분		⑤			10/100	
	재고납부세액		⑥				
	합계		⑦	22,500,000		㉮	675,000
공제세액	매입세금계산서등 수취세액공제		⑧	300,000	30%	뒷쪽 참조	90,000
	의제매입세액공제		⑨	3,500,000	6/106		198,113
	매입자발행세금계산서 세액공제		⑩				
	전자신고세액공제		⑪				
	성실신고사업자세액공제		⑫				
	신용카드매출액등 발행세액공제		⑬	10,000,000	1.5%		150,000
	기타		⑭				20,000
	합계		⑮			㉯	458,113
가산세계			⑯	뒷쪽참조		㉰	
차감 납부할 세액(환급받을 세액) (㉮ - ㉯ + ㉰)						⑰	216,887

❷ 과세표준명세

	업태	종목	업종코드	금액
⑱	음식	호프		22,500,000
⑲				
⑳	기타(수입금액제외)			
㉑	합계			22,500,000

❸ 면세수입금액

	업태	종목	업종코드	금액
㉒				
㉓				
㉔	합계			

❹ 국세환급금계좌신고	거래은행	신한 은행 양재중앙 지점	계좌번호	123-45-6789
❺ 폐업신고	폐업일자	. .	폐업사유	

「부가가치세법 시행령」 제75조제5항 및 「국세기본법」 제45조의3에 따라 위의 내용을 신고하며, 위 내용을 충분히 검토하였고 신고인이 알고 있는 사실 그대로를 정확하게 기재하였음을 확인합니다.

200× 년 1 월 20 일

신고인 홍 길 동 (서명 또는 인)

세무대리인은 조세전문자격자로서 위 신고서를 성실하고 공정하게 작성하였음을 확인합니다.

세무대리인 (서명 또는 인)

세무서장 귀하

세무대리인	성명		사업자등록번호		전화번호	
구비서류	1. 매입처별세금계산서합계표 2. 매입자발행세금계산서합계표 3. 영세율 첨부서류(영세율 해당자) 4. 부동산임대공급가액명세서(부동산임대업자) 5. 사업자현황명세서(음식, 숙박, 기타 서비스 사업자가 확정신고시) 6. 의제매입세액공제신고서 7. 그 밖에 「부가가치세법 시행규칙」 제23조의 5에 따른 해당서류					

소득세 신고

소득세는 1년에 한번 자진 신고·납부하는 것으로 매년 5월 31일까지 전년도 소득에 대해 신고하는 것이다.

소득세신고는 부가가치세 신고에 비해 무척 복잡하기 때문에 일반인이 소득세를 직접 신고하는 것은 쉽지 않다.

연간 매출이 간이과세자 수준일 때는 세무서에서 직접 신고하기를 권한다. 세무서 민원창구에서 자세한 안내를 받을 수 있다.

하지만 연간매출이 일정금액 이상일 경우는 소정의 기장료를 지급하더라도 세무사에게 맡기는 것이 바람직하다.

13장 호프집의 장비관리

호프집에는 사용하는 장비에도 여러가지가 있다. 이러한 장비들은 기계적인 부분과 전기적인 부분들이 정상이어야 본래의 성능을 나타내지만 호프집을 하면서 이러한 기술적인 부분들을 다 알 수도 없으며 알 필요도 없다. 근본적인 문제가 발생할 때에는 기술자에게 맡기고, 장비를 이용하는 입장에서 관리를 어떻게 해야할 지 생각해 보자.

장비관리

에어콘 관리

모든 장비관리에서 가장 중요한 부분은 청소다.

냉기가 잘 나오던 에어콘 바람이 시원하지 않다면 가장 먼저 공기가 흡입되는 쪽의 먼지 걸이를 점검해야 한다.

흡입되는 공기중의 먼지를 걸러내는 이 곳에 먼지가 쌓이면 흡입 방출되는 공기의 양이 적어져서 홀이 시원해지지 않는다.

먼지걸이를 청소한 후에도 시원하지 않다면 먼지걸이 안쪽의 이베퍼레이터(자동차의 라디에터같은 모양의 열교환이 이루어지는 것)에서 물이 떨어지는지 확인해라.

정상적으로 작동되는 에어콘은 이곳에 물방울이 맺히게 되며 에어콘을 오래 틀면 이 물방울이 모여서 아래쪽으로 떨어지게 된다. 에어콘 성능이 좋을수록 물방울이 많이 생긴다(습기가 많은 날도 물방울이 많이 생긴다).

만약에 물방울이 맺히지 않는다고 하면 에어콘에 기술적인 문제가 있는 것이니 기술자를 불러서 그 원인을 파악하고 수리를 해야 한다.

여름철이 지나고 평상시 사용하지 않을 때도 에어콘을 한번씩 틀어주는 것이 좋다. 한달에 한번 1시간 정도이면 충분하다. 에어콘 라인안에 있는 냉매의 고임을 방지하고 밖에 노출되어 있는 실외기나 여러가지 부품들의 녹방지에도 효과가 있다.

냉각기 관리

생냉각기는 24시간 가동돼야 한다.

간혹 전기료를 아끼고 싶은 마음에 영업시간이 끝나고 냉각기 전기코드를 빼두었다가 영업시작할 때 다시 꼽는 곳도 있는데 이렇게 하면 절대 안된다. 전기료가 절약되는 것도 아니다. 냉각기는 전기코드를 꼽는다고 얼음이 바로 만들어 지는 것이 아니기 때문에 생맥이 바로 차가워지지 않는다.

냉각기 안에 얼음이 상당량만큼 얼어있어야 본래의 성능이 나오는데 코드를 꼽고 얼음이 만들어 지려면 10시간 이상의 시간이 필요하게 되며, 영업시작할 때 냉각기를 가동시키면 영업시간이 끝날 시간쯤 얼음이 생길 것이다. 그 사이에 판매되는 생맥주는 정상적인 맛을 낼 수가 없게 된다.

평소에 냉각기 위쪽에 있는 손바닥만한 뚜껑을 열어서 얼음이 얼어있는지 확인하도록 하며 잘 나오던 생맥에서 거품이 섞여 나올 때도 이 곳을 열어서 얼음이 얼어 있는지 확인해라.

얼음이 얼어있는 상황에서 거품이 섞여 나오는 것은 생통에 생맥이 거의 다 떨어졌다든지 일시적인 현상이므로 전혀 염려할 일이 아니다.

하지만 얼음이 얼려있지 않은 상태에서 거품이 섞여 나온다면 심각한 문제이므로 즉각적인 조치를 취해야 한다. 어떻게 해야 할 지 알아보자.

가장 먼저 냉각기 옆쪽에 공기가 들어가는 쪽(옆판에 작은 구멍이 뚫여있는 곳)의 뚜껑을 드라이버를 사용해서 열고서 냉각판(열교환기)에 먼지가 끼어있지 않은지 확인한다.

두번째로 냉각기 자체의 환기를 점검한다.

냉각판 안쪽에 외부공기를 빨아들이는 환풍기가 설치되어 있다. 이것이 정상적으로 작동하는지 확인하기 위해 일회용 라이터에 불을 붙이고 냉각판 가까이 가져 갔을 때 불꽃이 안쪽으로 빨려들어가면 정상이다.

대부분은 냉각판에 먼지가 끼어서 냉각기 성능이 저하되서 얼음이 녹는 것이다. 만약에 먼지가 끼어 있다면 드라이버나 젓가락으로 먼지를 살살 걷어내면 된다.

하지만 먼지가 걷힌다고 금방 얼음이 어는 것은 아니다. 이 냉각판에 스프레이를 사용해서 물을 끼얹여 주면 냉각속도가 다소 빨라진다.

그리고 냉각기 윗쪽 뚜껑을 열고 제빙기의 얼음(생각보다 많이 들어간다)을 있는데로 부어주면 냉각속도를 빨리 할 수 있다.

만약에 냉각판에 먼지가 끼어있지 않은 상황에서 냉각팬도 정상적으로 작동되고 있는데, 얼음이 녹을 정도가 됐다면 냉각기에 기술적인 문제가 발생한 것이니 A/S를 불러서 조치해야 한다.

주방 냉장냉동고와 환풍기

주방은 홀과 달리 기름때가 많이 끼는 곳이다.

튀김기름을 주방 환풍기를 통해서 밖으로 빨아내도 어느 정도의 기름방울이 주방안을 돌아다니게 된다.

주방냉장고는 업소형을 많이 쓰는데 냉각판이 주로 냉장고 위쪽에 있다(소형은 뒤쪽에 있는 것도 있다). 냉각팬이 주방에 있는 공기를 냉각판으로 불어넣어서 열교환이 이루어지는데 문제는 이 자그만한 기름방울들이 냉각판에 달라붙어서 냉각성능을 떨어뜨리게 된다.

몇개월에 한번씩 이 기름먼지를 제거해줘야 한다. 기름이 섞인 먼지이다보니 쉽게 떨어지지 않는다. 그렇다고 날카로운 것으로 긁어내면 냉각판이 손상이 갈 염려도 있으므로 주의해야 한다.

필자의 경험으로는 새치머리를 뽑을 때 사용하는 핀셋(끝이 넓적한 것)을 사용하는 것이 가장 효과적이었다.

주방 환풍기는 대부분 화덕위에 설치되어 있기 때문에 기름때가 가장 많이 낀다.

기름때로 인해 환풍기 성능이 떨어질 뿐 아니라 심하면 기름방울이 밑으로 뚝뚝 떨어질 수도 있다. 환풍기 팬에 끼인 기름때는 주걱으로 긁어낼 수 밖에 없지만 프레임이나 모터부위에 끼인 기름때는 청소하고 난 후에 랩이나 은박지로 감싸 두도록 하자.

다음 청소할 때에 걷어내고 다시 감싸기만 하면 되므로 청소하기가 훨씬 쉬워진다.

냉동고의 성애제거 방법

냉동고를 사용하다보면 안쪽벽면에 얼음이 눌러붙어서 냉동성능을 떨어뜨린다. 필자의 가게에서 있었던 일을 소개한다.

영업을 마칠 때쯤 되서 느닷없이 쿵~! 쿵~! 들려오는 망치소리에 놀라 주방에 가보니 그나마 한가한 날을 잡아서 주방이모가 냉동고의 성애를 제거하기 위해서 몸은 반쯤 냉동고 안으로 집어 넣고 망치로 성애를 쳐낸다고 열심이시다.

"왜 그렇게 힘들게 얼음을 깨고 계십니까?"

"10년 동안 해왔는데 망치로 냉장고의 얼음을 떨어내는 것이 가장 좋아요~!" 하는 것이 아닌가.

휴~!

일은 일대로 힘들게 하고, 시간은 시간대로 까먹구, 냉동고까지 충격에 망가질지도 모르는데….

"주방이모님! 냉동고의 성애를 제거할 때는 미리 5~6시간 전에 냉동고의 전원을 뽑아 놓으면 성애가 자동으로 벽면에서 떨어지기 때문에 쉽게 떼어낼 수 있습니다"하고는 뒤돌아 선다.

제빙기 관리

다른 장비와 마찬가지로 공기흡입구의 먼지걸이만 수시로 청소해주도록 하자.

전원과 수도라인은 24시간 연결되어 있어야 한다.

■ 호프관련 추천업체 소개

업 체 명 : DRFS(창업&아웃소싱)
연 락 처 : 02)839-8123
주 소 : 서울시 구로구 구로동 동일테크노타운 2 차 6103호
홈페이지 : www.drfs.co.kr
주요업무 : 창업컨설팅, 상권분석, 프랜차이즈, 인테리어, 소스 및 메뉴개발

업 체 명 : 서광종합주방상사
연 락 처 : 02)2254-3192
주 소 : 서울시 중구 황학동 1612번지
주요업무 : 주방 집기류 도매

업 체 명 : 영진종합주방
연 락 처 : 02)2234-4940
주 소 : 서울시 중구 황학동 1702 번지
주요업무 : 주방기기, 냉장고 외 설계 제작

업 체 명 : 끌레또
연 락 처 : 02)2273-1500
주 소 : 서울시 종로구 종로 5 가 314-10
주요업무 : 요식업 가운, 각종 사무복, 작업복, 단체 행사유니폼 일체

업 체 명 : 대성인테리어가구
연 락 처 : 02)2232-4543
주 소 : 서울시 중구 황학동 1144 번지
주요업무 : 호텔, 콘도, 한·중·양·일식, 목재, 철재, 쇼파, 관공서용,
주문제작 전문

업 체 명 : 맥스플랜
연 락 처 : 02)2654-2365, 011-325-0543
주 소 : 양천구 목3동 318-149번지
연 락 처 : www.maxplan.net
주요업무 : 주점 인테리어

업 체 명 : 선진종합광고
연 락 처 : 02)2237-0004
주 소 : 서울시 중구 황학동 792 번지
주요업무 : 메뉴판, 개업 기념품, 기업 판촉물, 각종 행사용품, 기획 제작

업 체 명 : 맥싸인
연 락 처 : 02)2617-4043
주 소 : 광명시 광명 6 동 752 번지
주요업무 : 간판, 현수막 제작

업 체 명 : 헤라이벤트
연 락 처 : 02)479-4614
주 소 : 서울시 강동구 천호 3 동 195-19 (1층)
주요업무 : 각종 행사 이벤트

※ 호프관련 업소 중에서 성실한 업체를 소개한다. 관련분야 문의할 때 참고하시길…. 필자와는 직접 관련없음